DIE WELT

Universalatlas

DIE WELT

Universalatlas

INHALTSVERZEICHNIS

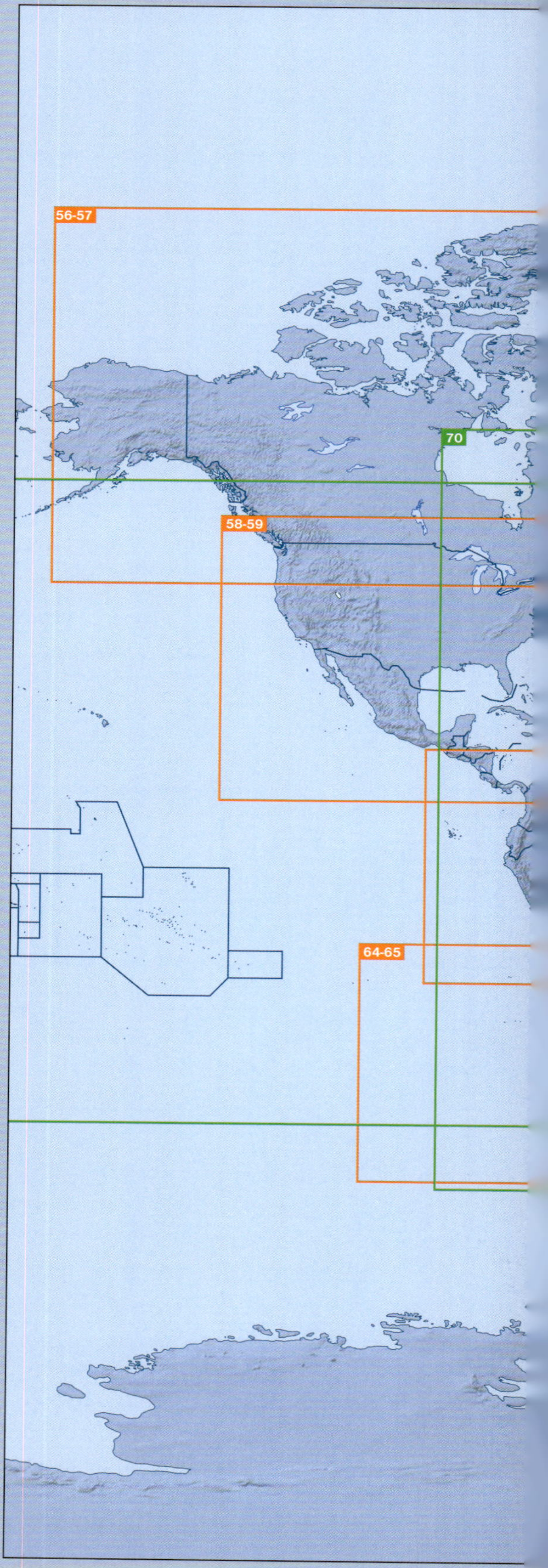

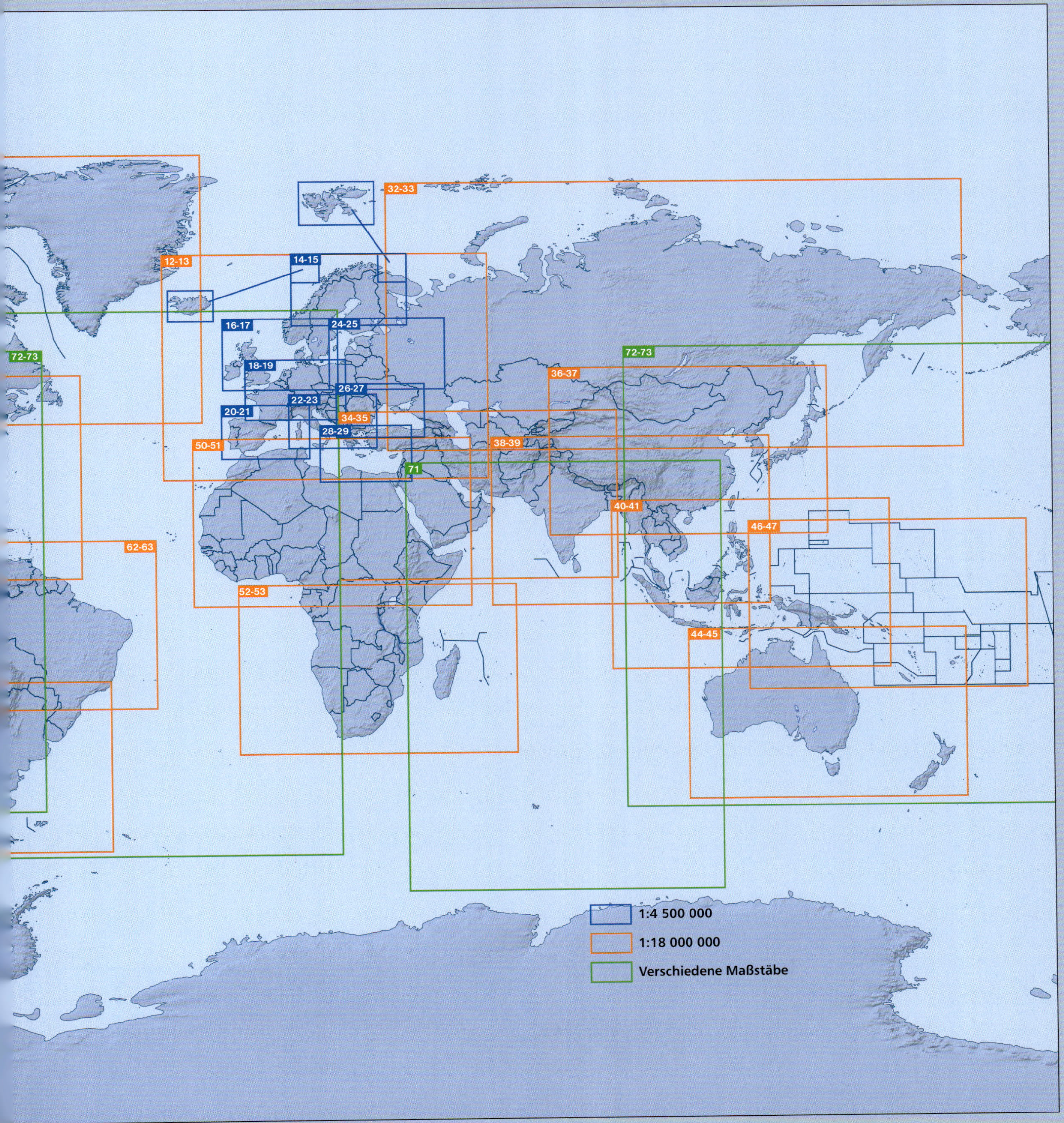

32-33
12-13
14-15
16-17
24-25
72-73
18-19
26-27
22-23
20-21
34-35
28-29
50-51
71
36-37
38-39
40-41
46-47
62-63
52-53
44-45
72-73
1:4 500 000
1:18 000 000
Verschiedene Maßstäbe

NORDPOLARMEER
Beaufortsee
NORD-AMERIKA
SÜD-AMERIKA
PAZIFISCHER OZEAN
ATLANTISCHER OZEAN
Grönland
Baffinbai
Hudsonbai
Labradorsee
Golf von Mexiko
Karibisches Meer
Sargassosee
Golf von Alaska
Beringmeer
Rossmeer
Weddellmeer
Drakestraße
Nördlicher Polarkreis 66°33'
Südlicher Polarkreis 66°33'
ROCKY MOUNTAINS
Appalachen
Anden
Amazonas
Mt. McKinley 6194
Aconcagua 6963
Mississippi
Missouri
Hawaii-Inseln
Mauna Kea 4205
Galápagos-Inseln
Falkland-Inseln
Feuerland
Kap Hoorn
Antarktische Halbinsel
Vinsonmassiv 5140
Marie-Byrd-Land
Island
Azoren
Kanaren
Kapverdische Inseln
Bermuda-Inseln
Puerto Rico
Kuba
Jamaika
Hispaniola
West 20°

DIE WELT IN KARTEN

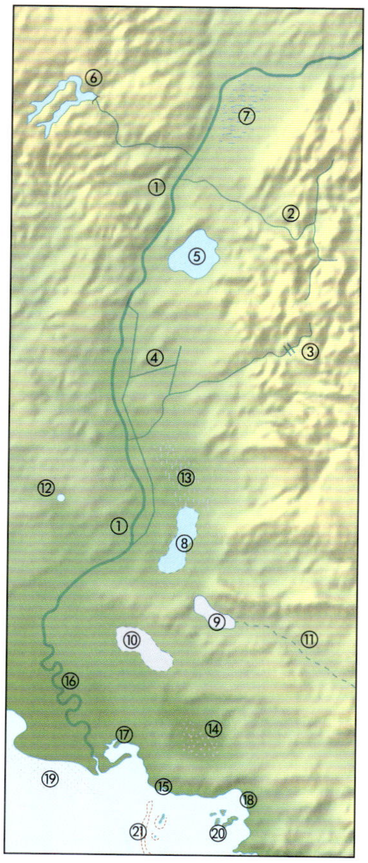

Gewässer

① Strom, Fluss, permanent wasserführend
② Nebenfluss mit Quellflüssen
③ Wasserfall, Stromschnelle
④ Kanal
⑤ Süßwassersee
⑥ Stausee mit Staumauer
⑦ Sumpf, Moor
⑧ Zeitweiliger See
⑨ Salzsee
⑩ Salzsee mit veränderlichen Uferlinien
⑪ Zeitweilig wasserführender Fluss (Wadi)
⑫ Brunnen, Quelle
⑬ Salzsumpf
⑭ Salzpfanne
⑮ Küstenlinie
⑯ Flussmäander
⑰ Lagune
⑱ Meeresbucht
⑲ Wattenmeer
⑳ Insel, Archipel
㉑ Korallenriff

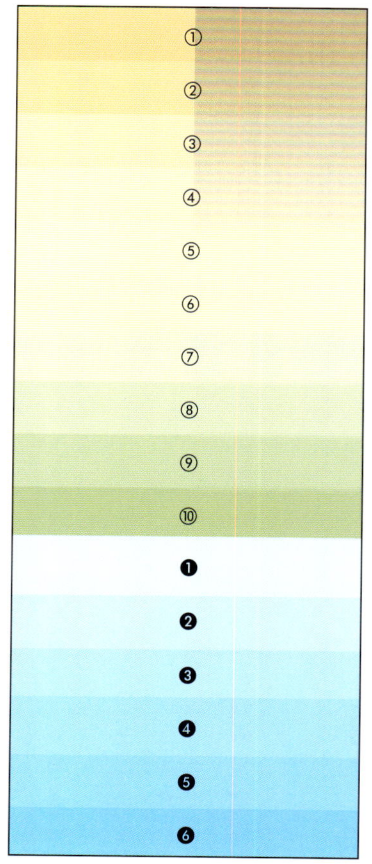

Höhen- und Tiefenstufen

Höhenstufen

①	über	–	5000 Meter
②	4000	–	5000 Meter
③	3000	–	4000 Meter
④	2000	–	3000 Meter
⑤	1000	–	2000 Meter
⑥	500	–	1000 Meter
⑦	250	–	500 Meter
⑧	100	–	100 Meter
⑨	0	–	2000 Meter
⑩	Depression		

Tiefenstufen

0	–	200 Meter
200	–	2000 Meter
2000	–	4000 Meter
4000	–	6000 Meter
6000	–	8000 Meter
mehr als		8000 Meter

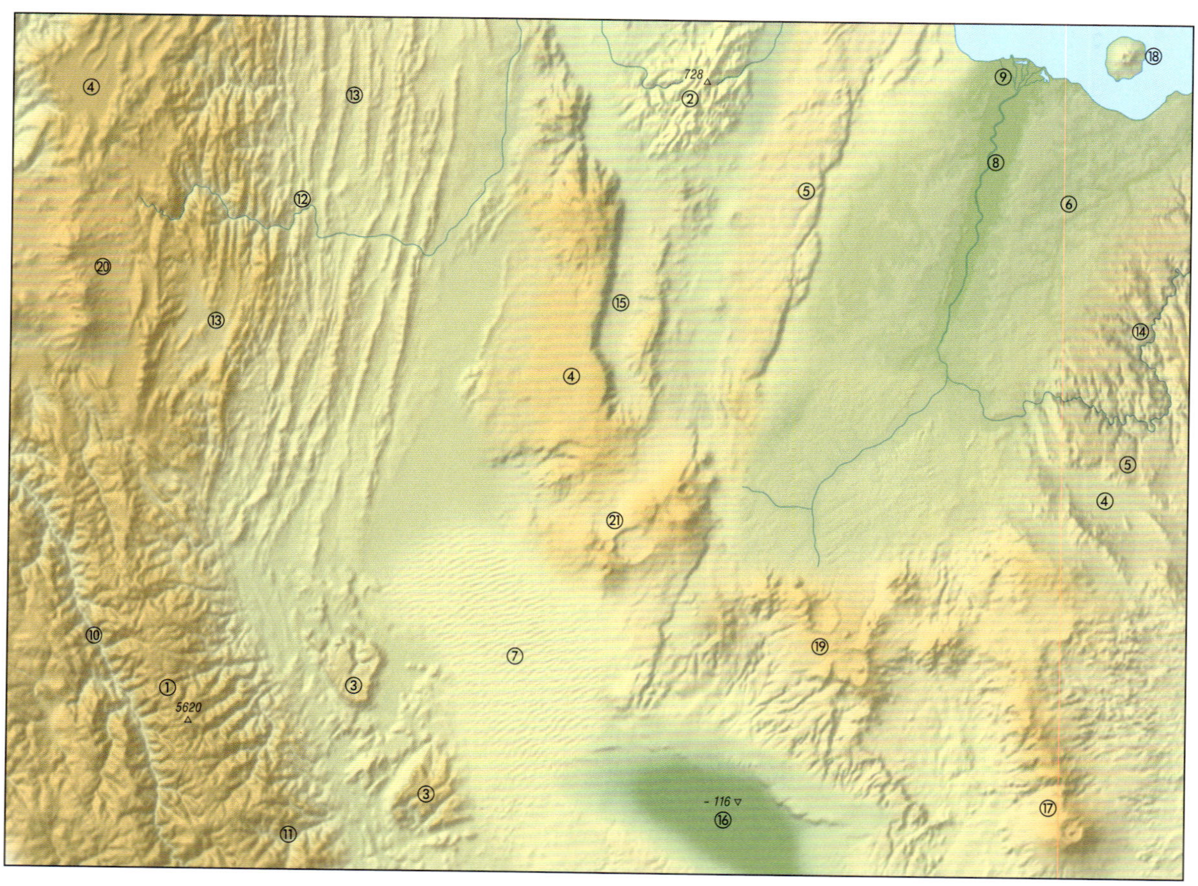

Relief

① Hochgebirge
② Mittelgebirge mit eingesenkten Flusstälern
③ Tafelberge
④ Hochebenen
⑤ Hügelland mit Flussauen
⑥ Schichtstufen
⑦ Hohe Dünen in ariden Gebieten
⑧ Tiefland
⑨ Flussdelta
⑩ Kerbtal
⑪ Trogtal
⑫ Durchbruchstal
⑬ Kordilleren mit Hochtälern
⑭ Canyon
⑮ Grabenbruch
⑯ Depression
⑰ Stratovulkan
⑱ Vulkaninsel
⑲ Erloschene Vulkane
⑳ Hochgebirgsvulkane

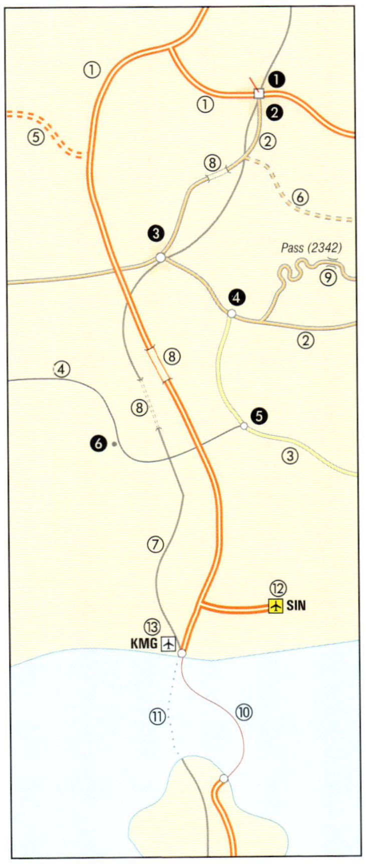

Siedlungen und Verkehrswege

1. **Verkehrswege**
2. Autobahn- und autobahnähnliche Straßen
3. Fernstraße
4. Hauptstraße
5. Piste
6. Autobahn im Bau
7. Fernverkehrsstraße im Bau
8. Eisenbahn
9. Tunnel
10. Pass mit Höhenangabe in Metern
11. Fährlinie
12. Eisenbahnfähre

Flughafen mit internationaler Bedeutung

13. (incl. Three-Letter-Code)

Flughafen (incl. Three-Letter-Code)

Siedlungen

Bebauungsfläche bei Großstädten
Orte > 1 Mio.
Orte 100.000 – 1 Mio.
Orte 10.000 – 100.000
Orte < 10.000
Station/Forschungsstation

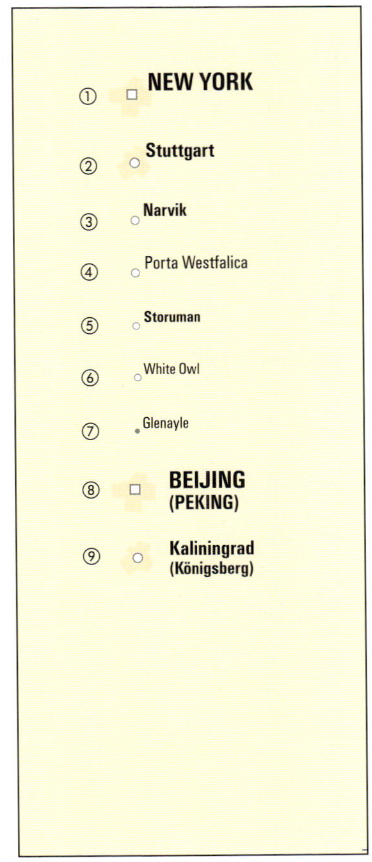

Ortsbeschriftung

1. Orte > 1 Mio.
2. Orte 100.000 – 1 Mio.
3. Orte 10.000 – 100.000 mit großer Bedeutung
4. Orte 10.000 – 100.000
5. Orte < 10.000 mit großer Bedeutung
6. Orte < 10.000
7. Station/Forschungsstation
8. Orte > 1 Mio. mit Übersetzung
9. Orte 100.000 – 1 Mio. mit Übersetzung

Politische und sonstige Grenzen

1. Staatsgrenze
2. Staatsgrenze umstritten
3. Bundesland- und Provinzgrenze
4. Grenze an Flüssen
5. Grenze in einem See oder im Meer
6. Staatennname
7. Bundesland- oder Provinzname
8. Hauptstadt mit mehr als 1 Mio. Einwohner
9. Hauptstadt unter 1 Mio. Einwohner
10. Hauptstadt eines Bundeslandes/Provinz mit mehr als 1 Mio. Einwohner
11. Hauptstadt eines Bundeslandes/Provinz unter 1 Mio. Einwohner
12. Abhängiges Gebiet mit Angabe des Hoheitsstaates
13. Nationalparks und Biosphärenreservate
14. Naturparks und sonstige Naturschutzgebiete
15. Wälle (Chinesische Mauer, Hadrian's Wall)

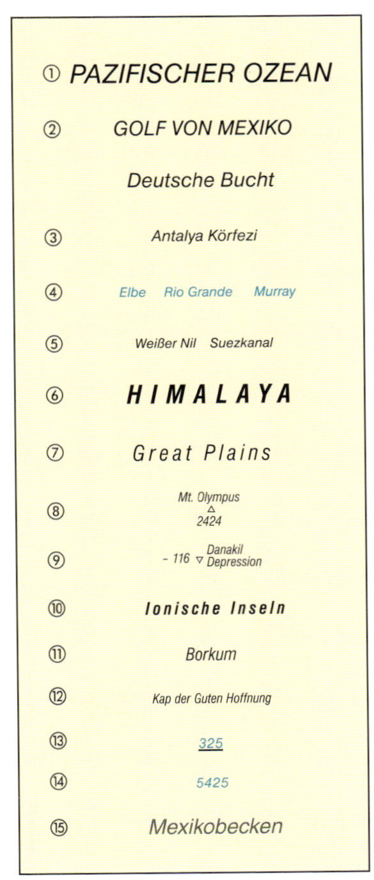

Sonstige Kartenschriften

1. Ozean
2. Große Buchten
3. Kleinere Buchten
4. Fluss, See, Kanal
5. Fluss, See, Kanal
6. Gebirgsnamen
7. Landschaftsnamen
8. Bergnamen mit Höhenangaben in Metern
9. Depression mit Tiefenangaben in Metern
10. Inselgruppe/Archipel
11. Inselnamen
12. Kapnamen
13. Seespiegelhöhe
14. Tiefenangaben in Meeren
15. Untermeerisches Relief

Ha 50° Hb 40° Ja 30° Jb 20° Ka 10° Kb 0° La 10° Lb 20° Ma 30° Mb 40° Na 50° Nb 60° Oa 70° Ob 80° Pa
03
04
05
06
07
08
60°
50°
40°
30°
20°
Grönland
Kong Frederik VIII Land
Kong Christian X Land
Kong Christian IX Land
Nördlicher Polarkreis
Grönlandsee
Grönlandbecken
3069
Nordaustlandet
1717
Spitzbergen
Edgaya
Bäreninseln
380
1547
Novaja Zemlja
Karasee
Gydanskij p-ov
p-ov Jamal
Westsibirisches Tiefland
Barentssee
Pečorskoe more
Jan Mayen
Dänemarkstraße
Irmingerbecken
Island
Reykjavík
Grimsvötn 1719
Norwegische See
3188
Nordkap
Lofotenbecken
Lofoten
Murmansk
Halbinsel Kola
Weißes Meer
Timanskij krjaž
1894
Ob'
Ural
Reykjanesrücken
832
Norwegisches Becken
Kebnekaise
Lappland
Skandinavien
Oulu
Umeå
Bottnischer Meerbusen
Finnische Seenplatte
Karelien
Nordrussisches Tiefland
Syktyvkar
1569
JEKATERINBURG
PERM'
Severnye uvaly
Islandbecken
465
Färöer
ATLANTISCHER
OZEAN
Rockallplateau
Shetlandinseln
Jotunheimen 2472
Bergen
Oslo
Helsinki Helsingfors
ST. PETERSBURG
Onegasee
Ladogasee
UFA
KAZAN'
Hebriden
Orkneyinseln
Rockallrinne
Ben Nevis 1343
5049
Stockholm
Vänern
459
Gotland
Peipussee
NIŽNIJ NOVGOROD
MOSKAU
SAMARA
Göteborg
Riga
Edinburgh
Pennines
240
Nordsee
Jütland
Irland
Dublin
Großbritannien
Kopenhagen
Ostsee
Bornholm
Baltischer Landrücken
Mittelrussische Platte
Wolgaplatte
Wolga
Orel
Oral
MINSK
Cork
BIRMINGHAM
HAMBURG
Danzig
Porcupine-Tiefsee-Ebene
Keltische See
Amsterdam
Norddeutsches Tiefland
LONDON
Land's End
BRÜSSEL
BERLIN
Elbe
WARSCHAU
Weichsel
Pripjatsümpfe
Don
WOLGOGRAD
Kaspische Senke
KÖLN
Der Kanal
Deutsche Mittelgebirge
Sudeten
KIEW
Dnjepr
Normandie
PARIS
PRAG
Krakau
L'viv
Dnister
DNIPROPETROVS'K
ROSTOW
Manytschniederung
Kaspisches Meer
Bretagne
Rhein
Beskiden
Ostkarpaten
EUROPA
5465
Golf von Biscaya
MÜNCHEN
WIEN
Bratislava
BUDAPEST
Alföld
2100
ODESSA
g.Elbrus 5642
KAUKASUS
Krim
TIFLIS
Iberisches Becken
A Coruña
Cabo Fisterra
Gijón
Loire
Burgund
Bern
Zentralmassiv 1885
Lyon
Mt. Blanc 4807
ALPEN
3797
Zagreb
Südkarpaten 2544
BUKAREST
Schwarzes Meer
Trabzon
JEREWAN
Ararat 5137
Bordeaux
Kantabrisches Gebirge
Pyrenäen
Pico d'Aneto 3404
Rhône
MAILAND
Po
Porto
Provence
Marseille
Adriatisches Meer
Dinarisches Gebirge
BELGRAD
Donau
Varna
Bosporus
2180
Pontisches Gebirge
Vansee
Van
Tejo
Kast. Scheidegeb.
Iberisches Randgeb.
Ebro
MADRID
BARCELONA
Korsika
2622
Apennin
2912
ROM
Balkan
SOFIA
Rhodopen
Tirana
ISTANBUL
ANKARA
Anatolien
Tigris
LISSABON
Sierra Morena
Sevilla
Betische Kord.
Granada 3482
València
Palma d. M.
Balearen
Sardinien
1834
NEAPEL
Vesuv 1281
Olymp 2917
Pindos
Ägäisches Meer
İZMIR
Tuz Gölü
Taurus 3524
ADANA
ALEPPO
MOSUL
Euphrat
Cabo de São Vicente
55
Kanarisches Becken
2784
Tyrrhenisches Meer
Palermo
Ätna 3323
1956
Ionisches Meer
ATHEN
Peloponnes
Straße von Gibraltar
Tanger
Oran
ALGIER
TUNIS
Sizilien
5054
Rhodos
Zypern
BEIRUT
DAMASKUS
CASABLANCA
RABAT
Fès
Rif
Tellatlas
2305
Constantine
2456
Kreta
2427
Al Widyan
MARRAKESCH
4167
Hoher Atlas
Saharaatlas
Sfax
MITTELMEER
Levantisches Becken
Jerusalem
AMMAN
Cap Rhir
Agadir
Anti Atlas
Béchar
Großer Westlicher Erg
Djerba
TRIPOLIS
Bengasi
882
Tubruq
ALEXANDRIA
Port Said
Hamada du Drâa
El Ménia
Große Syrte
Cyrenaika
Sinai
El Aqaba
Nefud
Erg Iguidi
Großer Östlicher Erg
Tripolitanien
Syrte
Kattarasenke
-134
KAIRO
2285
Hedschas
Hamada de Tinrhert
Plateau du Tademaït
Jufra-Oasen
Libysche Wüste
Großer Sandsee
Westliche Wüste
Östliche Wüste
1207
Medina
Erg Chech
Awbari Sahra
Nil
Luxor
Rotes Meer
2300
Nördlicher Wendekreis
AFRIKA
Tanezrouft
Asedjrad
Tassili n'Ajjer
2158
Adrar
Râs Banas
Assuan
Djebel Musbih 1445
Taoudenni
Ramlat Rabyanah
Kufra-Oasen
Nasserstausee
SAHARA
Fezzan
Tahat 2918
Hoggar
Sarir Tibesti
El Djouf
Nubische Wüste
Port Sudan
1893 Djebel Al Awaynat
3376
Tarso Emissi
Pic Toussidé 3315
Tibesti
Erdi
Nubien
Ténéré du Tafassasset
Tassili du Hoggar
Djebel Timétrine
0 300 600
km
Kb 0° La 10° Lb 20° Ma 30° Mb

Ha 50°
Hb 40°
Ja 30°
Jb 20°
Ka 10°
Kb 0°
La 10°
Lb 20°
Ma 30°
Mb 40°
Na 50°
Nb 60°
Oa 70°
Ob 80°
Pa
03
04
05
06
07
08
60°
50°
40°
30°
20°
Qeqertarsuaq/ Godhavn
Grönland Kalaallit Nunaat (Dän.)
Grönland-see
Spitzbergen (Norwegen)
Novaja Zemlja
Barentssee
Nojabr'sk
Vorkuta
Jan Mayen (Nor.)
Dänemarkstraße
Norwegische See
Tromsø
Murmansk
Republik der Komi
Uhta
Akureyri
Reykjavik
ISLAND
Seyðisfjörður
Kiruna
Arhangel'sk
Serov
Syktyvkar
NORWEGEN
Oulu
Karelien
JEKATERINBURG
Färöer (Dän.)
Tórshavn
Trondheim
Umeå
FINNLAND
Vaasa
Petrozavodsk
PERM'
ATLANTISCHER
Kirov
SCHWEDEN
Udmurtien
UFA
RUSSLAND
Baschkortostan
Bergen
Turku Åbo
Helsinki Helsingfors
ST.PETERSBURG
Kostroma
Marij-El
KAZAN'
Tatarstan
Oslo
Uppsala
Tallinn
Novgorod
Rybinsk
Stavanger
Stockholm
ESTLAND
NIŽNIJ NOVGOROD
Tschuwaschien
SAMARA
Orenburg
Norrköping
Pleskau
Simbirsk
Aberdeen
MOSKAU
Mordwinien
Göteborg
LETTLAND
Riga
Glasgow
Edinburgh
Nordsee
Aalborg
VEREINIGTES KÖNIGREICH
Oral
Belfast
Århus
Klaipėda
Smolensk
Newcastle
Kopenhagen
Malmö
Ostsee
LITAUEN
Saratov
Engel's
OZEAN
Dublin
DÄNEMARK
Odense
Wilna
MINSK
Orel
IRLAND
Liverpool
Leeds
RUSSL.
Voronež
KASACHSTAN
Cork
BIRMINGHAM
HAMBURG
Stettin
Danzig
WEISSRUSSLAND
NIEDERLANDE
Amsterdam
Homel'
Hannover
BERLIN
Posen
WARSCHAU
Brest
WOLGOGRAD
LONDON
Den Haag
POLEN
Łódź
KIEW
CHARKIV
Astrahan'
Plymouth
Dortmund
Rivne
BRÜSSEL
KÖLN
DEUTSCHLAND
Breslau
Lublin
UKRAINE
DONEC'K
BELGIEN
Dresden
ROSTOW
Kalmückien
Frankfurt
PRAG
Krakau
L'viv
DNIPROPETROVS'K
Brest
PARIS
Luxemburg
LUXEMBURG
Nürnberg
TSCHECHIEN
Dagestan
Brno
Stavropol'
Mahačkala
Straßburg
SLOWAKEI
Stuttgart
MÜNCHEN
Bratislava
MOLDAU
Krasnodar
Adygien
Tschetschenien
Nantes
WIEN
Kischinau
Karatschai-Tscherk.
Kab.-Balk.
FRANKREICH
Zürich
ÖSTERREICH
BUDAPEST
ODESSA
Bern
LIECHTENSTEIN
Cluj-Napoca
TIFLIS
Limoges
Genf
SCHWEIZ
Graz
UNGARN
Soči
GEORGIEN
SLOWENIEN
RUMÄNIEN
Sewastopol
A Coruña
Lyon
MAILAND
Ljubljana
Zagreb
Gijón
Bordeaux
Venedig
KROATIEN
BELGRAD
BUKAREST
Batumi
ARMENIEN
Bilbao
Turin
Genua
Schwarzes Meer
JEREWAN
Porto
Toulouse
BOSNIEN-HERZEG.
SERBIEN
Trabzon
IRAN
Nizza
SAN MARINO
Sarajevo
Varna
Samsun
Marseille
MONACO
Erzurum
PORTUGAL
Zaragoza
ANDORRA
Florenz
Priština
BULGARIEN
Van
MADRID
Korsika
MONTENEGRO
KOSOVO
SOFIA
Podgorica
Skopje
ISTANBUL
LISSABON
BARCELONA
ITALIEN
ROM
Tirana
MAZEDONIEN
ANKARA
SPANIEN
TÜRKEI
València
Palma d.M.
NEAPEL
Bari
ALBANIEN
Thessaloniki
Bursa
Şanlıurfa
MOSUL
Sevilla
Sardinien
Konya
ADANA
ALEPPO
Granada
Alacant
GRIECHENLAND
IZMIR
Cádiz
Cagliari
SYRIEN
Gibraltar (Brit.)
Palermo
Messina
ATHEN
Tanger
Ceuta (Span.)
Patras
Antalya
IRAK
Melilla (Span.)
ALGIER
Annaba
TUNIS
Catània
Nikosia
Tripoli
Homs
CASABLANCA
RABAT
Oran
Sizilien
BEIRUT
DAMASKUS
Fès
Constantine
MALTA
Heraklion
ZYPERN
LIBANON
Safi
Kreta
Haifa
MARRAKESCH
Gafsa
Sfax
ISRAEL
AMMAN
MAROKKO
MITTELMEER
Jerusalem
Agadir
El Oued
TUNESIEN
JORDANIEN
Al Jawf
Béchar
Port Said
Gaza
TRIPOLIS
Al Khums
Tubruq
ALEXANDRIA
Tanta
Misratah
Bengasi
El Aqaba
SAUDI-ARABIEN
Tindouf
El Ménia
Große Syrte
GIZEH
KAIRO
Suez
Tabuk
West-sahara
Ajdabiya
Ghadamis
Siwa
El Minia
Hurghada
Duba
ALGERIEN
Awjilah
Rotes Meer
MAURETANIEN
Medina
Reggane
Sohâg
Luxor
Marsa Alam
LIBYEN
ÄGYPTEN
El Kharga
Assuan
Taoudenni
Al Jawf
Tamanrasset
Port Sudan
MALI
NIGER
Zouar
TSCHAD
SUDAN
Atbara
Kb 0°
La 10°
Lb 20°
Ma 30°
Mb

A T L A N T I S C H E R
O Z E A N
Labrador-becken
Irminger-becken
Grönland Kalaallit Nunaat (Dän.)
Dänemarkstraße
Island-plateau
Norwegische See
Norwegisches Becken
Lofotenbecken
Vöring Plateau
ISLAND
Reykjavík
Island
Reykjanesrücken
Islandbecken
Iceland Faeroe Rise
Färöer (Dän.)
Tórshavn
Rockallplateau
Rockallrinne
Faraday-Bruchzone
Porcupine-Tiefsee-Ebene
Azoren-Biscaya-Schwelle
Iberisches Becken
Azorenschwelle
Madeiraschwelle
Kanarisches Becken
Kanarische Inseln
Azoren
Azoren (Port.)
Ponta Delgada
Madeira (Port.)
Funchal
Kanarische Inseln (Span.)
Santa Cruz de Tenerife
Las Palmas de Gran Canaria
Monaco Deep
Dacia Seamount
Ampère Seamount
Golf von Biscaya
NORWEGEN
Oslo
Bergen
Stavanger
Trondheim
Nordsee
VEREINIGTES KÖNIGREICH
Großbritannien
LONDON
IRLAND
Irland
Dublin/Baile Átha Cliath
Irische See
Keltische See
Der Kanal
DÄNEMARK
KOPENHAGEN
NIEDERLANDE
Amsterdam
BELGIEN
BRÜSSEL
LUX.
DEUTSCH-LAND
BERLIN
FRANKREICH
PARIS
SCHWEIZ
Bern
ALPEN
ITALIEN
ROM
NEAPEL
Tyrrhenisches Meer
Ligurisches Meer
Korsika
Sardinien
SPANIEN
MADRID
BARCELONA
ANDORRA
PYRENÄEN
Balearen
Mallorca
PORTUGAL
LISSABON
Straße von Gibraltar
Gibraltar (Brit.)
Ceuta (Span.)
Melilla (Span.)
MAROKKO
RABAT
CASABLANCA
MARRAKESCH
ATLAS
Antiatlas
ALGERIEN
ALGIER
Sahara-atlas
TUNESIEN
TUNIS
Hb
Hc
Hd
Ja
Jb
Jc
Jd
Ka
Kb
Kc
Kd
La
Lb
Lc
08
09
10
11
12
13
14
55°
50°
45°
40°
35°
30°
25°
20°
15°
10°
5°
0°
0
160
320
km

Ld 20° Ma 25° Mb 30° Mc 35° Md 40° Na 45° Nb 50° Nc 55° Nd 60° Oa 65° Ob 70° Oc 75° Od 80° Pa 85°
08
09
10
11
12
13
14
50°
45°
40°
35°
30°
25°
Barentssee
Weißes Meer
Kola-Halbinsel
Republik der Komi
Westsibirisches Tiefland
URAL
RUSSLAND
SCHWEDEN
FINNLAND
ESTLAND
LETTLAND
LITAUEN
RUSSL.
WEISS-RUSSLAND
POLEN
UKRAINE
SLOWAKEI
UNGARN
RUMÄNIEN
MOLDAU
SERBIEN
BOSNIEN-HERZEG.
MONTENEGRO
KOSOVO
BULGARIEN
MAZEDONIEN
ALBANIEN
GRIECHENLAND
TÜRKEI
GEORGIEN
ARMENIEN
ASERBAIDSCHAN
KASACHSTAN
USBEKISTAN
TURKMENISTAN
IRAN
IRAK
SYRIEN
LIBANON
ISRAEL
JORDANIEN
ZYPERN
SAUDI-ARABIEN
KUWAIT
BAHRAIN
KATAR
ÄGYPTEN
Kasachische Steppe
Turgai üstirti
Aralsee
Ustjurt Platosi
Kaspisches Meer
Kaspische Senke
Mittelrussische Platte
Karpaten
KAUKASUS
Pontisches Gebirge
Taurus
Elburs
Zagros-Gebirge
Kuhrud-Gebirge
Schwarzes Meer
Ägäisches Meer
Ionisches Meer
MITTELMEER
Levantisches Becken
Persischer Golf
Ostsee
Bottnischer Meerbusen
Rigaischer Meerbusen
Adriatisches Meer
Große Salzwüste
Manytschniederung
MOSKAU
SANKT-PETERSBURG
KIEW
MINSK
WARSCHAU
BUKAREST
BUDAPEST
WIEN
ISTANBUL
ANKARA
ATHEN
TIFLIS
JEREWAN
BAKU
TEHERAN
BAGDAD
DAMASKUS
BEIRUT
AMMAN
Astana
Helsinki
Tallinn
Riga
Wilna
Belgrad
Sofia
Skopje
Tirana
Podgorica
Sarajevo
Kischinau
Nikosia
Jerusalem
Kuwait
Ashgabad

Dänemarkstraße
Nördlicher Polarkreis
ISLAND
Reykjavík
Akureyri
Ísafjörður
Húsavík
Egilsstaðir
Höfn
Vík
Selfoss
Keflavík
Hafnarfjörður
Vestmannaeyjar
Vatnajökull
Hofsjökull
Langjökull
Mýrdalsjökull
Breiðafjörður
Faxaflói
Grimsey
ATLANTISCHER OZEAN
Vöring Plateau
Norwegische See
Halten Bank
NORWEGEN
SCHWEDEN
Lofoten
Vesterålen
Vestfjorden
Tromsø
Narvik
Bodø
Mo i Rana
Mosjøen
Namsos
Trondheim
Kristiansund
Molde
Ålesund
Andenes
Harstad
Svolvær
Kiruna
Abisko
Gällivare
Jokkmokk
Luleå
Arvidsjaur
Skellefteå
Umeå
Östersund
Sundsvall
Härnösand
Örnsköldsvik
Vilhelmina
Lycksele
Storuman
Jostedalsbreen
Dovrefjell
Laponia
Lappland
Jämtland
Ångermanland
Bottnischer Meerbusen
Norra Kvarken
Sareks nationalpark
Padjelanta nationalpark
Stora Sjöfallets nationalpark
Muddus nationalpark
Abisko n.p.
Jotunheimen nasjonalpark
Børgefjell nasjonalpark
Saltfjellet-Svartisen nasjonalpark
Skuleskogens nationalpark
0 50 100 km

Barentssee
Nordkap
Mageroya
Honningsvåg
Kjøllefjord
Berlevåg
Båtsfjord
Vardø
Vadsø
Varanger-halvøya
Varangerfjorden
Varangerbotn
Kirkenes
Linahamari
Polmak
Tana bru
Lakselv
Karasjok
Karigasniemi
Utsjoki
Sevettijärvi
Nyrud
Nikel'
Zapoljarnyj
Nautsi
Kaamanen
Inari
Inarijärvi (Inarisee)
Ivalo
Menesjärvi
Lemmenjoen k.puisto
Øvre Anarjohka nasjonalpark
Lappoluobbal
Stabbursdalen nasjonalpark
Verhnetulomskoe vdhr
Raja-Jooseppi
Urho Kekkosen k.puisto
Tankavaara
Pokka
Lokan tekojärvi
Porttipahdan tekojärvi
Pallas-Ounastunturi k.puisto
Enontekiö
Palojoensuu
Muonio
Kittilä
Sodankylä
Martti
Kovdor
Ena
Kandalakša
Kovd ozero
Alakurtti
Kelloselkä
Pelkosenniemi
Kolari
Pajala
Unari
Ruokojärvi
Kemijärvi
Hautajärvi
Oulangan k.puisto
Paanayarvi N.P.
Pello
Raanujärvi
Vikajärvi
Rovaniemi
Vanttauskoski
Riisitunturin k.puisto
Yli-Kitka
Posio
Kuusamo
Kärpänkylä
Pjaozero
Topozero
Sofporog
Keret'
Louhi
Overtorneå
Ylitornio
Övertorneå
Gyllen
Överkalix
Mellakoski
Tervola
Ranua
Syötteen k.puisto
Asmunti
Morjärv
Karungi
Haparanda
Tornio
Kemi
Simo
Kuivaniemi
Kalix
Haparanda skärgårds n.p.
Perämeren k.puisto
Perämeri
Bottenviken
Syötekylä
Metsäkylä
Peranka
Vojnica
Kalevala
Juma
Kem'
Rabočeostrovsk
Kipinä
Hailuoto
Oulu
Kempele
Puolanka
Suomussalmi
Kostomukša
Borovoj
Utajärvi
Hyrynsalmi
Härmänkylä
Brahestadt Raahe
Vihanti
Säräisniemi
Manamensalo
Oulujärvi
Kajaani
Kuhmo
Kiekinkoski
Reboly
Kalajoki
Oulainen
Pulkkila
Pyhäntä
Maanselkä
Ylivieska
Nivala
Nurmes
Lendery
Karleby Kokkola
Toholampi
Kiuruvesi
Iisalmi
Rautavaara
Lieksa
Pielinen
Jakobstad Pietarsaari
FINNLAND
Sayneinen
Patvinsuon k.puisto
Siilinjärvi
Kuopio
Viitasaari
Kontiolahti
Tuusniemi
Outokumpu
Joensuu
Evijärvi
Lappajärvi
Kauhava
Kyyjärvi
Tervo
Liperi
Orivesi
Vaasa
Lapua
Soini
Suonenjoki
Äänekoski
Leppävirta
Seinäjoki
Saarijärvi
Varkaus
Puhos
Kitee
Uurainen
Pieksämäki
Enonsaaren k.puisto
Puruvesi
Kurikka
Alavus
Keuruu
Jyväskylä
Lievestuore
Teuva
Kauhajoki
Virrat
Korpilahti
Toivakka
Haukivuori
Savonlinna
Sortavala
Lahdenpoh'ja
o.Valaam
Mänttä
Kangasniemi
Juva
Karvia
Parkano
Vilppula
Jämsä
Mikkeli
Puumala
Rautjärvi
Kankaanpää
Orivesi
Päijänne
Hartola
Ristiina
Rintala
Hämeenkyrö
Ylöjärvi
Mäntyharju
Ruokolahti
Saimaa
Lavia
Nokia
Tampere
Savitaipale
Imatra
Svetogorsk
Priozersk
Noormarkku
Heinola
Lappeenranta
Kamennogorsk
Vammala
Valkeakoski
Jaala
Luumäki
Saperne
Huittinen
Viiala
Ylämaa
Ladogasee
Zaporožkoe
Weißes Meer
Belomorsko-Kulojskoje-plato
Dvinskaja guba
Arhangel'sk
Severodvinsk
Nenoksa
Vas'kovo
Emel'janovskaja
Novodvinsk
Holmogory
o.Soloveckie
Soloveckie
Onežskaja guba
Ljamca
Belomorsk
Onega
Glazaniha
Brin-Navolok
Samoded
Obozerskij
Republik Karelien
RUSSLAND
Tikša
Segeža
Vyg-ozero
Vetrenyj pojas
Emca
Savinskij
Mirnyj
Plesečk
Oksovskij
Voloma
Pandany
Segozero
Vodlozerskiy National Park
Ogorelyši
Šalakuša
Pinduši
Medvež'egorsk
Poča
Selehovskaja
Porosozero
Girvas
Volda
Kenozersky National Park
Velikaja Guba
Pesčanoe
Jakunvara
Ilomantsi
Kondopoga
Ileksinskaja
Kargopol'
oz. Lacha
Pudož
Suojarvi
Lahta
Onegasee
Petrozavodsk
Vjartsilja
Lojmola
Prjaža
Rybreka
Vytegra
Ignatovo
Berezovo
oz. Vože
Pitkjaranta
Russkiy Sever National Park
Svir'
Pogost
Podporož'e
Mosnikovskaja
Zubovo
Lipin Bor
ozero Beloe
Ferapontovo
Bolezersk
Olonec
Lodejnoe Pole
Makar'evskaja
Kirillov
Alëhovščina
Paša
Korbeniči
Borisovo-Sudskoe
Lavrovo
Annino
Zapadno-Karel'skaja vozvyšennost
Maanselkä
Karelskij bereg
Suomenselkä
Pohjanmaa
Salpausselkä
Karjalanselkä
NORDPOLARMEER
Nordvest-Spitsbergen nasjonalpark
Amsterdamøya
Danskøya
Albert I Land
Haakon VII Land
Andrée Land
Ny Ålesund
Forlandsundet
Prins Karls Forland
Forlandet nasjonalpark
Oscar II Land
Spitzbergen
Isfjorden
Longyearbyen
Barentsburg
Isfjord Radio
Nordenskiöld Land
Van Mijenfjorden
Nathorst Land
Sveagruva
Lågneset
Bellsund
Wedel-Jarlsberg-Land
Sør-Spitsbergen nasjonalpark
Hornsund
Hornsundtind
Sørkappøya
Moffen
Velkomstpynten
Woodfjorden
Wijdefjorden
Verlegenhuken
Hinlopenstretet
Lågøya
Ny-Friesland
Newtontoppen
Olav V Land
Negribreen
Sabine Land
Storfjorden
Boltodden
Kvalpynten
Tjuvfjorden
Tusenøyane
Hopen
Hopen Radio
Kapp Thor
Edgeøya
Edgeøya naturreservat
Barentsøya
Søraust-Svalbard
Kapp Heuglin
Haastberget
Freemansundet
Halvmåneøya
Olgastretet
Wilhelmøya
Kapp Payer
Von Otterøyane
Wahlberg-øya
Gustav V Land
Gothia-halvøya
Vestfonna
Nordaust-Svalbard
Nordaustlandet
Sørfonna naturreserva
Austfonna
Isispynten
Orvin Land
Sjuøyane
Phippsøya
Martensøya
Nordenskiöld-bukta
Karl XII-øya
Foynøya
Repøyane
Storøya
Kvitøya
Nordaust-Svalbard naturreservat
Erik Eriksenstretet
Kong Karls Land
Kongsøya
Svenskøya
Abeløya
Lydiannasundet
Rivalensundet
Kapp Hammerfest
Ryke Yseøyane
Spitzbergen (Nor.)
Barentssee
Lf
Lg
Lh
Lj
Lk
Ma
Mb
Mc
Md
Me
Mf
Mg
Mj
Mh
05
06
07
10
11
12
13
14
15
16

Kc 14° Kd 12° Ke 10° Kf 8° Kg 6° Kh 4° Kj 2° Kk 0° La
16 58° 17 56° 18 54° 19 52° 20 50° 21
Kf 8° Kg 6° Kh 4° Kj 2° Kk 0° La 2° Lb 4°
ATLANTISCHER OZEAN
Rockall
Rockall-plateau
Rockallrinne
NORDSEE
GROSSBRITANNIEN
VEREINIGTES KÖNIGREICH
IRLAND
Nordirland
Schottland
England
Wales
Irische See
Keltische See
Nordkanal
Sankt-Georgs-Kanal
Bristol Channel
Straße von Dover
Shetlandinseln
Orkneyinseln
Äußere Hebriden
Innere Hebriden
Northwest Highlands
Grampian Mountains
Cairngorms National Park
Southern Uplands
Cheviot Hills
Northumberland N.P.
Cumbrian Mountains
Lake District N.P.
Yorkshire Dales N.P.
North York Moors N.P.
Peak District N.P.
Snowdonia N.P.
Cambrian Mountains
Brecon Beacons N.P.
Pembrokeshire Coast National Park
Exmoor N.P.
Dartmoor N.P.
The New Forest
South Downs
North Downs
Teufelsloch
Dogger Bank
Baltasound
Unst
Yell
Toft
Mainland
Lerwick
Sumburgh
Sumburgh Head
Fair Isle
Stromness
Kirkwall
North Rona
Sule Skerry
Saint Kilda
Port of Ness
Stornoway
Isle of Lewis and Harris
Tarbert
North Uist
South Uist
Lochboisdale
Barra
Castlebay
Durness
Scourie
Thurso
Wick
Ullapool
Helmsdale
Dornoch
Invergordon
Moray Firth
Lossiemouth
Cullen
Banff
Kinnairds Head
Fraserburgh
Peterhead
Nairn
Inverness
Elgin
Huntly
Uig
Skye
Kyle of Lochalsh
Rum
Mallaig
Invermoriston
Loch Ness
Aviemore
Ben Nevis 1343
Aberdeen
Stonehaven
Tiree
Coll
Tobermory
Isle of Mull
Fionnphort
Oban
Colonsay
Jura
Islay
Port Askaig
Port Ellen
Kintyre
Campbeltown
Arran
Brechin
Montrose
Forfar
Blairgowrie
Crieff
Perth
Arbroath
Dundee
St. Andrews
Fife Ness
Loch Lomond and The Trossachs N.P.
Stirling
Greenock
Dumbarton
Grangemouth
Kirkcaldy
Firth of Forth
Kennacraig
Largs
Glasgow
Edinburgh
Irvine
Kilmarnock
Hamilton
Livingston
Ayr
Cumnock
Abington
Peebles
Berwick-upon-Tweed
Kelso
Galashiels
Hawick
Girvan
Merrick
Stranraer
Dumfries
Luce Bay
Whithorn
Annan
Solway Firth
Carlisle
Alnwick
Morpeth
Newcastle upon Tyne
Hexham
Sunderland
Durham
Hartlepool
Middlesbrough
Darlington
Workington
Keswick
Penrith
Kendal
Whitby
Scarborough
Isle of Man
Isle of Man (Brit.)
Peel
Ramsey
Douglas
Whitehaven
Barrow-in-Furness
Morecambe
Fleetwood
Blackpool
Preston
Blackburn
Bradford
Leeds
York
Ripon
Harrogate
Malton
Bridlington
Hornsea
Southport
Wigan
Bolton
Wakefield
Kingston upon Hull
Liverpool Bay
Llandudno
Holyhead
Bangor
Caernarfon
Liverpool
Warrington
Manchester
Sheffield
Doncaster
Scunthorpe
Grimsby
Chester
Wrexham
Whitchurch
Chesterfield
Lincoln
Louth
Mablethorpe
Skegness
Cardigan Bay
Aberystwyth
Oswestry
Shrewsbury
Telford
Stoke-o.T.
Stafford
Derby
Nottingham
Grantham
Boston
The Wash
Welshpool
Newtown
Loughborough
Walsall
Leicester
Spalding
Wisbech
King's Lynn
Cromer
North Walsham
Norwich
Great Yarmouth
Lowestoft
BIRMINGHAM
Kidderminster
Coventry
Stamford
Peterborough
Corby
Leominster
Worcester
Stratford-u.A.
Rugby
Kettering
Thetford
Ely
Bury St. Edmunds
Suffolk
Norfolk
Fishguard
Carmarthen
Milford Haven
Pembroke
Tenby
Llandovery
Brecon
Hereford
Ross-on-Wye
Evesham
Northampton
Bedford
Cambridge
Swansea
Port Talbot
Merthyr Tydfil
Abergavenny
Newport
Gloucester
Cardiff
Lydney
Cirencester
Milton Keynes
Luton
Stevenage
Sudbury
Ipswich
Felixstowe
Braintree
Colchester
Harwich
Harlow
St. Albans
Oxford
Swindon
Bristol
Weston-s.-M.
Ilfracombe
Barnstaple
Bideford
Bridgwater
Bath
Chippenham
Warminster
Reading
LONDON
Southend-on-Sea
Newbury
Basingstoke
Weybridge
Guildford
Winchester
Salisbury
Glastonbury
Yeovil
Devon
Cornwall
Bude
Okehampton
Tiverton
Padstow
Newquay
Launceston
Exeter
Honiton
Dorchester
Teignmouth
Torquay
Dartmouth
Plymouth
St. Austell
Truro
Falmouth
St. Ives
Penzance
Sennen
Helston
Isles of Scilly
Weymouth
Poole
Bournemouth
Southampton
Portsmouth
Isle of Wight
Horsham
Crawley
Brighton
Newhaven
Eastbourne
Hastings
Maidstone
Chatham
Canterbury
Margate
Ashford
Folkestone
Dover
Thames
Calais
Dunkerque
Ostende
Blankenberge
Knokke-Heist
Brugge
Middelburg
Zierikzee
Roosendaal
Goes
Antwerpen
(Den Haag) 's-Gravenhage
Delft
Torhout
Glenveagh N.P.
Errigal 752
Dunglow
Londonderry (Derry)
Letterkenny
Ballycastle
Coleraine
Glencolumbkille
Killybegs
Donegal
Strabane
Maghera
Ballymena
Belmullet
Bangor
Bundoran
Sligo
Omagh
Cookstown
Antrim
Larne
Ballina
Achill Island
Lough Neagh
Dungannon
Belfast
Enniskillen
Westport 817
Castlebar
Carrick-on-Shannon
Monaghan
Portadown
Ards Peninsula
Downpatrick
Clifden
Claremorris
Ballyhaunis
Newry
Castlerea
Cavan
852
Kilkeel
Tuam
Longford
Roscommon
Connacht
Oughterard
Galway
Aran Islands
Athlone
Mullingar
Kells
Dundalk
Drogheda
Burren N.P.
Loughrea
Trim
Navan
Ennistimon
Ennis
Birr
Mouth of the Shannon
Kilrush
Shannon
Nenagh
Port Laoise
Kildare
Naas
Dublin/Baile Átha Cliath
Dun Laoghaire
Bray
Leinster
Listowel
Limerick
Munster
Thurles
Carlow
924
Wicklow Mts.
Wicklow Mts.N.P.
Wicklow
Arklow
Dingle
Tralee
Newcastle West
Cahersiveen
Carrauntoohil 1038
Killarney
Killarney N.P.
Tipperary
Cashel
Clonmel
Kilkenny
Mallow
Mitchelstown
New Ross
Enniscorthy
Wexford
Rosslare Harbour
Waterford
Dungarvan
Bantry
Bandon
Cork/Corcaigh
Youghal
0 50 100 km

N O R W E G E N
S C H W E D E N
D Ä N E M A R K
D E U T S C H L A N D
P O L E N
NIEDERLANDE
O S T S E E
N O R D S E E
Bottnischer Meerbusen
Skagerrak
Kattegat
Deutsche Bucht
Hardangervidda nasjonalpark
Vänern
Vättern
Mälaren
Hjälmaren
Gotland
Öland
Södra Ölands odlingslandskap
Bornholm (Dän.)
Seeland
Fünen
Jütland
Småland
Kalmarsund
Ålands hav
Uppland
Westfriesische Inseln
Ostfriesische Inseln
Nordfriesische Inseln
Mecklenburg-Vorpommern
Niedersachsen
Schleswig-Holstein
Brandenburg
Sachsen-Anhalt
Nordrhein-Westfalen
Pommersche Bucht
Pommerscher Höhenrücken
Großpolnisches Tiefland
Fehmarnbelt
Großer Belt
Kleiner Belt
Öresund
OSLO
STOCKHOLM
KØBENHAVN (KOPENHAGEN)
BERLIN
HAMBURG
AMSTERDAM
Bergen
Stavanger
Haugesund
Kristiansand
Arendal
Larvik
Drammen
Lillehammer
Hamar
Göteborg
Malmö
Helsingborg
Lund
Jönköping
Linköping
Norrköping
Örebro
Västerås
Uppsala
Gävle
Karlstad
Borås
Växjö
Kalmar
Karlskrona
Södertälje
Eskilstuna
Aalborg
Århus
Odense
Esbjerg
Vejle
Kolding
Randers
Helsingør
Kiel
Lübeck
Rostock
Schwerin
Bremen
Bremerhaven
Hannover
Oldenburg
Osnabrück
Münster
Bielefeld
Braunschweig
Wolfsburg
Magdeburg
Potsdam
Cottbus
Frankfurt (O.)
Szczecin (Stettin)
Gdańsk
Gdynia
Słupsk
Koszalin
Bydgoszcz (Bromberg)
Toruń (Thorn)
Poznań (Posen)
Gorzów Wielkopolski (Landsberg)
Zielona Góra (Grünberg)
Groningen
Leeuwarden
Utrecht
Rotterdam
Eindhoven
Arnhem
Nijmegen
Enschede
Lb
Lc
Ld
Le
Lf
Lg
Lh
Lj
Lk
15
16
17
18
19
20

Kg
Kh
Kj
Kk
La
Lb
Lc
Ld
19
20
21
22
23
24
52°
50°
48°
46°
44°
IRLAND
Dublin/Baile Átha Cliath
Waterford
Rosslare Harbour
VEREINIGTES
KÖNIGREICH
GROSSBRITANNIEN
England
Wales
Sankt-Georgs-Kanal
Keltische See
Cardigan Bay
Bristol Channel
Blackpool
Preston
Liverpool
Manchester
Leeds
York
Bradford
Wigan
Bolton
Wakefield
Kingston upon Hull
Sheffield
Doncaster
Warrington
Stoke-o.-T.
Nottingham
Derby
BIRMINGHAM
Walsall
Leicester
Coventry
Peterborough
Norwich
Rugby
Northampton
Cambridge
Swansea
Cardiff
Newport
Bristol
Swindon
Oxford
Milton Keynes
Bedford
Luton
Ipswich
Colchester
Reading
LONDON
Southend-on-Sea
Plymouth
Poole
Bournemouth
Southampton
Portsmouth
Brighton
Hastings
Dover
Calais
Dunkerque
Der Kanal
NORD-SEE
Westfriesische Inseln
NIEDERLANDE
AMSTERDAM
(Den Haag) 's-Gravenhage
Leiden
Delft
Rotterdam
Utrecht
Dordrecht
Breda
Tilburg
Eindhoven
Brugge
Antwerpen
Gent
BELGIEN
Kortrijk
Roubaix
Bruxelles/Brussel
(Brüssel)
Lille
Lens
Mons
Valenciennes
Charleroi
Namur
Liège
(Lüttich)
Maastricht
Aachen
LUXEMBURG
Luxemburg
Cherbourg-Octeville
Kanalinseln
(UK)
Le Havre
Caen
Rouen
Amiens
Brest
Rennes
Lorient
St-Nazaire
Nantes
Angers
Le Mans
Chartres
Versailles
PARIS
Reims
Châlons-en-Champagne
Metz
Nancy
Troyes
Orléans
Tours
FRANKREICH
Dijon
Bourges
Poitiers
La Rochelle
Limoges
Angoulême
Clermont-Ferrand
Lyon
Genève
(Genf)
Lausanne
Annecy
Chambéry
Grenoble
St-Étienne
Bordeaux
Périgueux
Valence
Golf von Biscaya
Bretagne
Normandie
Pays de la Loire
Centre
Bourgogne
Champagne
Picardie
Aquitaine
Limousin
Massif Central
Auvergne
Poitou
Charente
Alpes
Franche-Comté
Straße von Dover
0 50 100
km

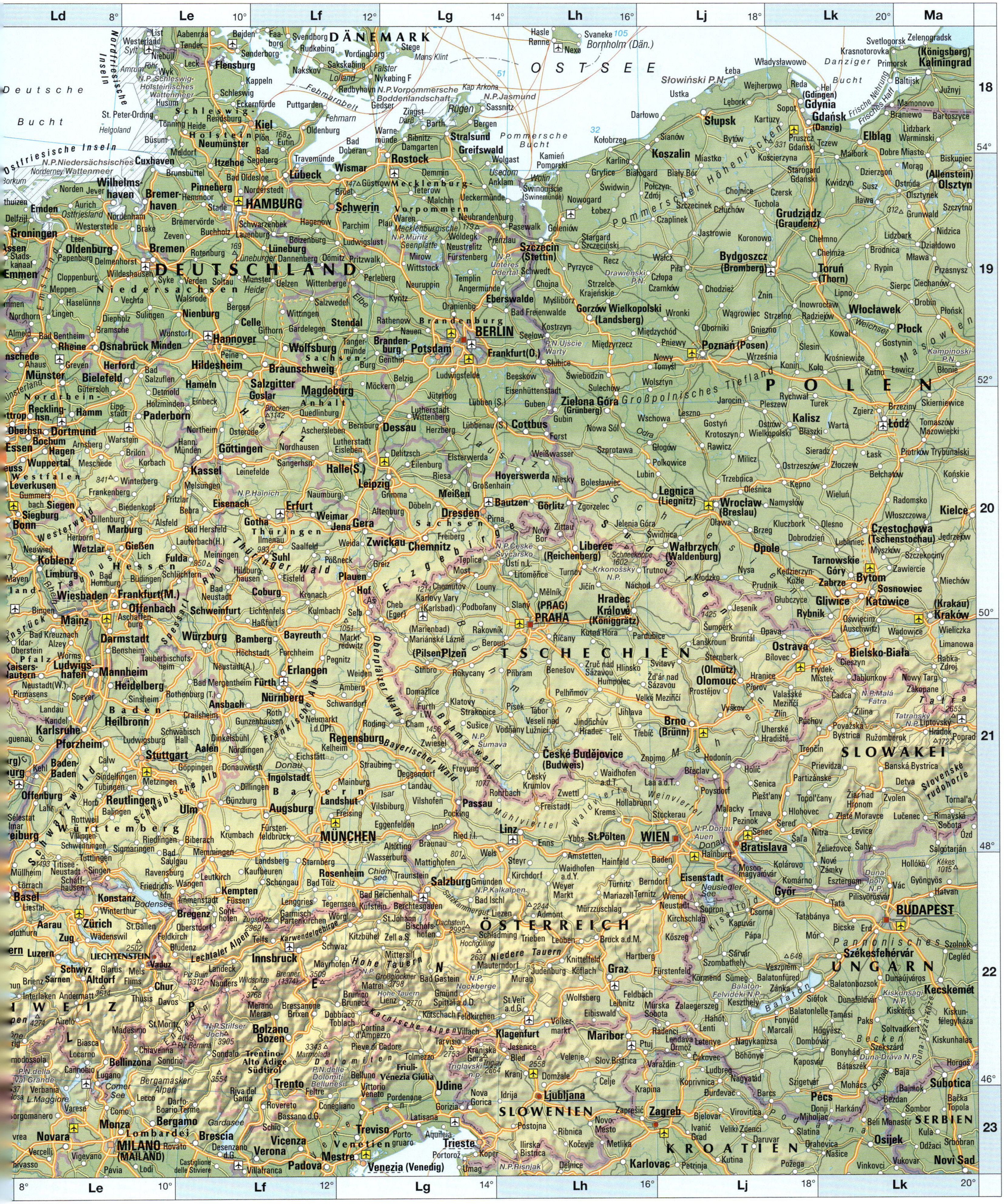
Ld
Le
Lf
Lg
Lh
Lj
Lk
Ma
8°
10°
12°
14°
16°
18°
20°
18
19
20
21
22
23
54°
52°
50°
48°
46°
DÄNEMARK
OSTSEE
Deutsche Bucht
DEUTSCHLAND
POLEN
TSCHECHIEN
SLOWAKEI
ÖSTERREICH
UNGARN
SLOWENIEN
KROATIEN
SERBIEN
LIECHTENSTEIN
Bornholm (Dän.)
Rügen
Fehmarn
Helgoland
Nordfriesische Inseln
Ostfriesische Inseln
Danziger Bucht
Pommersche Bucht
Kaliningrad
(Königsberg)
Gdańsk
(Danzig)
Gdynia
(Gdingen)
Elbląg
Olsztyn
(Allenstein)
Kiel
Flensburg
Lübeck
Rostock
Stralsund
Greifswald
Schwerin
HAMBURG
Bremen
Bremerhaven
Wilhelmshaven
Emden
Oldenburg
Groningen
Hannover
Braunschweig
Wolfsburg
Magdeburg
BERLIN
Potsdam
Frankfurt(O.)
Szczecin
(Stettin)
Koszalin
Słupsk
Bydgoszcz
(Bromberg)
Toruń
(Thorn)
Grudziądz
(Graudenz)
Włocławek
Płock
Poznań (Posen)
Gorzów Wielkopolski
(Landsberg)
Zielona Góra
(Grünberg)
Kalisz
Łódź
Wrocław
(Breslau)
Legnica
(Liegnitz)
Wałbrzych
(Waldenburg)
Opole
Częstochowa
(Tschenstochau)
Kielce
Katowice
Gliwice
Bytom
Kraków
(Krakau)
Bielsko-Biała
Osnabrück
Münster
Bielefeld
Dortmund
Essen
Bochum
Wuppertal
Leverkusen
Siegen
Bonn
Koblenz
Wiesbaden
Mainz
Frankfurt(M.)
Offenbach
Darmstadt
Mannheim
Ludwigshafen
Heidelberg
Karlsruhe
Pforzheim
Stuttgart
Heilbronn
Würzburg
Schweinfurt
Bamberg
Bayreuth
Erlangen
Fürth
Nürnberg
Regensburg
Ingolstadt
Augsburg
MÜNCHEN
Ulm
Reutlingen
Kassel
Göttingen
Paderborn
Hildesheim
Salzgitter
Halle(S.)
Leipzig
Dessau
Cottbus
Dresden
Chemnitz
Zwickau
Gera
Jena
Weimar
Erfurt
Gotha
Eisenach
Plauen
Hof
Coburg
Suhl
Liberec
Hradec Králové
(Königgrätz)
PRAHA
(PRAG)
Plzeň
České Budějovice
(Budweis)
Olomouc
(Olmütz)
Ostrava
Brno
(Brünn)
Zlín
Bratislava
WIEN
Linz
St.Pölten
Salzburg
Innsbruck
Graz
Klagenfurt
Villach
Bregenz
Passau
Kempten
Rosenheim
Landshut
Győr
BUDAPEST
Székesfehérvár
Kecskemét
Pécs
Subotica
Osijek
Novi Sad
Zagreb
Karlovac
Maribor
Ljubljana
Trieste
Udine
Venezia (Venedig)
Padova
Vicenza
Verona
Trento
Bolzano
Bozen
Brescia
Bergamo
MILANO
(MAILAND)
Monza
Novara
Como
Zürich
Chur
Vaduz
Basel
Freiburg
Konstanz
Kehl
Offenburg
Baden-Baden

ATLANTISCHER OZEAN
Golf von Biscaya
Golf von Cádiz
Straße von Gibraltar
Costa Verde
Costa Vasca
Costa de la Luz
Costa del Sol
Costa de Almería
Costa Cálida
Costa Blanca
Costa de Valencia
Rías Altas
Rías Gallegas
Rías Baixas/Rías Bajas
Cabo Ortegal
Cabo Finisterre
Cabo de São Vicente
PORTUGAL
SPANIEN
MAROKKO
Galicien
Asturien
Kantabrien
Baskenland
Navarra
La Rioja
Aragón
Kastilien-León
Extremadura
Kastilien-La Mancha
Valencia
Andalusien
Madrid
Kantabrisches Gebirge
Iberisches Randgebirge
Kastilisches Scheidegebirge
Serranía de Cuenca
Sierra de Gata
Serra da Estrela
Sierra Morena
Sierra Nevada
Trás os Montes
Minho
Alentejo
Ribatejo
Algarve
Rif
La Coruña
A Coruña
Ferrol
Santiago de Compostela
Vigo
Lugo
Ourense/Orense
Pontevedra
Oviedo
Gijón
Santander
Bilbao/Bilbo
Donostia/S.Sebastián
Vitoria/Gasteiz
Pamplona (Iruñea)
Logroño
Burgos
León
Valladolid
Salamanca
Zamora
Segovia
Ávila
MADRID
Toledo
Zaragoza
Ciudad Real
Cáceres
Mérida
Badajoz
Albacete
Cuenca
Teruel
València
Alacant (Alicante)
Elx(Elche)
Murcia
Cartagena
Almería
Granada
Málaga
Córdoba
Sevilla
Cádiz
Jaén
Huelva
Gibraltar (Brit.)
Ceuta (Span.) (Sebta)
Melilla (Span.)
(Tanger) Tanjah
Titwan (Tétouan)
Porto
Coimbra
LISBOA (LISSABON)
Setúbal
Évora
Faro
Braga
Bragança
Bayonne
Biarritz
Oran
Mostaganem
Isla del Alborán (Span.)
Kd
Ke
Kf
Kg
Kh
Kj
Kk
La
24
25
26
27
28
29
42°
40°
38°
36°
34°
12°
10°
8°
6°
4°
2°
0°
km
0
50
100

Kk
La
Lb
Lc
Ld
Le
Lf
0°
2°
4°
6°
8°
10°
46°
44°
42°
40°
38°
22
23
24
25
26
27
Limoges
Clermont-Ferrand
Lyon
St-Étienne
Genève (Genf)
Lausanne
Annecy
Chambéry
Grenoble
Valence
Bordeaux
Périgueux
Angoulême
Toulouse
Montpellier
Nîmes
Avignon
Aix-en-Provence
Marseille
Toulon
Nice
Monaco
Perpignan
ANDORRA
Andorra la Vella
Lleida
Girona
Sabadell
Terrassa
BARCELONA
Tarragona
SCHWEIZ
ITALIEN
TORINO (TURIN)
MILANO (MAILAND)
Genova (Genua)
La Spezia
Pisa
Livorno
Firenze (Florenz)
Bergamo
Brescia
Verona
Parma
Reggio nell'Emilia
Modena
Alessandria
Novara
Monza
Zentralmassiv
Alpes
Pyrénées
Golfe du Lion
Ligurisches Meer
Côte d'Azur
Costa Brava
Costa Daurada
Korsika (Fr.)
Korsika
Ajaccio
Bastia
Bonifacio
Sardinien (I)
Sardinien
Sassari
Cagliari
Balearen
Mallorca
Menorca
Eivissa (Ibiza)
Palma d.M.
Formentera
Algerisch-Provenzalisches Becken
Tyrrhenisches Meer
MITTELMEER
(ALGIER) AL JAZA'IR
Blida
Annaba
Skikda
TUNESIEN
Bizerte

SCHWEIZ
ÖSTERREICH
SLOWENIEN
KROATIEN
BOSN HERZEG
FRANKREICH
ITALIEN
TUNESIEN
MALTA
Korsika (Fr.)
Sardinien
Sizilien
Ligurisches Meer
Tyrrhenisches Meer
Adriatisches Meer
MITTELMEER
Golf von Venedig
Golf von Genua
Golf von Tarent
Bern
Genève (Genf)
Lausanne
Innsbruck
Graz
Klagenfurt
Ljubljana
Zagreb
Trieste
Venezia (Venedig)
Milano (Mailand)
Torino (Turin)
Genova (Genua)
Bologna
Firenze (Florenz)
Pisa
Livorno
Perugia
Ancona
Pescara
San Marino
Roma (Rom)
Napoli (Neapel)
Bari
Taranto (Tarent)
Catanzaro
Reggio di Calabria
Messina
Palermo
Catania
Siracusa
Cagliari
Sassari
Ajaccio
Bastia
Valletta
Nice
Monaco
Split
Mostar
Bizerte
Lc
Ld
Le
Lf
Lg
Lh
Lj
22
23
24
25
26
27
46°
44°
42°
40°
38°
6°
8°
10°
12°
14°
16°
18°

Lk
Ma
Mb
Mc
Md
Me
Mf
18°
20°
22°
24°
26°
28°
30°
46°
44°
42°
40°
38°
23
24
25
26
27
UNGARN
RUMÄNIEN
MOLDAWIEN
UKRAINE
SERBIEN
MONTENEGRO
KOSOVO
MAZEDONIEN
ALBANIEN
BULGARIEN
GRIECHENLAND
TÜRKEI
SCHWARZES MEER
Ägäisches Meer
Ionisches Meer
Marmarameer
Thrakisches Meer
Nördliche Sporaden
Südliche Sporaden
Kykladen
Dodekanes
Ionische Inseln
Straße von Otranto
Mirtoisches Meer
Siebenbürgen
Karpaten
Südkarpaten
Balkan
Rhodope
Thrakien
Pindos
Thessalien
Peloponnes
Vojvodina
Dobrudscha
Donau
Donaudelta
Kecskemét
Szeged
Subotica
Osijek
Novi Sad
(BELGRAD) BEOGRAD
Niš
Priština
Podgorica
Sarajevo
Skopje
Tiranë (Tirana)
Durrës
Brindisi
Lecce
Otranto
Korfu
Oradea
Cluj-Napoca
Târgu Mureş
Bacău
Arad
Timişoara (Temeschburg)
Sibiu
Braşov
Focşani
Galaţi
Brăila
Tulcea
Izmajil
Buzău
Ploieşti
Piteşti
Râmnicu Vâlcea
Craiova
BUCUREŞTI (BUKAREST)
Constanţa
Călăraşi
Ruse
Varna
Burgas
Pleven
Stara Zagora
Plovdiv
Sliven
SOFIJA (SOFIA)
Edirne
İSTANBUL
Thessaloniki (Saloniki)
Kavála
Lárissa
Vólos
Pátra (Patras)
Piraeás (Piräus)
ATHINA (ATHEN)
Kalamáta
Ioánnina
Lesbos
Chios
İZMİR
Balıkesir
Manisa
Aydın
Euböa
Rhodos
Kefaloniá
Zákinthos

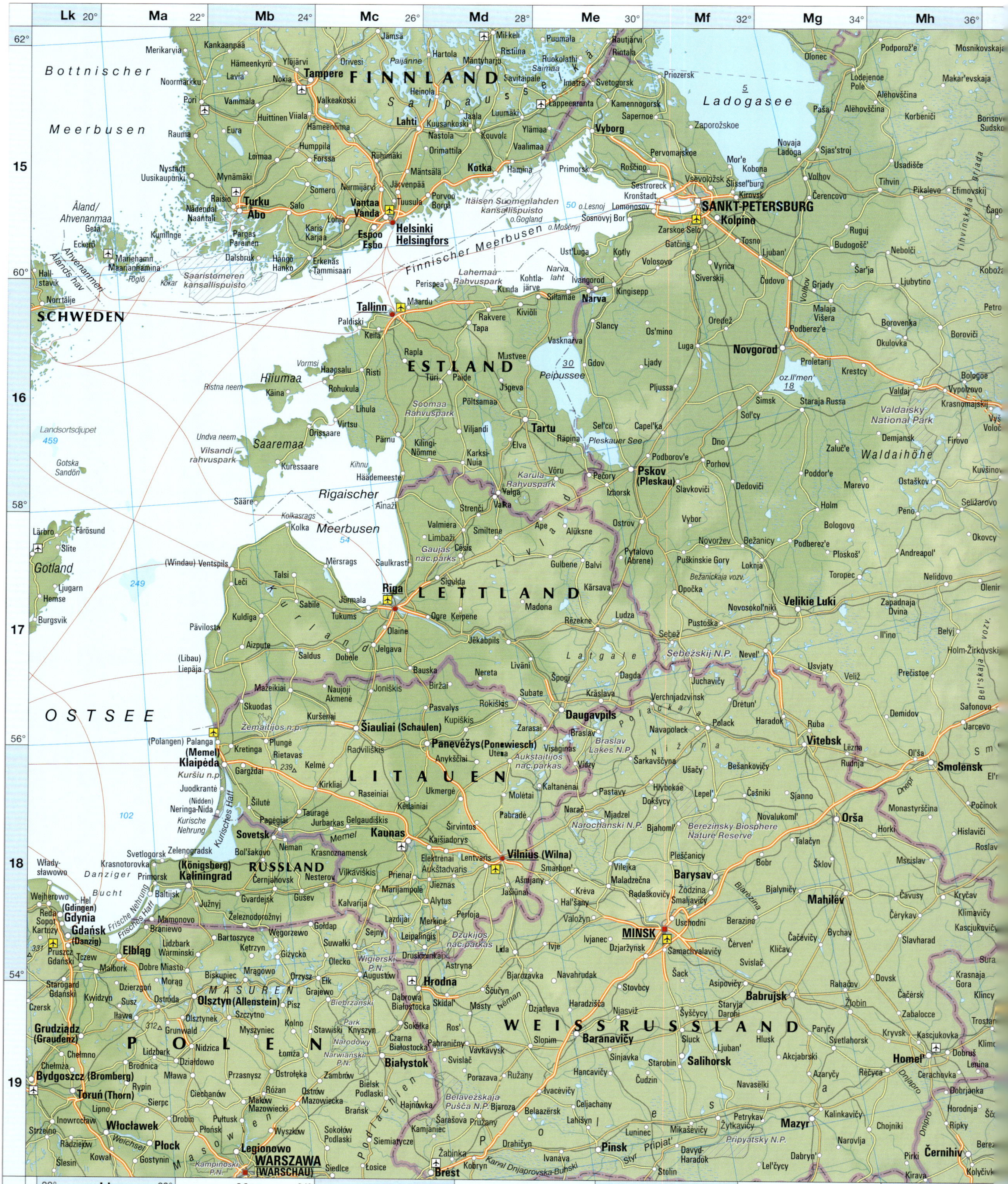
Lk 20°
Ma 22°
Mb 24°
Mc 26°
Md 28°
Me 30°
Mf 32°
Mg 34°
Mh 36°
62°
60°
58°
56°
54°
15
16
17
18
19
Bottnischer Meerbusen
FINNLAND
Ladogasee
Finnischer Meerbusen
SCHWEDEN
ESTLAND
Peipussee
Rigaischer Meerbusen
LETTLAND
OSTSEE
LITAUEN
RUSSLAND
WEISSRUSSLAND
POLEN
Tampere
Lahti
Kotka
Vyborg
Turku Åbo
Helsinki Helsingfors
Vantaa Vanda
Espoo Esbo
Tallinn
Narva
SANKT-PETERSBURG
Kolpino
Novgorod
Tartu
Pskov (Pleskau)
Riga
Velikie Luki
Daugavpils
Šiauliai (Schaulen)
Panevėžys (Ponewiesch)
Klaipėda
Kaunas
Sovetsk
Vilnius (Wilna)
Vitebsk
Smolensk
Orša
Barysau
MINSK
Mahilëv
Babrujsk
Kaliningrad
Gdynia
Gdańsk
Elbląg
Olsztyn (Allenstein)
Hrodna
Białystok
Baranavičy
Salihorsk
Homel'
Mazyr
Pinsk
Brest
Bydgoszcz (Bromberg)
Toruń (Thorn)
Włocławek
Płock
WARSZAWA (WARSCHAU)
Saaremaa
Hiiumaa
Gotland
Åland/Ahvenanmaa
Waldaihöhe
20° Lk 22°
Ma 24°
Mb 26°
Mc 28°
Md 30°
Me 32°
Mf

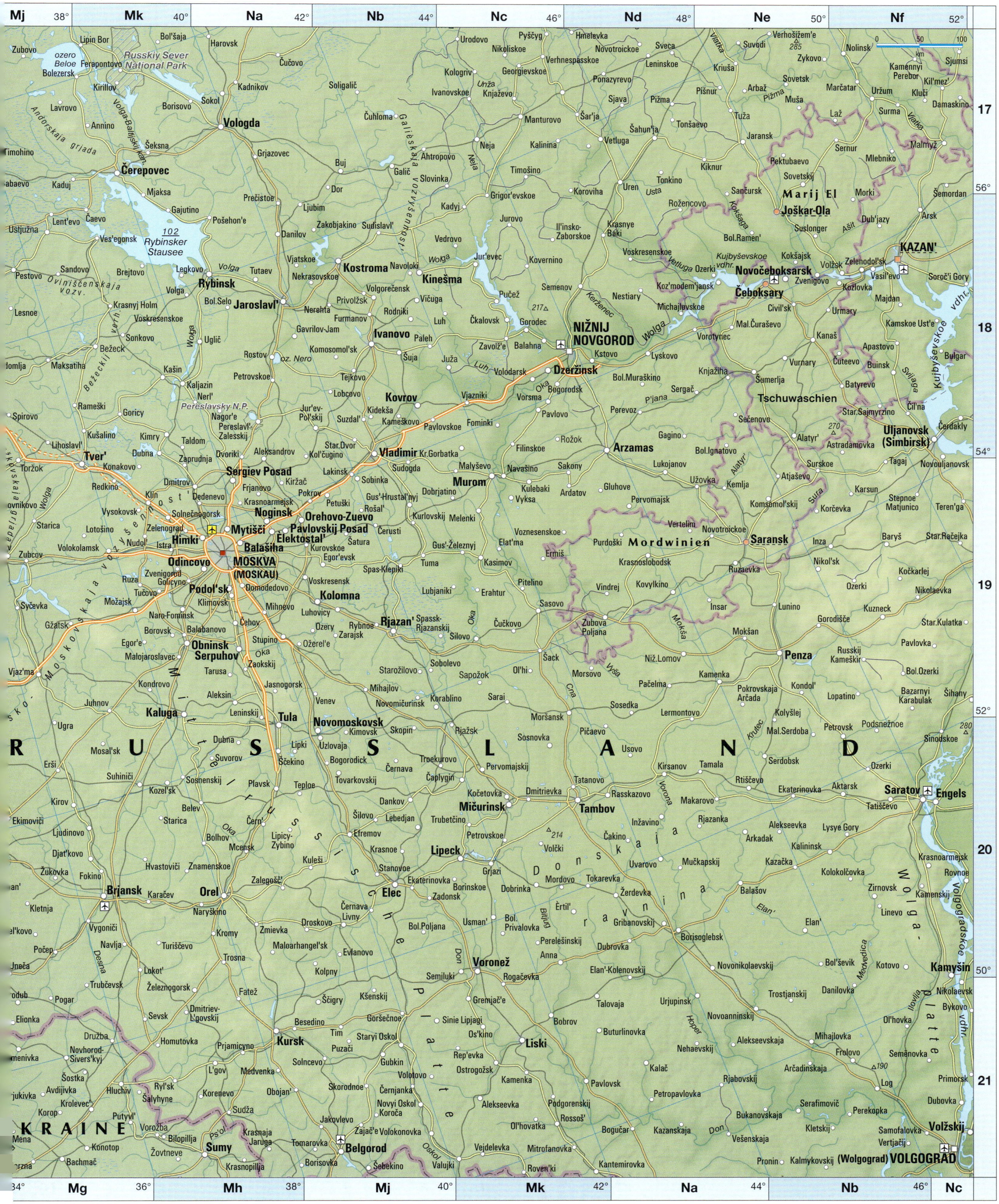
RUSSLAND
UKRAINE
MOSKVA (MOSKAU)
NIŽNIJ NOVGOROD
KAZAN'
VOLGOGRAD
Marij El
Tschuwaschien
Mordwinien
Rybinsker Stausee
Vologda
Jaroslavl'
Kostroma
Ivanovo
Vladimir
Rjazan'
Tula
Kaluga
Brjansk
Orel
Kursk
Belgorod
Voronež
Lipeck
Tambov
Penza
Saransk
Uljanovsk (Simbirsk)
Saratov
Engels
Tver'
Smolensk
Čeboksary
Joškar-Ola

WEISSRUSSLAND
POLEN
UKRAINE
SLOWAKEI
UNGARN
RUMÄNIEN
MOLDAWIEN
SERBIEN
BULGARIEN
WARSZAWA (WARSCHAU)
KYJIV (KIEW)
BUCUREŞTI (BUKAREST)
BEOGRAD (BELGRAD)
Chişinău (Kischinau)
ODESA (ODESSA)
L'viv (Lemberg)
Kraków (Krakau)
Brest
Białystok
Lublin
Radom
Kielce
Rzeszów
Tarnów
Košice
Miskolc
Debrecen
Nyíregyháza
Oradea
Cluj-Napoca
Kecskemét
Szeged
Subotica
Novi Sad
Timişoara (Temeschburg)
Arad
Braşov
Sibiu
Constanţa
Varna
Galaţi
Brăila
Iaşi
Craiova
Ploieşti
Piteşti
Ruse
Rivne
Žytomyr
Vinnycja
Ternopil'
Chmel'nyc'kyj
Luc'k
Ivano-Frankivs'k
Černivci
Bălţi
Tiraspol
Kirovohrad
Čerkasy
Černihiv
Mazyr
Pinsk
Baranavičy
Homel'
Karpaten
Siebenbürgen
Donaudelta
Ma 22° Mb 24° Mc 26° Md 28° Me 30° Mf 32° Mg 34°
Lk 20° Ma 22° Mb 24° Mc 26° Md 28° Me 30°
19 20 21 22 23 24
52° 50° 48° 46° 44°

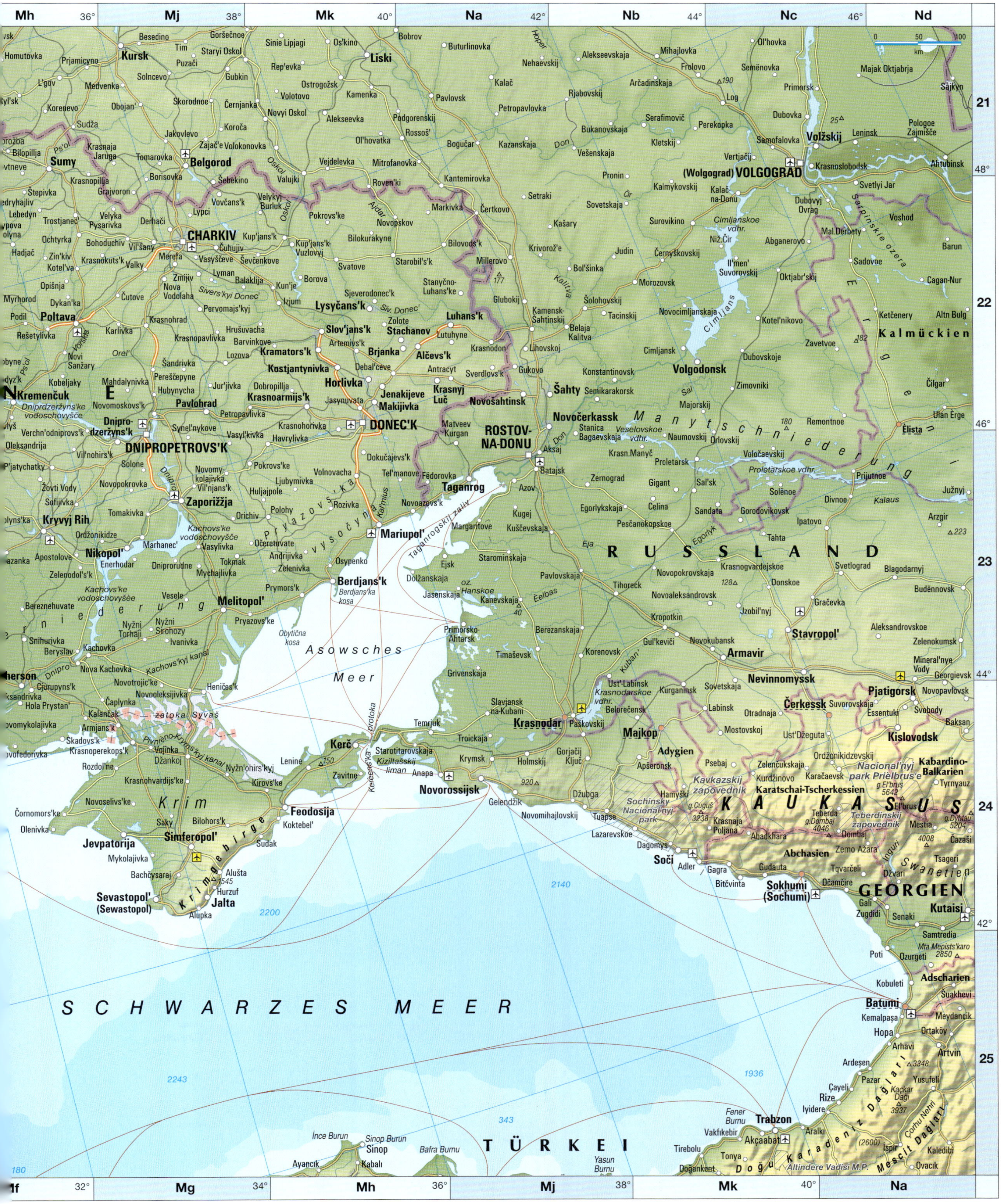
Mh
Mj
Mk
Na
Nb
Nc
Nd
36°
38°
40°
42°
44°
46°
21
22
23
24
25
48°
46°
44°
42°
Kursk
Belgorod
Sumy
CHARKIV
Poltava
Kremenčuk
DNIPROPETROVS'K
Zaporižžja
Kryvyj Rih
Nikopol'
Melitopol'
DONEC'K
Horlivka
Luhans'k
Lysyčans'k
Slov'jans'k
Kramators'k
Mariupol'
Berdjans'k
ROSTOV-NA-DONU
Taganrog
Novočerkassk
Šahty
Volgodonsk
VOLGOGRAD
(Wolgograd)
Volžskij
Elista
Kalmückien
Stavropol'
Armavir
Nevinnomyssk
Pjatigorsk
Kislovodsk
Čerkessk
Krasnodar
Majkop
Adygien
Novorossijsk
Soči
Sokhumi
(Sochumi)
Abchasien
GEORGIEN
Kutaisi
Batumi
Trabzon
Rize
Liski
Cimljanskoe vdhr.
Manytschniederung
RUSSLAND
Asowsches Meer
Kerč
Feodosija
Simferopol'
Jevpatorija
Sevastopol'
(Sewastopol)
Jalta
Krim
Krimgebirge
SCHWARZES MEER
TÜRKEI
KAUKASUS
Karatschai-Tscherkessien
Kabardino-Balkarien
Sinop
2243
2200
2140
1936
343
180

Lj
Lk
Ma
Mb
Mc
Md
18°
20°
22°
24°
26°
28°
23
24
25
26
27
28
44°
42°
40°
38°
36°
KROATIEN
BOSNIEN-HERZEGOWINA
Banja Luka
Tuzla
Zenica
Sarajevo
Mostar
SERBIEN
BEOGRAD
(BELGRAD)
Niš
MONTENEGRO
Podgorica
KOSOVO
Priština
MAZEDONIEN
Skopje
ALBANIEN
Tiranë
(Tirana)
Durrës
RUMÄNIEN
BUCUREȘTI
(BUKAREST)
Craiova
Pitești
Drobeta-Turnu Severin
Slatina
Alexandria
Giurgiu
Constanța
Călărași
Donau
BULGARIEN
SOFIJA
(SOFIA)
Plovdiv
Stara Zagora
Pleven
Ruse
Varna
Burgas
Sliven
Edirne
Dobrič
GRIECHENLAND
ATHINA (ATHEN)
Thessaloniki
(Saloniki)
Lárissa
Vólos
Pátra
(Patras)
Piräus
Kavála
Iráklio
(Heraklion)
Kreta
Izmir
Bari
Brindisi
Taranto
(Tarent)
Lecce
ITALIEN
Apulien
Kalabrien
Crotone
Adriatisches Meer
Ionisches Meer
Ionische Inseln
Ionisches Becken
Straße von Otranto
Golf von Tarent
Ägäisches Meer
Thrakisches Meer
Mirtoisches Meer
Kretisches Meer
MITTELMEER
Golf von Korinth
Peloponnes
Pindos
Thessalien
Rhodopen
Balkan
Nördliche Sporaden
Kykladen
Südliche Sporaden
Kefaloniá
Zákinthos
Kérkira
Korfu
Lesbos
Chios
Euböa
Dardanellen
Lefkáda
Thira
(Santorin)
Sámos
Limnos
Naxos
Ohrid
Bitola
Korçë
Elbasan
Vlorë
Ioánnina
Kalamáta
Trípoli
Kórinthos
Lamía
Kozáni
Véria
Dráma
Xánthi
Komotiní
Alexandroúpoli
Haskovo
Pazardžik
Blagoevgrad
Kjustendil
Pernik
Vraca
Lovech
Gabrovo
Veliko Tărnovo
Tărgovište
Šumen
Razgrad
Kragujevac
Kraljevo
Čačak
Valjevo
Šabac
Novi Pazar
Leskovac
Vranje
Tetovo
Kumanovo
Štip
Prilep
Veles
Tekirdağ
Keşan
Çanakkale
Edremit
Mytilini
Ermoúpoli
Chaniá
Réthimno
Ágios Nikólaos
Nea Moudania
Mesolóngi
Agrínio
Préveza
Árta
Tríkala
Kardítsa
Livadiá
Thíva
Chalkída
Karistos
Spárti
Gíthio
Kíthira
Mílos
Andros
Tínos
Mikonos
Páros
Íos
Amorgós
Ikaría
Skíathos
Skópelos
Skíros
Thássos
Samothráki
Ímroz
Bozcaada
Athos
Olymp
Musala
Rila
Pirin
Vitoša

S C H W A R Z E S M E E R
Mf
Mg
Mh
Mj
Mk
30°
32°
34°
36°
38°
40°
25
26
27
28
29
2243
2180
1800
1936
343
Trabzon
Akçaabat
Tirebolu
Giresun
Ordu
Ünye
Terme
Samsun
Bafra
Alaçam
Sinop
İnce Burun
Ayancık
İnebolu
Cide
Bartın
Zonguldak
Ereğli
Devrek
Karabük
Safranbolu
Kastamonu
Çankırı
Çorum
Amasya
Tokat
Sivas
Zile
Turhal
Niksar
Merzifon
Havza
Osmancık
Tosya
Küre Dağları
P O N T I S C H E S   G E B I R G E
Canik Dağları
Giresun Dağları
Köse Dağları
Tecer Dağları
Ilgaz Dağı M.P.
İSTANBUL
Esenyurt
Gebze
Yalova
İzmit
Kocaeli
Sakarya (Adapazarı)
Hendek
Düzce
Bolu
Akçakoca
Karasu
Kandıra
Şile
Marmarameer
Mudanya
Gemlik
BURSA
İnegöl
Bilecik
Bozüyük
Eskişehir
Sivrihisar
Polatlı
ANKARA
Gölbaşı
Kırıkkale
Kırşehir
Yozgat
Sorgun
Yerköy
Keskin
Kaman
Mucur
Boğazlıyan
Kayseri
Nevşehir
Ürgüp
Göreme M.P.
Niğde
Aksaray
Tuz Gölü
T Ü R K E I
Kütahya
Afyon
Uşak
Balıkesir
Simav
Emirdağ
Yunak
Kulu
Cihanbeyli
Konya
Konya Ovası
Karaman
Ereğli
Akşehir
Ilgın
Beyşehir
Beyşehir Gölü
Seydişehir
Isparta
Eğirdir
Burdur
Denizli
Aydın
Ödemiş
Nazilli
Muğla
Milas
Bodrum
Marmaris
Fethiye
Dalaman
Kaş
Kalkan
Kemer
Antalya
Antalya Körfezi
Manavgat
Alanya
Gazipaşa
Anamur
Bozyazı
Ermenek
Mut
Silifke
Erdemli
İçel (Mersin)
Tarsus
ADANA
Ceyhan
Osmaniye
Kozan
Kadirli
Dörtyol
İskenderun
İskenderun Körfezi
Samandağ
Antakya
Reyhanlı
Kahramanmaraş
GAZİANTEP
Nizip
Kilis
Malatya
Elbistan
Afşin
Göksun
Sarız
Pınarbaşı
Darende
Hekimhan
Arapgir
Kangal
Divriği
Şarkışla
Yıldızeli
Şebinkarahisar
Suşehri
Zara
Gümüşhane
Torul
Taurus
T o r o s l a r
B a t ı   T o r o s
Rhodos
Ródos (Rhodos)
Líndos
Kattavía
Kárpathos
Lykische Küste
Nordzypern
Girne (Keryneia)
Nikosia
Gazimağusa (Ammochostos)
Larnaka
Limassol
Troodos Mts.
Olympos 1951
Pafos (Paphos)
Polis
ZYPERN
Cape Gata
Cape Arnaoutis
Cape Kormakitis
Cape Apostolos Andreas
Dipkarpaz Rizokarpaso
Levantisches Becken
4338
SYRIEN
HALAB (ALEPPO)
Idlib
Al Ladhqiyah (Latakia)
Jablah
Banyas
Tartus
Hama
Homs (Emesa)
Safita
Trablous (Tripoli)
Batroun
Byblos
Juniyah
LIBANON
BEIRUT
Saida (Sidon)
Zahle
Baalbek
DIMASHQ (DAMASKUS)
Zabadani
Quneitra
Nahariya
(Acre) 'Akko
(Haifa) Hefa
ISRAEL
(Tyrus) Sur
Qiryat Shemona
Teverya
See Genezareth
Irbid
Der'a
Md
Me
28°
0
50
100
km

05
04
03
02
50°
60°
70°
ATLANTISCHER
OZEAN
Grönland
Reykjavik
Island
Dänemarkstraße
Jan Mayen
Grönland-
see
Norwegisches
Becken
Norwegische
See
Färöer
Irland
Dublin
Glasgow
Großbritannien
Nord-
see
LONDON
PARIS
AMSTERDAM
BRÜSSEL
KOPENHAGEN
Oslo
Skandinavien
Stockholm
Helsinki
Bottnischer Meerbusen
BERLIN
Ostsee
EUROPA
PRAG
WARSCHAU
WIEN
MAILAND
ROM
Zagreb
BUDAPEST
Sarajevo
BELGRAD
BUKAREST
Tirana
Skopje
SOFIA
ATHEN
ISTANBUL
Krim
ODESSA
KIEW
MINSK
Vilnius
SANKT-PETERSBURG
Ladogasee
Onegasee
Peipus-
see
Rybinsker
Stausee
Rybinsk
MOSKAU
Mittelrussische
Platte
Wolga
SAMARA
Ural
Schwarzes
Meer
Pontisches Gebirge
ANKARA
IZMIR
Heraklion
Kaukasus
Elbrus
5642
TIFLIS
Ararat
5137
Kaspisches Meer
Kaspische Senke
Nikosia
Zypern
ALEPPO
BEIRUT
DAMASKUS
Jerusalem
AMMAN
Syrische
Wüste
BAGDAD
MOSUL
TÄBRIS
Urmiasee
TEHERAN
Große Salzwüste
MESCHHED
Elburs
Zagrosgebirge
El Agaba
Hedschas
Nefud
Arabische
Halbinsel
Al Basra
Kuwait
Persischer
Golf
Al Manama
Doha
Al Hufuf
ABU DHABI
RIAD
MEKKA
JIDDAH
Rotes Meer
Asir
Ar Rub' al Khali
(Große Arabische Wüste)
Maskat
Golf v. Oman
SANAA
Hadramaut
Dhofar
Aden
Al Mukalla
Golf von Aden
Dschibuti
Ogaden
Garoowe
Belet Uen
Mogadischu
Arabisches
Meer
Somali-
becken
Seychellen
Amiranten
Aldabra
Islands
Antsiranana
Maskarenen-
becken
Madagaskar
Antananarivo
Réunion
Saint-Denis
Mauritius
Port Louis
Maskarenen
Tôlanaro
Seychellen-
Mauritius-
Plateau
Äquator
Zentralindischer Rücken
Malediven
Tschagos-
Inseln
Tschagos-Lakkadiven-Plateau
Zentral-
indisches
Becken
INDISCHER
OZEAN
Südlicher Wendekreis
Bengalischer Rücken
Kokos-Inseln
Nordwestaustralisches
Becken
Ellesmere
Insel
Königin-
Elisabeth-
Inseln
Kanadisches
Becken
NORDPOLAR-
MEER
Nordpol
Lomonossow-(Harris-rücken)
Spitzbergen
Franz-Joseph-Land
Nowaja Semlja
Nordkap
Barents-
see
Kola-
Halbinsel
Nördlicher Polarkreis
Karasee
Taimyr-
Halbinsel
Sewernaja
Semlja
Laptewsee
Lena Delta
Nordsibirisches
Tiefland
Jamal
Gydanskij
Ob
Jenissei
Westsibirisches
Tiefland
Mittelsibirisches
Bergland
SIBIRIEN
JEKATERINBURG
Turgai-
plateau
Irtysch
Aralsee
Ustjurt-
plateau
Turkmenbaschi
Tiefland von Turan
Kasachische Schwelle
Kasachische Steppe
Hungersteppe
Balchaschsee
ASIEN
ALTAI
Mongolischer Altai
Östlicher Sajan
Baikalsee
Irkutsk
ULAN-BATOR
Gobialtai
GOBI
Dsungarei
TASCHKENT
Bischkek
Duschanbe
TIAN SHAN
Turfansenke
TARIMBECKEN
Takla Makan
Pamir
HINDUKUSCH
KABUL
Karakorum
Nanga Parbat
8126
Altun Shan
KUNLUN SHAN
Qaidambecken
HOCHLAND VON TIBET
Transhimalaya
HIMALAYA
Mt. Everest
8850
Brahmaputra
Belutschistan
Indus
Wüste Tharr
DELHI
JAIPUR
Ganges
DHAKA
KALKUTTA
BOMBAY
Dekkan
Westghats
Ostghats
Krishna
MADRAS
Golf von
Bengalen
COLOMBO
Ceylon
Andamanen
Anda-
manen-
see
Nikobaren
RANGUN
Saluen
BANGKOK
Mekong
Golf von
Thailand
Phnom Penh
HO CHI MINH-STADT
HANOI
KUNMING
Golf von
Tonking
Hainan
Südchinesisches
Meer
MACAO
HONGKONG
GUANGZHOU
Südchinesisches
Bergland
Jangtsekiang
WUHAN
XI'AN
Huang He
SHANGHAI
Große Ebene
PEKING
Großer Chingan
Gelbes
Meer
SEOUL
PYONGYANG
Ostchinesisches
Meer
TAIPEI
Formosa
Luzon-Straße
Luzon
MANILA
Mindoro
Palawan
Panay
Negros
Sulusee
Mindanao
Davao
Philippinen-
see
Philippinengraben
Malayische
Halbinsel
KUALA LUMPUR
SINGAPUR
Malakkastraße
Sumatra
Mentawai-
Inseln
Sundagraben
JAKARTA
Javasee
Java
Bali
Sumbawa
Flores
Sumba
Timor
Timorsee
Kleine Sundainseln
GROSSE SUNDAINSELN
Kalimantan
(Borneo)
Sulawesi
(Celebes)
Celebessee
Molukken-
see
Molukken
Banda-
see
Halmahera
Seram
(Ceram)
Darwin
Kimberley
Plateau
Broome
Große
Sandwüste
Pilbara
AUSTRALIEN
Macdonnell Ranges
Wladiwostok
Japanisches
Meer
Honshu
TOKIO
Hokkaido
Shikoku
Kyushu
Ryukyu-Inseln
Ryukyugraben
Japangraben
Boningraben
Izu-
Inseln
Kyushu-Palau-Rücken
Südhonshurücken
Okasawara-
shoto
Palau-
Inseln
Sachalin
Tatarensund
Habarovsk
Amur
Sichote Alin
Kleiner Chingan
Mandschurei
Stanowoigebirge
Jablonowygebirge
Lena
Werchojansker Gebirge
Tscherskigebirge
Ojmjakon
Kolymagebirge
Magadan
Ochotskisches
Meer
Kurilen
Kurilengraben
PAZIFISCHER
OZEAN
Kamtschatka
Petropavlovsk-
Kamcatskij
Korjakengebirge
Anadyr'
Anadyr-
gebirge
Tschuktschen-
see
Wrangel-Insel
Beringstraße
Ostsibirische
See
Neusibirische
Inseln
Bering-
meer
Aleuten-
becken
Aleuten
Aleutengraben
Alaska
Range
Anchorage
Brooks Range
Yukon
Bethel
Kodiak Island
Saint Lawrence
Island
Na
Nb
Oa
Ob
Pa
Pb
Qa
Qb
Ra
Rb
80°
90°
100°
110°
120°
130°
km
0
600
1200

ATLANTISCHER OZEAN
NORDPOLARMEER
Grönland (Dän.)
KANADA
Alaska (USA)
ISLAND
Reykjavik
IRLAND
Dublin
VEREINIGTES KÖNIGREICH
LONDON
Nordsee
NORWEGEN
Oslo
SCHWEDEN
Stockholm
FINNLAND
Helsinki
DÄNEMARK
KOPENHAGEN
FRANKREICH
PARIS
DEUTSCHLAND
BERLIN
POLEN
WARSCHAU
ITALIEN
ROM
UKRAINE
KIEW
MOSKAU
RUSSLAND
Republik Sacha (Jakutien)
Kamtschatka
Ochotskisches Meer
Sachalin
Laptewsee
Karasee
Norwegische See
Grönlandsee
Beringmeer
Beringstraße
Tschuktschensee
Ostsibirische See
Spitzbergen (Nor.)
Franz-Joseph-Land
Nowaja Zemlja
Sewernaja Semlja
Neusibirische Inseln
Wrangel-Insel
Aleuten
TÜRKEI
ANKARA
Istanbul
GEORGIEN
ARMENIEN
ASERBAIDSCHAN
BAKU
KASACHSTAN
Astana
USBEKISTAN
TASCHKENT
TURKMENISTAN
KIRGISISTAN
TADSCHIKISTAN
AFGHANISTAN
KABUL
IRAN
TEHERAN
IRAK
BAGDAD
SYRIEN
DAMASKUS
LIBANON
ISRAEL
JORDANIEN
ÄGYPTEN
KAIRO
SAUDI-ARABIEN
RIAD
KUWAIT
KATAR
VEREINIGTE ARABISCHE EMIRATE
OMAN
Maskat
JEMEN
SANAA
ERITREA
DSCHIBUTI
ÄTHIOPIEN
SOMALIA
Mogadischu
PAKISTAN
Islamabad
KARACHI
INDIEN
DELHI
MUMBAI (BOMBAY)
KALKUTTA
CHENNAI (MADRAS)
BANGALORE
HYDERABAD
NEPAL
Kathmandu
BHUTAN
BANGLADESCH
DHAKA
SRI LANKA
COLOMBO
MALEDIVEN
Male
MONGOLEI
ULAN-BATOR
CHINA
PEKING
SHANGHAI
Tibet
Sinkiang
ÜRÜMQI
HONGKONG
MACAO
NORDKOREA
PYONGYANG
SÜDKOREA
SEOUL
JAPAN
TOKIO
OSAKA
TAIWAN
TAIPEI
PHILIPPINEN
MANILA
MYANMAR
LAOS
Vientiane
THAILAND
BANGKOK
KAMBODSCHA
Phnom Penh
VIETNAM
HANOI
HO CHI MINH-STADT
MALAYSIA
KUALA LUMPUR
SINGAPUR
BRUNEI
INDONESIEN
JAKARTA
OSTTIMOR
Dili
PALAU
Golf von Bengalen
Südchinesisches Meer
Ostchinesisches Meer
Philippinensee
PAZIFISCHER OZEAN
INDISCHER OZEAN
Golf von Aden
Persischer Golf
Andamanensee
Timorsee
SEYCHELLEN
MADAGASKAR
Antananarivo
MAURITIUS
Port Louis
AUSTRALIEN
Western Australia
Northern Territory
Darwin
05 04 03 02 03 04 05
Na Nb Oa Ob Pa Pb Qa Qb Ra Rb
50° 60° 70° 80° 90° 100° 110° 120° 130°

06
05
04
03
02
01
07
08
09
10
11
65°
70°
75°
80°
85°
60°
55°
50°
45°
40°
Oa
Ob
Oc
Od
Pa
Pb
Pc
Pd
Qa
100°
105°
90°
95°
NORWEGEN
SCHWEDEN
FINNLAND
ESTLAND
N O R D P
Barentssee
Franz-Joseph-Land (Rus.)
Zemlja Aleksandry
Zemlja Georga
o.Rudol'fa
o.Greem-Bell
Sewernaja Semlja
o.Komsomolec
o.Oktjabr'skoj Revoljucii
o.Bol'ševik
proliv Vil'kickog
m.Neupokoeva
ostrova Sergeja Kirova
Novaja Zemlja
g.Bležnaja
1052
m.Želanija
pik Sedova
1115
1547
Karasee
o.Belyj
Murmanskoye Rise
Kola-Halbinsel
Weißes Meer
Pečorskoe more
proliv Karskie Vorota
o.Vajgač
o.Kolgujev
m.Kanin Nos
p-ov Kanin
Češskaja guba
Bottnischer Meerbusen
Lappland
Hammerfest
Nordkap
Alta
Tromsø
Narvik
Kebnekaise
2111
Kiruna
Gällivare
Muonio
Luleå
Umeå
Östersund
Storuman
Mo i Rana
Falun
Sundsvall
Härnösand
Gävle
Mariehamn
Åland
Turku
Åbo
Vaasa
Kokkola
Hailuoto
Karlö
Oulu
Kemi
Rovaniemi
Sodankylä
Inari
Inarijärvi
Kirkenes
Varangerfjorden
Murmansk
Mončegorsk
Severomorsk
Apatity
Kandalakša
Tampere
Lahti
Jyväskylä
Kuopio
Kuusamo
Pielinen
Joensuu
Kostomukša
Helsinki
Helsingfors
Tallinn
Savonlinna
Lappeenranta
Vyborg
Narva
Peipus-see
Ladogasee
Segozero
Karelien
Kem'
Belomorsk
Medvež'egorsk
Onežskaja guba
Onega
Petrozavodsk
Onegasee
SANKT-PETERSBURG
Severodvinsk
Arhangel'sk
Mezen'
Ponoj
Gremiha
Novgorod
oz.Il'men'
Boroviči
Kargopol'
Konoša
Čerepovec
Toržok
Tver'
Rybinsker Stausee
Vologda
Dubna
Rybinsk
Sergiev-Posad
MOSKAU
Kostroma
Orehovo-Zuevo
Vladimir
Kinešma
Rjazan'
Šar'ja
Vetluga
NIŽNIJ NOVGOROD
Murom
Kotel'nič
Sack
Mordwinien
Saransk
Marij-Ėl
Joškar-Ola
Čeboksary
Tschuwaschien
KAZAN'
Penza
Kuzneck
Simbirsk
Kujbyševskoe vdhr.
Saratov
Syzran'
Dimitrovgrad
Tol'jatti
Engel's
Balakovo
Wolga
Novokujbyševsk
Tatarstan
Ršov
Buzuluk
Oktjabr'skij
Buguruslan
Sarapul
Udmurtien
Naberežnye Čelny
Iževsk
PERM'
Kamskoe vdhr.
Vjatka (Kirov)
Kirovo-Čepeck
Solikamsk
Berezniki
Konžakovskij Kamen'
1569
Nordrussisches Tiefland
Severnye Uvaly
Ust'-Varga
Pinega
Vel'sk
Kotlas
Vyčegda
Syktyvkar
Republik der Komi
Uhta
Sosnogorsk
Timanskij krjaž
Pečora
Nar'jan-Mar
Autonomer Kreis der Nenzen
Ust'-Cil'ma
Bol'šezemel'skaja tundra
Inta
Vorkuta
gora Pajer
1499
gora Narodnaja
1894
1617
gora Telposiz
Amderma
Jugorskij p-ov
Bajdaratskaja guba
p-ov Jamal
Obskaja guba
Gydanskaja guba
Gydanskij p-ov
Tazovskaja guba
Antipajuta
Jenisejskij zaliv
Pjasinskij zaliv
Dikson
Tajmyr-Halbinsel
gory Byrranga
Pjasina
oz.Tajmyr
Autonomer Kreis Tajmyr der Dolganen und Nenzen
Nordsibirisches Tiefland
Hatanga
Voločanka
Anabar plat
Dudinka
Talnah
Noril'sk
1701
plato Putorana
Igarka
Kotui
Essej
Autonomer Kreis der Ewenken
Turuhansk
Mittelsibirisches Bergland
Nižnjaja Tunguska
Tembenči
Viv
Putorčany
Tura
Jenisej
Novyj Port
Tazovskij
Autonomer Kreis der Jamal-Nenzen
Nadym
Novyj Urengoj
Beloj arskij
Njagan'
Ob'
Westsibirisches Tiefland
Sibirskie Uvaly
Autonomer Kreis der Chanten und Mansen
Hanty-Mansijsk
Neftejugansk
Surgut
Niževartovsk
Verhneimbatsk
Serov
Nižnij Tagil
Pervoural'sk
JEKATERINBURG
Irbit
Tavda
URAL
Kamensk-Ural'skij
Šadrinsk
Tjumen'
Tobol'sk
Tobol
Miass
Zlatoust
ČELJABINSK
Kopejsk
Zavodoukovsk
Irtyš (Irtysch)
Baschkortostan
UFA
Ufa
Sterlitamak
Salavat
Kumertau
Magnitogorsk
Troick
Kurgan
Orenburg
Oral
Čapaev
Žambejti
Inderborskij
Ural
Novotroick
Orsk
Irklinskoe vdhr.
Rudnyj
Kostanaj
Žitikara
Išim
Petropavl
k-l.Kusmurun
Turgai-Senke
Barabinskaja nizmennost'
OMSK
Tara
Vasjuganskaja ravnina
Ketsko-Tymskaja ravnina
Kargasok
Kolpaševo
Ket'
Čulym
Bor
Jenisej
RUSS
SIBIR
Central'notungusskoe plato
Podkamennaja Tunguska
Vanavara
Zaangarskoe plato
Enisejsk
Lesosibirsk
Motygino
Angara
Priangarskoe plato
Kodinsk
Ust'-Ilimsk
Angarskij k
Ust'-Ku
Tomsk
Kemerovo
Ačinsk
KRASNOJARSK
Bratsk
Bratskoe vdhr.
Lena
Angars plat
Kuzneckij Alatau
Kuibyšev
Kargat
ozero Čany
NOVOSIBIRSK
Novosibirskoe vdhr.
Kamen'-na-Ob'
Kulundinskaja ravnina
Blagoveščenka
Berdsk
Leninsk-Kuzneckij
Prokop'evsk
Barnaul
Novokuzneck
2178
Abakan
Krasnojarskoe vdhr.
1876
Ujar
Kansk
Tajšet
Tulun
Ust'-Ilimsk
Zima
Autonomer Kreis Ust-Orda-Burjaten
Usol'e-Sibirskoe
Ust'-Ordy
Angarsk
Irkutsk
Östlicher Sajan
Westlicher Sajan
Chakassien
Sajano-Šušenskoe vodohranilišče
Gorno-Altajsk
Bijsk
Rubcovsk
2875
Bol'šoj Enisej
Malyj Enisej
Tuwa
Kyzyl
3215
3491
Munku-Sardyk
Tannu-Ola
Uvs nuur
Erzin
3106
Khövsgöl nuur
Bajkal'sk
Petropavlovk
Sükhb
Selenge go
Orhon go
Altai
2630
Inja
4506
gora Beluha
Ulaangom
Ölgiy
Khovd
Khar us nuur
Khyargas nuur
Nuurdyn Khotgor
3276
Khatgal
2636
Mörön
2619
Bulgan
Zavkhan Gol
Khangain Nuruu
Uliastay
Tsetserleg
MONG
ULAN-BAT
Arvaykheer
Altay
3479
Mongolischer Altai
KASACHSTAN
Kasachische Steppe
Kasachische Schwelle
Ural
Makat
Embi
Šalkar
Bejneu
Aralsk
Aralsee
Aiteke Bi
Baikonur
Moynak
100
Nukus
Dashoguz
Urgench
Tiefland von Turan
Kyzylkum
USBEKISTAN
974
Syrdarja
Kyzylorda
Shieli
Turkistan
Shymkent
Taraz
Hungersteppe
Moiynkum
Shu (Chu)
Zhezkazgan
Sabtaev
Žeskazgan
Kyzylzhal
Sarysu
Atasu
Karaghandy
Temirtau
Astana
k-l.Tengiz
Arkalyk
Pavlodar
Ekibastuz
Isil'kul'
k-l.Siletiteniz
Zapadnoe
Semey
Ertis (Irtysch)
Öskemen
2298
Georgievka
Buhtarminskoe sukojmasy
Zajsan köli
Zajsan
Akshatau
Balhaš
Balchaschsee
Saryshaghan
Saryesik-Atyrau
Burylbaital
Ile
Birlik
Taskesken
Ayakoz
Makanshy
Tarbagataj Žotasy
2992
Sasykol
Tacheng
3516
Kabanbai
Alakol
Taldykorgan
Saryozek
Žongar Alatauy
Kapshaghai
Zharkent
4442
Bögeni
ALMATY
4973
Issykkul
Karakol
Bischkek
Toktogul
Balykchy
KIRGISISTAN
Borohoro Shan
Yining
Usu
Karamay
Dsungarei
Fuyun
Shihezi
Turkmenabat
Buchara
Navoiy
Samarkand
Jizzax
Qarshi
Shakhrisyabz
5490
2166
TASCHKENT
Khujand
Andijon
4503
Amudarja

Tschuktschensee
Alaska (USA)
Bristol Bay
Beringstraße
Wrangel-Insel
proliv Longa
Tschuktschen-Halbinsel
Bering-meer
Ostsibirische See
Neusibirische Inseln
Laptewsee
Anadyrgebirge
Autonomer Kreis der Tschuktschen
Kolyma-Tiefebene
Jana-Indigirka-Tiefebene
Lena Delta
Aleuten-becken
Autonomer Kreis der Korjaken
Korjakengebirge
Republik Sacha (Jakutien)
Werchojansker Gebirge
Tscherskigebirge
Kolymagebirge
hrebet Suntar-Hajata
Central'nojakutskaja ravnina
Prilenskoe plato
Jakutsk
Magadan
Kamtschatka
Sredinnyj hrebet
PAZIFISCHER OZEAN
Ochotskisches Meer
Petropavlovsk-Kamčatskij
Aldanskoe nagor'e
Stanowojgebirge
Stanowoj-hochland
Jablonowygebirge
Burjatien
Sachalin
Tatarensund
Kurilen
Kurilengraben
Kleiner Chingan
Großer Chingan
CHINA
Heilongjiang
Jüdisches Autonomes Gebiet
Sichote-Alin
HARBIN
HOKKAIDO
JAPAN
SAPPORO
La-Pérouse-Straße
02 03 04 05 06 07
07 08 09 10 11
Qc Qd Ra Rb Rc Rd Sa Sb Sc
0 160 320 km

Ma
Mb
Mc
Md
Na
Nb
Nc
Nd
Oa
20°
25°
30°
35°
40°
45°
50°
55°
60°
65°
11
12
13
14
15
16
17
18
RUSSLAND
GRIECHENLAND
ATHEN
ISTANBUL
Schwarzes Meer
Pontisches Gebirge
ANKARA
TÜRKEI
IZMIR
Ägäisches Meer
Kykladen
Sporaden
Kreta
Heraklion
Rhodos
Antalya
Taurus
Konya
Kayseri
Adana
Samsun
Trabzon
Erzurum
Sivas
Malatya
Diyarbakir
Van
GEORGIEN
TIFLIS
ARMENIEN
JEREWAN
ASERBAID-SCHAN
BAKU
Kaukasus
Kaspisches Meer
Kaspische Senke
Astrachan
Atyrau
Aralsee
Ustjurt-plateau
Tiefland von Turan
USBEKISTA
Karakum
TURKMENISTAN
Aschgabad
Türkmenbaschi
MESCHHED
MITTELMEER
Levantisches Becken
ZYPERN
Nikosia
Limassol
SYRIEN
ALEPPO
Homs
Latakia
LIBANON
BEIRUT
DAMASKUS
ISRAEL
Tel Aviv
Haifa
Jerusalem
Gaza
AMMAN
JORDANIEN
Totes Meer
Syrische Wüste
Deir Al Zor
MOSUL
Arbil
Kirkuk
IRAK
BAGDAD
Euphrat
Tigris
Karbala
An Najaf
Al Basra
KUWAIT
Kuwait
IRAN
TEHERAN
Elburs
Damavand
Qom
ISFAHAN
Schiras
Zagrosgebirge
Kuhrudgebirge
Große Salzwüste
Wüste Lut
Kerman
Zahedan
Bandar-e-Abbas
Persischer Golf
BAHRAIN
Al Manama
KATAR
Doha
ABU DHABI
Dubai
VEREINIGTE ARABISCHE EMIRATE
Str. von Hormus
Golf von Oman
Maskat
OMAN
AFGHANISTA
Herat
Belutschistan
Nildelta
ALEXANDRIA
KAIRO
GIZEH
Suez
Port Said
Sinai
Westliche Wüste
ÄGYPTEN
Luxor
Assuan
Nassersee
Östliche Wüste
Nubische Wüste
Nubien
SUDAN
Khartum
Omdurman
Port Sudan
Nil
Nefud
Hedschas
SAUDI-ARABIEN
Medina
MEKKA
JIDDAH
RIAD
Ad Dammam
Ad Dahna
Rub al Khali (Große Arabische Wüste)
Asir
Tihama
Rotes Meer
JEMEN
SANAA
Aden
Al Mukalla
Hadramaut
Golf von Aden
Bab al-Mandab
DSCHIBUTI
Dschibuti
ÉRITREA
Asmara
Hochland von Äthiopien
ADDIS ABEBA
ÄTHIOPIEN
SOMALIA
Sokotra (Jemen)
SÜDSUDAN
Juba
Arabisches Meer
Zentralindischer Rücken

Ob
Oc
Od
Pa
Pb
Pc
Pd
Qa
Qb
Qc
MONGOLEI
G O B I
Innere Mongolei
Kasachische Steppe
KASACHSTAN
Hungersteppe
Balchaschsee
Dsungarei
TIAN SHAN
KIRGISISTAN
TADSCHIKISTAN
TARIMBECKEN
Takla Makan
Sinkiang
Pamir
HINDUKUSCH
Karakorum
KUNLUN SHAN
Qaidambecken
Qinghai
Bayan Har Shan
Min Shan
Sichuan
CHINA
HOCHLAND VON TIBET
Tibet
TRANSHIMALAYA
Nyainqêntanglha Shan
HIMALAYA
NEPAL
BHUTAN
PAKISTAN
Rajasthan
Wüste Tharr
Gangesebene
BANGLA-DESCH
MYANMAR
LAOS
VIETNAM
THAILAND
Yunnan
INDIEN
Dekkan
Madhya Pradesh
Maharashtra
Gujarat
Westghats
Ostghats
Golf von Bengalen
Arabisches Meer
Lakkadiven
Lakshadweep (Ind.)
Andamanen
Andaman- und Nikobar-Inseln (Ind.)
Andamanensee
Nikobaren
Golf von Martaban
Mergui-Archipel
SRI LANKA
Ceylon
SUMATRA
INDONESIEN
Lhasa
Kathmandu
New Delhi
KARACHI
MUMBAI (BOMBAY)
HYDERABAD
BANGALORE
CHENNAI (MADRAS)
KOLKATA
DHAKA
RANGUN
BANGKOK
KUNMING
CHENGDU
CHONGQING
LANZHOU
ÜRÜMQI
ALMATY
Bischkek
Duschanbe
KABUL
Islamabad
LAHORE
Thimphu
Colombo

Nc 55°
Nd 60°
Oa 65°
Ob 70°
Oc 75°
Od 80°
Pa 85°
Pb 90°
Pc 95°
Pd 100°
10
11
12
13
14
15
16
17
40°
35°
30°
25°
20°
15°
10°
Aralsee
Ustjurt-plateau
Kasachische Steppe
Kasachische Schwelle
KASACHSTAN
Hungersteppe
Tiefland von Turan
Kysylkum
Karakum
USBEKISTAN
TURKMENISTAN
Aschgabad
Astana
Pavlodar
Temirtau
Karaghandy
Semey
Balhaš
Nukus
Dashoguz
Urgench
Buchara
Navoiy
Samarkand
TASCHKENT
Shymkent
Taraz
Bischkek
KIRGISISTAN
ALMATY
Issykkul
Duschanbe
TADSCHIKISTAN
Termiz
Herat
Mazar-e Sharif
Pamir
HINDUKUSCH
AFGHANISTAN
KABUL
Kandahar
Quetta
PAKISTAN
Islamabad
Rawalpindi
Peshawar
Faisalabad
LAHORE
Multan
Jammu und Kashmir
Srinagar
Karakorum
Mount Godwin Austen (K2) 8611
Nanga Parbat
KARACHI
HYDERABAD
Wüste Thar
Rajasthan
New Delhi
DELHI
JAIPUR
AGRA
Kanpur
LUCKNOW
Uttar Pradesh
Gujarat
AHMEDABAD
Madhya Pradesh
BHOPAL
INDIEN
MUMBAI (BOMBAY)
PUNE
Maharashtra
NAGPUR
Dekkan
HYDERABAD
Telangana
Andhra Pradesh
Karnataka
BANGALORE
CHENNAI (MADRAS)
Tamil Nadu
Kerala
Golf von Bengalen
Gangesmündungen
KALKUTTA
Odisha
Bhubaneswar
VISHAKHAPATNAM
Jharkhand
Bihar
PATNA
VARANASI
Kathmandu
Sagarmatha (Mt. Everest) 8850
HIMALAYA
NEPAL
BHUTAN
Thimphu
Arunachal Pradesh
Assam
Brahmaputra
BANGLADESCH
DHAKA
CHITTAGONG
MYANMAR
Mandalay
Naypyidaw
RANGUN
THAILAND
LAOS
Vientiane
KUNMING
Yunnan
Sichuan
CHENGDU
LANZHOU
Xining
Qinghai
Qaidambecken
HOCHLAND VON TIBET
Tibet
Lhasa
Transhimalaya
Nyainqêntanglha Shan
Tanggula Shan
Kunlun Shan
Altun Shan
Qilian Shan
Bayan Har Shan
TAFIMBECKEN
Takla Makan
Sinkiang
Tian Shan
Dsungarei
ÜRÜMQI
Turpan
Hami
Kashi
Aksu
Korla
Kuruktag
Altai
Mongolischer Altai
Westlicher Sajan
Östlicher Sajan
Tuwa
Chakassien
Barnaul
Novokuzneck
Rubcovsk
Öskemen
CHINA

Qb
Qc
Qd
Ra
Rb
Rc
Rd
Sa
Sb
Sc
Sd
105°
110°
115°
120°
125°
130°
135°
140°
145°
150°
155°
09
10
11
12
13
14
15
16
45°
40°
35°
30°
25°
20°
15°
Sachalin
Tatarensund
Stanowoj-bergland
Jablonowyjgebirge
Burjatien
Baikalsee
Ulan-Ude
Čita
Stanovik
Olëkminskij
Autonomer Kreis der Aginer-Burjaten
Amur
Mohe
Zejskoe vdhr.
Zeja
Šimanovsk
Zejsko-Bureinskaja ravnina
Blagoveščensk
Birobidžan
Jüdisches Autonomes Gebiet
Habarovsk
Komsomol'sk-na-Amure
Bureinskij hrebet
hrebet Turana
Selemža
Sichote-Alin
Kleiner Chingan
Großer Chingan
Mandschurei
Heilongjiang
Qiqihar
Hegang
Jiamusi
Yichun
Harbin
Suihua
Bei'an
Zhalantun
Manzhouli
Hailar
Hulun Nur
Choibalsan
Kherlen Gol
ULAN-BATOR
Öndörkhaan
Baruun Urt
MONGOLEI
Saynshand
Erenhot
Xilinhot
Sonid Youqi
Mongolei
Gobi
Ulanhot
Baicheng
Tonghe
Mudanjiang
Jixi
Chanka-see
Ussurijsk
Wladiwostok
Nahodka
Dal'negorsk
Jilin
CHANGCHUN
Tongliao
Liaoyuan
Dunhua
Yanji
Siping
Meihekou
Chifeng
SHENYANG
FUSHUN
Liaoning
Anshan
Fuxin
Chaoyang
Jinzhou
Yingkou
Dandong
Chengde
Qinhuangdao
Zhangjiakou
Jining
Hohhot
Baotou
Huang He
Datong
PEKING
TANGSHAN
TIANJIN
Bo Hai
Baoding
Hebei
Shijiazhuang
Cangzhou
DALIAN
Lüshun
Yantai
Weihai
Rushan
Dezhou
Binzhou
JINAN
ZIBO
Weifang
QINGDAO
Shandong
Tai'an
Jining
Große Ebene
TAIYUAN
Shanxi
Handan
Anyang
Xingtai
Yulin
Yinchuan
Shizuishan
Wuhai
Yan'an
Baoji
Shaanxi
XI'AN
Qin Ling
Hanzhong
Luoyang
ZHENGZHOU
Xuchang
Henan
Zhumadian
Nanyang
Xuzhou
Lianyungang
Huai'an
Jiangsu
Yangzhou
Nantong
HUAINAN
Bengbu
Anhui
Hefei
NANJING
Wuxi
Suzhou
SHANGHAI
Shanghai Deepwater Port
Hubei
Xiangfan
WUHAN
Shashi
Three Gorges Dam
Chang Jiang (Jangtsekiang)
Daba Shan
Xinyang
Dabie Shan
Anqing
Tongling
HANGZHOU
Ningbo
Zhejiang
Jinhua
Quzhou
Jiaojiang
Wenzhou
Rui'an
Huangshan
Jingdezhen
Jiujiang
NANCHANG
Jiangxi
Yueyang
CHANGSHA
Dongting Hu
Changde
Yiyang
Zhuzhou
Hunan
Pingxiang
Hengyang
Leiyang
Chongqing
Wuling Shan
Jishou
Zunyi
Huaihua
SÜDCHINESISCHES BERGLAND
GUIYANG
Shaoyang
Nanping
Sanming
Fujian
FUZHOU
Wuyi Shan
Quanzhou
Xiamen (Amoy)
Zhangzhou
Longyan
Guizhou
Nan Ling
Guilin
Liuzhou
Guangxi Zhuangzu
Guangdong
GUANGZHOU
Shaoguan
Meizhou
Chaozhou
Shantou
Huizhou
Shenzhen
Foshan
Zhongshan
Kowloon (Jiulong)
HONGKONG
MACAO
Wuzhou
Yulin
Maoming
Nanning
Zhanjiang
Beihai
Qinzhou
Hainan-Straße
Haikou
Hainan
Hainan Dao
Sanya
Südchinesisches Meer
Taiwanstraße
Keelung
TAIPEI
Hsinchu
Taichung
Hualien
Changhua
Chiayi
Tainan
Taitung
KAOHSIUNG
TAIWAN (Formosa)
Luzon-Straße
PHILIPPINEN
LUZON
Philippinenbecken
Philippinensee
Gelbes Meer
Ostchinesisches Meer
NORD-KOREA
PYONGYANG
Nampo
Sariwon
Haeju
Hamheung
Wonsan
Chongjin
Gaecheon
SÜD-KOREA
SEOUL
Wonju
Cheonan
Daejeon
Andong
DAEGU
Gyeongju
Jeonju
BUSAN
Gwangju
Mokpo
Suncheon
Jeju
Koreastraße
Japanisches Becken
Japanisches Meer
Ostmeer
Yamatobank
JAPAN
HONSHU
HOKKAIDO
La-Pérouse-Straße
Wakkanai
Abashiri
Asahikawa
Kushiro
SAPPORO
Obihiro
Tomakomai
Hakodate
Tsugaru-Straße
Aomori
Hachinohe
Akita
Morioka
Sakata
Yamagata
Sendai
Niigata
Fukushima
Iwaki
Hitachi
Nagano
Toyama
Maebashi
TOKIO
YOKOHAMA
KAWASAKI
Fuji-san 3776
Fukui
NAGOYA
KYOTO
KOBE
OSAKA
Tottori
Yonago
Okayama
HIROSHIMA
Matsuyama
Kochi
Tokushima
SHIKOKU
KITAKYUSHU
FUKUOKA
Nagasaki
Kagoshima
KYUSHU
Oita
Miyazaki
Tanega-jima
Yaku-jima
Tokara-Inseln
Osumi-Inseln
Amami-Inseln
Okinawa-jima
Naha
Ryukyu-Inseln
Ryukyugraben
Daito-Inseln
Izu-Inseln
Boningraben
Kyushu-Palau-Rücken
Nördlicher Wendekreis
Kurilen
Kurilengraben
Japangraben
PAZIFISCHER OZEAN
Juzno-Sahalinsk
Holmsk
Poronajsk
Uglegorsk
Aleksandrovsk-Sahalinskij
o. Iturup
o. Urup
o. Kunašir
o. Simušir
Sakishima-Inseln
Südhonshu-Rücken
Kazan-retto
Ogasawara-shoto
0
160
320
km

Nc
Nd
Oa
Ob
Oc
Od
Pa
Pb
Pc
55°
60°
65°
70°
75°
80°
85°
90°
12
13
14
15
16
17
18
19
30°
25°
20°
15°
10°
5°
0°
Große Salzwüste
ISFAHAN
Kashmar
MESCHHED
Termiz
TADSCHIKISTAN
Kashi
TARIMBECKEN
Takla Makan
Sinkiang
Tabas
Gonabad
Taybad
Meymaneh
Mazar-e Sharif
Baghlan
Murgab
Khorugh
Kongur Shan 7719
Muztagata 7546
Taxkorgan
Shache
Yecheng
Ruoqiang
Qiemo
Yazd
IRAN
Wüste Lut
Birjand
Herat
Chaghcharan
4108
Bamian
HINDUKUSCH
Pamir
Karakorum
7707 Tirich Mir
Gilgit Mountains
Gilgit
Mount Godwin Austen (K2) 8611
Hotan
Yutian
KUNLUN
5466
6748
Muztag 6973
Mangnai
Shindand
3915
Charikar
6435
Jalalabad
KABUL
AFGHANISTAN
4595
Ghazni
Mingora
Mardan
Islamabad
Rawalpindi
8126 Nanga Parbat
Srinagar
Jammu und Kashmir
4552
Jammu
Indus
Kuhrud-gebirge
Kerman
Farah
Gereshk
Kandahar
Zabol
Zaranj
Lashkar Gah
Sirjan
Bam
Regestan
Dera Ismail Khan
Gujrat
FAISALABAD
Jhang
6094
Himachal Pradesh
Shimla
Zhaxigang
HOCHLAND VON TIBET
Tanggula Shan
C
H
A
Zahedan
Toba Kakar Range
Zhob
Quetta
Sulaiman Range
Central Brahui Range
Dalbandin
Dera Ghazi Khan
LAHORE
Amritsar
Punjab
LUDHIANA
7756
Dehradun
Uttarakhand
7816 Nanda Devi
TRANSHIMALAYA
4495
Siling Co
Tibet
Bandar-e-Abbas
Hamum-e-Jazmuriyan
Iran Shahr
Belutschistan
Multan
PAKISTAN
Satlej
Ambala
Str. von Hormus
Ras Al-Khaimah
Dubai
Fujairah
Al Ain
Sohar
Golf von Oman
Panjgur
Central Makran Range
Jakobabad
Indus
Bahawalpur
Sirsa
Haryana
Hisar
Karnal
Meerut
Haldwani
7040
Nam Co
4590
Nyainqêntanglha
Lhasa
Shikarpur
Sukkur
Makran Coast Range
Turbat
Chabahar
Gwadar
Pasni
Ormara
Nawabshah
Wüste Thar
Bikaner
DELHI
New Delhi
Rampur
Aligarh
Bareilly
Dhaulagiri 8167
Annapurna I 8091
Sagarmatha (Mt. Everest) 8850
Lhaze
Gyangze
Xigaze
Qusu
Maskat
Al-Ayn
3018
Samail
Sur
Ras al-Hadd
OMAN
HYDERABAD
KARACHI
Nördlicher Wendekreis
Jaisalmer
Phalodi
Sikar
JAIPUR
AGRA
Firozabad
Uttar Pradesh
Sitapur
LUCKNOW
NEPAL
Pokhara
Kathmandu
Gorakhpur
Sikkim
Gangtok
Thimphu
BHUTAN
7089
Rajasthan
Jodhpur
Mirpur Khas
Barmer
Pali
Ajmer
Aravalli Range
Chambal
KANPUR
Gangesebene
Darjeeling
Siliguri
Masirah
Golf von Masirah
Madrakah
Rann of Kachchh
Bhilwara
Gwalior
Jhansi
Yamuna
Ganges
VARANASI
Purnia
Saidpur
GUWAHATI
Assam
Kandla
Palanpur
Udaipur
Kota
TIRTH RAJ PRAYAG
Rewa
Mirzapur
PATNA
Bihar
Meghalaya
Sylhet
Gulf of Kachchh
Gandhinagar
AHMEDABAD
Biaora
Madhya Pradesh
Gaya
Garwa
Ingraj Bazar
Jamalpur
BANGLADESCH
Agartala
Tripura
Rajkot
Jamnagar
Gujarat
VADODARA
Vindhya Range
BHOPAL
JABALPUR
Ambikapur
Jharkhand
Ranchi
DHANBAD
Rajshahi
Shantipur
DHAKA
Porbandar
Bhavnagar
Narmada
INDORE
Pradesh
Katni
Chota Nagpur Plateau
West Bengal
Burwan
Mizoram
Veraval
SURAT
1325
Khandwa
Satpura Range
918
Bilaspur
Jamshedpur
KALKUTTA
KHULNA
Sitakunda
Diu
Gulf of Khambha
Daman
Silvassa
1071
Malegaon
NAGPUR
Chhattisgarh
Raurkela
Kolhan Upland
Sundarbans
CHITTAGONG
Jalgaon
Aurangabad
Akola
Raj Nandgaon
Raipur
Sambalpur
1165
Gangesmündungen
Cox's Bazar
MUMBAI (BOMBAY)
INDIEN
Odisha
Cuttack
Kanker
Mahanadi
Bhubaneswar
Ahmednagar
Nanded
PUNE
Maharashtra
Nizamabad
Jagdalpur
Puri
Berhampur
Arabisches Meer
Sholapur
Dekkan
Satara
Sangli
HYDERABAD
Ostghats
Westghats
Malabarküste
3915
Kolhapur
Gulbarga
Telangana
Vizianagaram
1680
VISHAKHAPATNAM
Bijapur
Godavari
Belgaum
Wanparti
Kakinada
Panaji
Goa
Hubli
Hospet
Kurnool
Krishna
Vijayawada
Andhra Pradesh
Guntur
Masulipatnam
Golf von Bengalen
Arabisches Becken
4290
Davangere
Gooty
Karnataka
Cuddapah
Nellore
Koromandelküste
20
Mangalore
Tumkur
Tirupati
BANGALORE
Chittoor
CHENNAI (MADRAS)
3225
North Andaman
Middle Andaman
Lakshadweep (Ind.)
Kavaratti
Kavaratti I.
Lakkadiven
Kozhikode (Calicut)
Mysore
Nilgiri-Berge
Tamil Nadu
Salem
Pondicherry
Andamanen
South Andaman
Andaman and Nicobar Islands (Ind.)
Port Blair
Little Andaman
COIMBATORE
Kerala
Nagappattinam
2695
MADURAI
KOCHI (COCHIN)
Palkstraße
Jaffna
Zehn-Grad-Kanal
Zentralindischer Rücken
Kollam (Quilon)
2019
Tuticorin
THIRUVANANTHAPURAM
Nagercoil
Cap Comorin
Anuradhapura
Trincomalee
Golf von Mannar
Polonnaruwa
Puttalam
Batticaloa
Kandy
2524
SRI LANKA
Ceylon
COLOMBO
2243
Adam's Peak
Moratuwa
Ambalantota
Galle
Dondra Head
Nikobaren
Raa Atoll
900
Male Atoll
Malediven
Arie Atoll
Male
MALEDIVEN
1570
Äquator
Thaa Atoll
Laamu Atoll
INDISCHER OZEAN
4370
Addoo Atoll
0
160
320
km

Pd
Qa
Qb
Qc
Qd
Ra
Rb
Rc
Rd
95°
100°
105°
110°
115°
120°
125°
130°
135°
30°
25°
20°
15°
10°
5°
0°
13
14
15
16
17
18
19
20
JAPAN
KYUSHU
Ostchinesisches
Meer
Ryukyu-Inseln
Ryukyugraben
Nördlicher Wendekreis
TAIWAN
Formosa
Taiwanstraße
Luzon-Straße
Philippinenbecken
Philippinensee
LUZON
PHILIPPINEN
Philippinengraben
MINDANAO
Celebessee
Sulusee
Südchinesisches
Becken
Südchinesisches
Meer
Paracel-Inseln
Spratly-Inseln
VIETNAM
THAILAND
KAMBODSCHA
LAOS
MYANMAR
Andamanensee
Golf von Martaban
Golf von Thailand
Golf von Tonking
Hainan
Hainan-Straße
MALAYSIA
BRUNEI
SINGAPUR
Malaiische Halbinsel
Malakkastraße
Natunasee
KALIMANTAN
(BORNEO)
SUMATRA
SULAWESI
(CELEBES)
INDONESIEN
Makassarstraße
Molukkensee
Bandasee
Shanghai
Nanjing
Wuhan
Chongqing
Chengdu
Kunming
Guiyang
Nanning
Hongkong
Macao
Taipei
Manila
Hanoi
Vientiane
Bangkok
Phnom Penh
T.P. Ho Chi Minh (Saigon)
Kuala Lumpur
Singapur
Bandar Seri Begawan
Naypyidaw
Rangun
Medan
Südchinesisches Bergland
Sichuan
Yunnan
Guizhou
Hunan
Hubei
Jiangxi
Fujian
Zhejiang
Guangdong
Guangxi Zhuangzu
Shaanxi
Henan
Anhui
Jiangsu
Shandong

Pb
Pc
Pd
Qa
Qb
Qc
Qd
Ra
14
15
16
17
18
19
20
21
22
MYANMAR
THAILAND
LAOS
KAMBODSCHA
VIETNAM
CHINA
TAIWAN
PHILIPPINEN
BRUNEI
MALAYSIA
SINGAPUR
INDONESIEN
BANGLADESCH
Golf von Bengalen
Andamanensee
Golf von Martaban
Golf von Thailand
Golf von Tonking
Südchinesisches Meer
Südchinesisches Becken
Malayische Halbinsel
Javasee
INDISCHER OZEAN
Sundagraben
Celebessee
Sulusee
Andamanen
Andaman and Nicobar Islands (Ind.)
Nikobaren
Mergui-Archipel
Hainan
Spratly-Inseln
Paracel-Inseln
SUMATRA
KALIMANTAN (BORNEO)
JAVA
SULAWESI (CELEBES)
GROSSE SUNDAINSELN
KLEINE SUNDAINSELN
Yunnan
Guangxi Zhuangzu
Guangdong
Fujian
Formosa
Mentawai-Inseln
Natunasee
Christmas Island (Austr.)
Cocos Islands (Austr.)
Äquator
Zehn-Grad-Kanal
Großer Kanal
Malakkastraße
Sundastraße
Makassarstraße
Karimatastraße
Hainan-Straße
Taiwanstraße
Luzon Straße
DHAKA
KALKUTTA
RANGUN
Naypyidaw
Mandalay
BANGKOK
Vientiane
Phnom Penh
HANOI
T.P. HO CHI MINH (SAIGON)
KUNMING
GUANGZHOU
HONGKONG
MACAO
TAIPEI
KUALA LUMPUR
SINGAPUR
MEDAN
JAKARTA
BANDUNG
SURABAYA
SEMARANG
Bandar Seri Begawan
UJUNG PANDANG (MAKASSAR)
Flores
Sumba
Bali
Lombok
Timor
Floressee
0
160
320
km
90°
95°
100°
105°
110°
115°
120°
125°
20°
15°
10°
5°
0°

Philippinensee
Philippinenbecken
Westliches Marianenbecken
Nördliche Marianen (USA)
Östliches Marianenbecken
PAZIFISCHER OZEAN
MIKRONESIEN
Guam (USA)
Agana
Saipan
Garapan
Kyushu-Palau-Rücken
Südhonshurücken
Marianen
Marianengraben
Magellan-kuppen
Challengertiefe
11034
Witjas-I-Tiefe
Philippinengraben
MINDANAO
Davao
General Santos
Cebu
Leyte
Samar
Butuan
Cagayan de Oro
PALAU
Koror
Palau-Inseln
Westliches Karolinenbecken
Östliches Karolinenbecken
Karolinen
Caroline Seamounts
Eauripikrücken
Yapgraben
Yap Islands
Colonia
Truk Islands
Mortlock Islands
Hall Islands
Palikir
Senyavin Islands
Bismarck-Archipel
Bismarcksee
Admiralitäts-Inseln
Neuirland
Neubritannien
Rabaul
PAPUA-NEUGUINEA
Neuguinea
Papua
Maokegebirge
Central Range
Port Moresby
Papuagolf
Jayapura
Madang
Lae
Huon Golf
Salomonensee
Bougainville I.
Neubritannien-Bougainville-Graben
Louisiade-Archipel
D'Entrecasteaux-Inseln
Trobriand-Inseln
Halmahera
Halmaherasee
Molukkensee
Serameesee
Seram (Ceram)
Ambon
Buru
Bandasee
Kep. Kai
Aru-Inseln
Kep. Tanimbar
Arafurasee
Arafuraschelf
Dili
OSTTIMOR
Timor
Timorgraben
Timorsee
Torresstraße
Cape York
Kap York-Halbinsel
Carpentariagolf
Arnhem Land
Darwin
AUSTRALIEN
Cairns
Korallenbecken
Korallensee
Coral Sea Islands Territory
Queensland Plateau
Sorong
Manokwari
Biak
Dolak
Merauke

Qb 120°
Ra 130°
Rb 140°
Sa 150°
Sb 160°
Ta 170°
Tb 180°
Ua 170°
Ub
SHANGHAI
Jangtsekiang
WUHAN
HANGZHOU
Ostchinesisches
Meer
ASIEN
Wuyi Shan
1870
FUZHOU
TAIPEI
Formosa
Ryukyu-Inseln
Okinawa-Inseln
Satsunan-Inseln
Ryukyugraben
GUANGZHOU
HONGKONG
Luzon-Straße
Philippinen-
becken
Philippinensee
Kyushu-Palau-Rücken
Bonin-Inseln
Boningraben
Okino Tori
Südchinesisches
Meer
Luzon
Mt.Pinatubo 1600
MANILA
Mayon 2462
Mindoro
Panay
Samar
Leyte
Cebu
Palawan
Negros
Mindanao
2956 Mt.Apo
Davao
Sulusee
Philippinengraben
Westliches
Marianenbecken
Saipan
Guam
Challengertiefe
11034
Marianengraben
Marianen
Magellan-
kuppen
Östliches
Marianenbecken
Nordwestpazifisches
Becken
Marcus
Mittelpazifischer Rücken
PAZIFISCHER
Wake
Marshallinseln
Ratakgruppe
Ralikgruppe
Midway-Inseln
Hawaiirücken
Nördlicher Wendekreis
Johnston Atoll
Zentral-
pazifisches
Becken
Yap Islands
Palau-Inseln
Koror
Caroline Seamounts
Truk Islands
Ponape Island
MIKRONESIEN
Karolinen
Westliches
Karolinenbecken
Östliches
Karolinenbecken
Majuro
(Dalap-Uliga-Darrit)
OZEAN
G.Kinabalu
4110
Bandar Seri
Begawan
Sulu-Inseln
Celebessee
Manado
Halmahera
Kalimantan
(Borneo)
Makassarstraße
Molukkensee
Molukken
Sulawesi
(Celebes)
G.Binaja
3019
Seram
(Ceram)
Buru
Große Sundainseln
G.Rantemario
3440
Butung
Bandasee
Neuguinearinne
Doberai
Peninsula
Bomberai
Peninsula
5030
Puncak Jaya
Maokegebirge
Neuguinea
Jayapura
Papua
Mt. Wilhelm 4509
Admiralitäts-Inseln
Bismarck-Archipel
Neuirland
Neubritannien
Rabaul
MELANESIEN
Salomonensee
Salomon-Inseln
Karolinen-Salomonen-Schwelle
Honiara
Yaren
Bairiki
Gilbert-Inseln
Melanesien-
becken
Howland Is.
Baker I.
Äquator
Phoenix-Inseln
Tuvalu-Inseln
Vaiaku
Javasee
MAKASSAR
Floressee
SURABAYA
Kleine Sundainseln
Flores
Bali
Sumbawa
Lombok
Sumba
Java
Timor
Dili
Timorgraben
Kep.Aru
Kep.Tanimbar
Arafurasee
Torresstraße
Port Moresby
Cape York
C.Wessel
6660
Timorsee
Darwin
Arnhem Land
Nordwest-
australisches
Becken
Carpentaria-
golf
Kap York-
Halbinsel
Great Barrier Reef
Korallenbecken
Korallensee
Sta.Cruz Islands
Witiazgraben
Neue Hebriden
POLYNESIEN
Tokelau-Inseln
Charlotte
Bank
Kimberley
Plateau
Barkly Tableland
Cairns
Flinders
Great Dividing Range
Neuhebriden-
becken
Port-Vila
Neuhebridengraben
West-
Fidschi-
Becken
Fidschi-Inseln
Vanua Levu
Vitu Levu
Suva
Wallis und Futuna
Mata-Uta
Apia
Pago Pago
Samoa-Inseln
Broome
Fitzroy
Tanamiwüste
Tennant Creek
Mount Isa
568
Black Mtn.
Exmouth-
plateau
Port Hedland
Große
Sandwüste
Macdonnell Ranges
1524
Alice Springs
L.Mackay
Pilbara
1132
North
West
Cape
Hamersley Range
AUSTRALIEN
Gibsonwüste
Ayers
863 Rock
Simpsonwüste
Großes
Artesisches
Becken
Rockhampton
Fraser
Island
Neukaledonien
Nouméa
Iles Loyauté
Hunterrücken
Tonga-Inseln
Tongagraben
10025
Niue
Alofi
Nuku'alofa
10882
1105
Mt.Augustus
L.Carnegie
1435
Musgrave Ranges
Große
Victoriawüste
Lake Eyre
North
BRISBANE
Lord-Howe-Rücken
Lord-Howe-Schwelle
Neukaledonische Rinne
Norfolkschwelle
Norfolk Island
Süd-
Fidschi-
Becken
Süd-Fidschi-Rücken
Südlicher Wendekreis
Geraldton
L.Carey
Nullarborebene
L.Torrens
Flinders Ranges
Lake
Frome
Darling
Coffs Harbour
Lake
Gairdner
West-
australisches
Becken
Perth
Darling Range
Murray
Lachlan
SYDNEY
Lord Howe
Island
Große
Australische Bucht
Adelaide
Kangaroo I.
2228
Canberra
Mt.Kosciuszko
Cape Leeuwin
Albany
Portland
MELBOURNE
Kermadec
Islands
Kermadecrücken
Kermadecgraben
10045
North
Cape
Bass-Straße
Tasmansee
AUCKLAND
East
Cape
Südaustralisches
Becken
Launceston
Tasmanien
Hobart
South East
Cape
Tasman-
becken
NEUSEELAND
Cape Farewell
Mt.Ruapehu
2797
Wellington
Nordinsel
Südinsel
Southern Alps
3764
Mt.Cook
Christchurch
Dunedin
Tasman-
rücken
INDISCHER OZEAN
Chathamschwelle
Chatham-Inseln
Stewart-Insel
Bountysenke
Bounty-Inseln
Indisch-Antarktischer Rücken
Macquarieschwelle
Auckland-Inseln
Campbell-
plateau
Antipoden-Inseln
Macquarie-Inseln
Campbell-Inseln
Süd-
pazifisches
Becken
Australisch-Antarktisches
Becken
Südlicher Polarkreis
ANTARKTIS
0
500
1000
km
06
07
08
09
10
11
12
13
14
15
16
30°
20°
10°
0°
40°
50°
60°
80° Pa 90° Pb 100° Qa 110° Qb 120° Ra 130° Rb 140° Sa 150° Sb 160° Ta 170° Tb 180° Ua 170° Ub 160° Va 150° Vb 140° Wa 130°

CHINA
SHANGHAI
WUHAN
HANGZHOU
FUZHOU
TAIPEI
TAIWAN
GUANGZHOU
HONGKONG
Okinawa (Japan)
Bonin-Inseln (Japan)
Okino Tori (Japan)
Midway-Inseln (USA)
P A Z I F I S C H E R
O Z E A N
Wake (USA)
Südchinesisches Meer
Philippinensee
Nördliche Marianen (USA)
Garapan
Guam (USA)
Agana
Laoag
San Carlos
MANILA
PHILIPPINEN
Iloilo
Cebu
Butuan
Cagayan de Oro
Zamboanga
Davao
General Santos
M I K R O N E S I E N
Colonia
Koror
PALAU
Karolinen
Mohen
MIKRONESIEN
Palikir
MARSHALLINSELN
Majuro (Dalap-Uliga-Darrit)
Johnston Atoll (USA)
Bandar Seri Begawan
BRUNEI
Sandakan
MALAYSIA
Tawau
Manado
Gorontalo
Samarinda
Balikpapan
Palu
Banjarmasin
MAKASSAR
Kendari
Sorong
Manokwari
Fakfak
Ambon
Nabire
Sarmi
Jayapura
Amampare
M E L A N E S I E N
Madang
Rabaul
Kiunga
Mt.Hagen
PAPUA-NEUGUINEA
Morehead
Port Moresby
Yaren
NAURU
Bairiki
KIRIBATI
Howland Is. (USA)
Baker I. (USA)
I N D O N E S I E N
SURABAYA
Denpasar
Ende
Dili
OSTTIMOR
Kupang
Arafurasee
Timorsee
Weipa
Honiara
SALOMONEN
TUVALU
Vaiaku
Phoenix-Inseln
P O L Y N E S I E N
Tokelau-Inseln (Neuseeland)
Darwin
Katherine
Wyndham
Cairns
Korallensee
Coral Sea Islands Territory
VANUATU
Wallis und Futuna (Fr.)
Mata-Uta
SAMOA
Apia
Pago Pago
Amerikanisch Samoa (USA)
Broome
Tennant Creek
Townsville
Mount Isa
Northern Territory
Port Hedland
Mackay
Port-Vila
Queensland
Alice Springs
Rockhampton
Neukaledonien (Fr.)
Nouméa
Suva
FIDSCHI
A U S T R A L I E N
Emerald
Bundaberg
TONGA
Niue (Neuseeland)
Alofi
Nuku'alofa
Western Australia
Oodnadatta
Cunnamulla
BRISBANE
Denham
Coober Pedy
Moree
South Australia
Coffs Harbour
Geraldton
Kalgoorlie-Boulder
Broken Hill
New South Wales
Port Augusta
Newcastle
Norfolk Island (Austr.)
Cook-Inseln (Neuseeland)
Lord Howe Island (Austr.)
Perth
Esperance
Mildura
Orange
SYDNEY
Port Lincoln
Adelaide
Wagga Wagga
Wollongong
Bunbury
Große Australische Bucht
Canberra A.C.T.
Albany
Bendigo
Victoria
Portland
Geelong
MELBOURNE
Tasmansee
Kermadec Islands (Neuseeland)
Whangarei
AUCKLAND
Hamilton
Rotorua
Launceston
Tasmanien
Hobart
NEUSEELAND
Nelson
Napier
Wellington
I N D I S C H E R   O Z E A N
Queenstown
Christchurch
Invercargill
Dunedin
Chatham-Inseln (Neuseeland)
Auckland-Inseln (Neuseeland)
Bounty-Inseln (Neuseeland)
Macquarie-Inseln (Austr.)
Campbell-Inseln (Neuseeland)
Antipoden-Inseln (Neuseeland)
A N T A R K T I S
Qb 120° Ra 130° Rb 140° Sa 150° Sb 160° Ta 170° Tb 180° Ua 170° Ub
80° Pa 90° Pb 100° Qa 110° Qb 120° Ra 130° Rb 140° Sa 150° Sb 160° Ta 170° Tb 180° Ua 170° Ub 160° Va 150° Vb 140° Wa 130°
30° 07 20° 08 10° 09 0° 10 10° 11 20° 12 30° 13 40° 14 50° 15 60° 16
06 30° 07 20° 08 10° 09 0° 10 10° 11 20° 12 30° 13 40° 14

Arafurasee
Timorsee
Kleine Sundainseln
INDONESIEN
Sundagraben
Timorgraben
Nordwest-australisches Becken
INDISCHER OZEAN
Exmouthplateau
Westaustralisches Becken
Naturaliste Plateau
Südaustralisches Becken
Große Australische Bucht
Carpentaria-golf
Torresstraße
Kap York-Halbinsel
Great Barrier
Great Dividing Range
Bass-Straße
Tasmanien
Tasmanrücken
AUSTRALIEN
Western Australia
Northern Territory
South Australia
Queensland
New South Wales
Victoria
KIMBERLEY PLATEAU
King Leopold Ranges
Arnhemland
Barkly Tableland
Tanamiwüste
Große Sandwüste
Gibsonwüste
Große Victoriawüste
Nullarbor Ebene
Eucla Basin
Simpsonwüste
Großes Artesisches Becken
Macdonnell Ranges
Musgrave Ranges
Flinders Ranges
Hamersley Range
Pilbara
North West Basin
Darling Range
Darwin
Perth
Adelaide
MELBOURNE
Hobart
Cairns
Alice Springs
Kalgoorlie-Boulder
Port Hedland
Broome
Geraldton
Albany
Mount Isa
Townsville
Port Augusta
Whyalla
Port Lincoln
Broken Hill
Geelong
Ballarat
Bendigo
Mildura
Launceston
Uluru / Ayers Rock 863
Mt.Olga 1066
Lake Eyre North -16
Lake Eyre South
Lake Torrens
Lake Gairdner
Lake Frome
Sturt Stony Desert
Indischer Ozean
Qa 105°
Qb 110°
Qc 115°
Qd 120°
Ra 125°
Rb 130°
Rc 135°
Rd 140°
Sa 145°
Sb 150°

SALOMONEN
Salomon-Inseln
Honiara
Guadalcanal
Malaita
San Cristóbal
Rennellrücken
Salomonengraben
Korallenbecken
Korallensee
Coral Sea Islands Territory
Queenslandplateau
VANUATU
Neue Hebriden
Neuhebridenbecken
Neuhebridengraben
Port-Vila
Espíritu Santo/Île Santo
TUVALU
Tuvalu-Inseln
Witiazgraben
Charlotte Bank
Wallis und Futuna (Fr.)
Fidschi-Inseln
FIDSCHI
Suva
Koro Sea
West-Fidschibecken
Lau Basin
TONGA
Tonga-Inseln
Nuku'alofa
Hunterrücken
Südlicher Wendekreis
Vitiaz II Deep
10882
Neukale-donien (Fr.)
Neukaledonien
Nouméa
Îles Loyauté
Bellonaplateau
Lord-Howe-Rücken
Lord-Howe-Schwelle
Neukaledonische Rinne
Norfolkschwelle
Norfolk Island (Austr.)
Norfolk Basin
Three Kings Ridge
PAZIFISCHER OZEAN
Süd-Fidschi-Becken
Süd-Fidschirücken
Kermadecrücken
Kermadecgraben
Kermadec Islands (Neuseeland)
Vitiaz III Deep
10045
Louisvillerücken
BRISBANE
Gold Coast
SYDNEY
Newcastle
Wollongong
Great Dividing Range
Tasmansee
Tasmanbecken
NEUSEELAND
Nordinsel
Südinsel
AUCKLAND
Hamilton
Wellington
Christchurch
Dunedin
Invercargill
Southern Alps
Mt.Cook 3764
Mt.Ruapehu 2797
Mt.Taranaki 2518
Cook Strait
Foveaux Strait
Chathamschwelle
Chatham-Inseln (Neuseeland)
0 160 320 km

Westliches Marianenbecken
Kyushu-Palau-Rücken
Guam (USA)
Agana
Challengertiefe
11034
Marianengraben
MIKRONESIEN
Yap Islands
Colonia
Yapgraben
Ulithi Atoll
Fais I.
Sorol Atoll
Ngulu Atoll
Palau Islands
Babelthuap
Koror
Angaur
Kayangel Is.
PALAU
Sonsorol I.
Pulo Anna
Merir
Tobi
Helen Reef
Westliches Karolinenbecken
Karolinen
Caroline Seamounts
Eauripikrücken
Gaferut I.
Faraulep Atoll
West Fayu I.
Pikelot I.
Olimarao Atoll
Lamotrek Atoll
Woleai Atoll
Ifalik Atoll
Eauripik Atoll
Satawal I.
Puluwat Atoll
Pulap Atoll
Pulusuk I.
Namonuito Atoll
Fayu I.
Murilo Atoll
Nomwin Atoll
Hall Islands
Truk Islands
Moen
Kuop Atoll
Losap Atoll
Namoluk I.
Mortlock Islands
Satawan Atoll
Minto Reef
Oroluk Atoll
Pakin Atoll
Palikir
Ponape I.
Mokil Atoll
Senyavin Islands
Ngatik Atoll
Pingelap Atoll
Nukuoro Atoll
Kapingamarangi Atoll
Eniwetok Atoll
Ujelang Atoll
Östliches Karolinenbecken
MELANESIEN
Neuguinearinne
Kep. Asia
Kep. Ayu
Äquator
Waigeo
Kabarei
Gebe
Batanta
Salawati
Sorong
Kofiau
Misool
Mega
Manokwari
Numfor
Biak
Doberai Peninsula
Inanwatan
Ransiki
Yapen
Teluk Cenderwasih
Waren
Sarmi
Mamberamo
Demta
Jayapura
Vanimo
Teluk Berau
Fakfak
Bomberai Peninsula
Kaimana
Nabire
Puncak Jaya
5030
Maokegebirge
Papua
Neuguinea
Seram (Ceram)
Wahai
G.Binaja
3019
Amahai
Waru
Kep.Gorong
Kep. Watubela
Kep.Banda
INDONESIEN
Weber Basin
7440
Bandasee
Kep. Kai
Aru-Inseln
Wokam
Kobroor
Maikoor
Trangan
Kep. Daya Barat
Damar
Yamdena
Babar
Kep. Tanimbar
Kep. Babar
Leti
Kep. Leti
Dolak
Tanjung Vals
Kimaam
Merauke
Morehead
Amamapare
Bado
Digul
Lake Murray
Lumi
Wewak
Sepik
Telefomin
Central Range
Mt.Hagen
Mt.Wilhelm
4509
Goroka
Kiunga
Mendi
Madang
Bogia
Purari
Kikori
Kerema
Tapini
PAPUA-NEUGUINEA
Papuagolf
Port Moresby
Daru
Torresstraße
Wau
Lae
Huon Peninsula
Huon Gulf
Finschhafen
Morobe
Owen Stanley Ra.
3990
3676
Popondetta
Kupiano
Alotau
Tufi
Eastern Fields
Ninigo Group
Hermit Is.
Wuvulu I.
Admiralitäts-Inseln
Manus I.
Lorengau
Mussau I.
Saint Matthias Group
New Hanover I.
Bismarck-Archipel
Bismarcksee
Karkar I.
Long I.
Umboi I.
Vitiaz Strait
Sag Sag
Witu Islands
Neubritannien
Kimbe Bay
Hoskins
Kandrian
Nakanai Mts.
Namatanai
Neuirland
Rabaul
Pomio
Tabar Is.
Lihir Group
Tanga Is.
Feni Is.
Green Is.
C.St.George
Neubritannien-Bougainville-Graben
9140
8320
Salomonensee
Trobriand Is.
Kiriwina I.
Woodlark I.
Goodenough I.
d'Entrecasteaux Islands
Fergusson I.
Normanby I.
Salamo
The Calvados Chain
Misima I.
Louisiade Archipelago
Tagula I.
Pocklington Reef
Yela I.
Nuguria Is.
Kilinailau Is.
Tauu Is.
Lyra Reef
Buka I.
Tinputz
Bougainville I.
Arawa
Mt.Balbi
2715
Buin
Salomonen-Inseln
Karolinen-Salomonen-Schwelle
Ontong Java Atoll
Vuranggo
Choiseul
Vella Lavella
New Georgia Group
Gizo
New Georgia
Vangunu
Russell Is.
Santa Isabel
Buala
Honiara
Guadalcanal
San Cristóbal
Rennellrücken
Bellona I.
Rennell I.
Indispensable Reefs
Arafurasee
Timorsee
Prince of Wales I.
Cape York
Melville I.
Bathurst I.
C.Croker
Goulburn Is.
Wessel Islands
C.Wessel
Marchinbar I.
Nhulunbuy (Gove)
Gove Pen.
Van Diemen Gulf
Beagle Gulf
Darwin
Jabiru
Maningrida
Arnhem Land
Adelaide River
Pine Creek
Katherine
Mataranka
Roper
Roper Bar
Larrimah
Limmen Bight
Bickerton I.
Groote Eylandt
Sir Edward Pellew Group
Maria I.
Carpentaria-golf
Joseph Bonaparte Gulf
Wyndham
Kununurra
Timber Creek
L.Argyle
Top Springs
Daly Waters
Kimberley
Elliott
Borroloola
Calvert
Barkly Tableland
Kalkaringi
Bungle Bungle Ranges
Halls Creek
Barkly Homestead Roadhouse
Camooweal
Tanamiwüste
Tennant Creek
Northern Territory
Wauchope
Sturt
Lander
Western Australia
Große Sandwüste
L.White
L.Mackay
AUSTRALIEN
Sandover
Mt.Liebig
1525
Mt.Zeil
1510
Alice Springs
Macdonnell Ranges
Hale
Südlicher Wendekreis
L.MacDonald
L.Hopkins
L.Amadeus
Erldunda
Yulara
Simpson Desert
Birdsville
Wellesley Islands
Gununa
Mornington I.
Burketown
Karumba
Normanton
Gilbert
Flinders
Croydon
Forsayth
Albatross Bay
Weipa
Kap York-Halbinsel
Lockhart River
Princess Charlotte Bay
C.Melville
Silver Plains
Edward River
Mitchell
Cooktown
Mossman
Cairns
Cape Flattery
Great Dividing Range
Great Barrier Reef
Osprey Reef
Babinda
Hinchinbrook I.
Ingham
Palm Islands
Halifax Bay
Townsville
Ayr
Charters Towers
Proserpine
Mackay
Sarina
Broad Sound
Mount Isa
Cloncurry
Black Mtn
568
Julia Creek
Richmond
Hughenden
Dajarra
Queensland
Boulia
Winton
Muttaburra
Longreach
Barcaldine
Jericho
Emerald
Clermont
Marlborough
Rockhampton
Yeppoon
Curtis I.
Gladstone
Blackall
Springsure
Tambo
Consuelo Pk.
1219
Dawson
Thomson
Diamantina
Windorah
Injune
Taroom
Monto
Maryborough
Hervey Bay
Bundaberg
Fraser I.
Gympie
Korallenbecken
Korallensee
Coral Sea Islands Territory
Queensland Plateau
Flinders Reef
Lihou Reefs and Cays
Mellish Reef
Marion Reef
Swain Reefs
Saumarez Reef
Wreck Reef
Cato Island
Récifs et Chesterfields
Île de Sable
Récifs Bellona
Bellona Plateau
Lord-Howe-Rücken
Neuhebriden-becken

MARSHALLINSELN
Ralikgruppe
Ratakgruppe
Marshall Seamounts
Bikini Atoll
Rongelap Atoll
Rongerik Atoll
Ailinginae Atoll
Wotho Atoll
Ujae Atoll
Kwajalein Atoll
Lae Atoll
Namu Atoll
Ailinglapalap Atoll
Namorik Atoll
Kili I.
Ebon Atoll
Jaluit Atoll
Mili Atoll
Knox Atoll
Arno Atoll
Majuro Atoll
Dalap-Uliga-Darrit
Aur Atoll
Maloelap Atoll
Erikub Atoll
Wotje Atoll
Likiep Atoll
Ailuk Atoll
Taka Atoll
Bikar Atoll
Taongi Atoll
Johnston Atoll (USA)
Zentralpazifisches Becken
PAZIFISCHER
OZEAN
Christmas-Rücken
KIRIBATI
Gilbert-Inseln
Butaritari Atoll
Marakei Atoll
Abaiang Atoll
Bairiki
Tarawa Atoll
Maiana Atoll
Kuria I.
Abemama Atoll
Aranuka Atoll
Nonouti Atoll
Kingsmill Group
Beru I.
Tabiteuea Atoll
Nikunau I.
Onotoa Atoll
Tamana I.
Arorae I.
Banaba I.
NAURU
Nauru
Yaren
MIKRONESIEN
Melanesienbecken
Howland Is. (USA)
Baker I. (USA)
Winslow Reef
Kingman Reef (USA)
Palmyra Atoll (USA)
Äquator
Phoenix-Inseln
Mac Kean I.
Canton Atoll
Enderbury Atoll
Birnie Atoll
Rawaki (Phoenix)
Nikumaroro (Gardner)
Orona (Hull)
Manra (Sydney)
Carondelet Reef
TUVALU
Tuvalu-Inseln
Nanumea Atoll
Nanumanga
Niutao
Nui
Vaitupu
Nukufetau Atoll
Funafuti Atoll
Vaiaku
Nukulaelae Atoll
Niulakita
SALOMONEN
Stewart Is.
Reef Islands
Duff Is.
Santa Cruz Islands
Nendo
Utupua
Vanikolo
Torres-Trench
Witiazgraben
Charlotte Bank
Cherry I.
Tikopia
Fataka
Torres Is./Îles Torres
Banks Is./Îles Banks
Vanua Lava/Île Vanoua Lava
Santa Maria I./Î.Gaua
Tabwemasana 1879
Obe/Î.Aoba
Maewo/Île Aurora
Espiritu Santo/Île Santo
Luganville
Sarmette
Pentecost I./Île Pentecôte
Ambrim/Î.Ambrym
Malakula/Î.Mallicolo
Epi/Île Epi
VANUATU
Neue Hebriden
Efate/Île Vaté
Port-Vila
Erromanga I./Î.Erromango
Unpongkor
Tana/Î.Tanna
Aneityum/Î.Anatom
Neuhebridengraben
Îles Loyauté
Ouvéa
Lifou
Maré
Poum
Touho
Koné
Thio
Nouméa
Mont-Dore
Île des Pins
Grand Récif Sud
Neukaledonien (Fr.)
Tokelau-Inseln
Atafu Atoll
Nukunonu Atoll
Fakaofo Atoll
Tokelau (Neuseeland)
Swains Atoll
Rotuma
Wallis und Futuna (Fr.)
Mata-Utu
Îles Wallis
Île Futuna
Île Alofi
SAMOA
Samoa-Inseln
Savai'i I.
Safotu
Apia
'Upolu I.
Pago Pago
Tutuila I.
Manua I.
Amerikanisch Samoa (USA)
West-Fidschibecken
Fidschi-Inseln
Yasawa Group
Vanua Levu
Labasa
Naidi
Nabouwalu
Rakiraki
Taveuni
Lautoka
Nandi
Viti Levu
Tomanivi 1323
Suva
Korosee
Vatulele
Kadavu
Gau
Koro
Cikobia
Vanua Balavu
Lakeba
Matuku
Lau Group
Lau Basin
FIDSCHI
Vatoa
Ono-i-Lau
Tuvana-I-Ra
Niuafo'ou
Tafahi
Niuatoputapu
POLYNESIEN
Tonga-Inseln
TONGA
Fonualei
Late
Vava'u Group
Tofua
Ha'apai Group
Otu Tolu Group
Nuku'alofa
Tongatapu Group
Tofua
Eua
Tongagraben
Niue
Alofi
Niue (Neuseeland)
Antiope Reef
Pukapuka Atoll
Nassau I.
Rakahanga Atoll
Manihiki Atoll
Suwarrow Atoll
Cook-Inseln (Neuseeland)
Cook-Inseln
Palmerston Atoll
Île Matthew
Île Hunter
Hunterrücken
Südlicher Wendekreis
Tb
Tc
Td
Ua
Ub
Uc
Ud
Va
15
16
17
18
19
20
21
22
165°
170°
175°
180°
160°
15°
10°
5°
0°

Nordsee
Ostsee
Irland
Dublin
Glasgow
Hebriden
Groß-britannien
LONDON
Keltische See
Der Kanal
Amsterdam
BRÜSSEL
KÖLN
PARIS
BERLIN
Stockholm
Oslo
Kopenhagen
Jütland
WARSCHAU
MINSK
MOSKAU
KIEW
PRAG
WIEN
BUDAPEST
Donau
Karpaten
Mittelrussische Platte
Wolga
Wolgaplatte
SAMARA
JEKATERINBURG
Ural
Uralgebirge
Turgai-plateau
Irtysch
WOLGOGRAD
ROSTOW
Kaspische Senke
Aralsee
Syrdarja
Tiefland von Turan
Ustjurt-plateau
Amudarja
Karakum
Manytschniederung
ODESSA
Krim
Kaukasus
Elbrus 5642
TIFLIS
Kaspisches Meer
BUKAREST
BELGRAD
SOFIA
Balkan
Schwarzes Meer
ISTANBUL
Pontisches Gebirge
ANKARA
Ararat
Vansee 5137
TÄBRIS
Elburs
TEHERAN
5601
MESCHHED
Kopetdag
Große Salzwüste
Wüste Lut
Westeuropäisches Becken
Golf von Biscaya
Bretagne
Loire
Bordeaux
Lyon
Zentral-massiv
Bern
MAILAND
Alpen
4810
Rhein
Elbe
Weichsel
Dnjepr
A Coruña
Cabo Finisterre
Kantabrisches Geb.
Pyrenäen
Ebro
3404
Porto
Kast. Scheidegeb.
Tejo
MADRID
BARCELONE
LISSABON
Sierra Morena
Sevilla
València
Balearen
Korsika
Sardinien
ROM
Apenninen
Adriatisches Meer
Dinariden
Tyrrhenisches Meer
Ätna
Sizilien
3323
Ionisches Meer
Pindos
Ägäisches Meer
ATHEN
Peloponnes
Kreta
IZMIR
Tuz Gölü
Taurus
ADANA
ALEPPO
MOSUL
Zypern
BEIRUT
DAMASKUS
Syrische Wüste
Jerusalem
AMMAN
Tigris
Euphrat
Mesopotamien
BAGDAD
Zagros
ISFAHAN
4404
Kuhrudgebirge
Kuwait
Persischer Golf
Azoren
Mittelatlantischer Rücken
Cabo de São Vicente
Tanger
Oran
ALGIER
TUNIS
Constantine
Madeiraschwelle
Madeira
RABAT
CASABLANCA
MARRAKESCH
Atlas
Saharaatlas
Djebel Toubkal 4167
Anti Atlas
Kanarisches Becken
Kanarische Inseln
Großer Westlicher Erg
Großer Östlicher Erg
El Ménia
Djerba
TRIPOLIS
Tripolitanien
Große Syrte
Bengasi
882
MITTELMEER
Levantisches Becken
ALEXANDRIA
KAIRO
-133 Kattara-senke
Sinai 2285
Nil
417
Nefud
Arabische Halbinsel
Najd
RIAD
Tindouf
Reggane
Erg Iguidi
Erg Chech
Tanezrouft
Tassili N'Ajjer
2158
Ahaggar
2918
Hoggar
Tamanrasset
Awbari Sahra
Fezzan
Jufra-Oasen
Kufra-Oasen
Libysche Wüste
Westliche Wüste
Östliche Wüste
Sahara
Nördlicher Wendekreis
Adrar
Azeffal
485
Adrar Massif
Ouarâne
El Djouf
Râs Nouâdhibou
Kapverden-plateau
Kapverdische Inseln
Nouakchott
Tibesti
3415
Emi Koussi
1893
Djebel Al Awaynat
Nasserstausee
Assuan
1445
Nubische Wüste
Rotes Meer
Hedschas
JIDDAH
MEKKA
2754
Asir
Tihama
Dibbelat Tuwayq
Rub al Khali (Große Arabische Wüste)
ABU DHABI
Maskat
Dhofar
Hadramaut
SANAA
Djebel Manar 3355
Aden
Golf von Aden
Sokotra
Raas Guardafui
1510
Raas Xaafuun
Senegal
Hodh
Timbuktu
853
Adrar des Iforas
2022
Air Ou Azbine
Ténéré
Grand Erg de Bilma
Erg du Djourab
1450
Ennedi
Agadez
Niger
Macina
Cap Vert
DAKAR
Gambia
Bamako
Niamey
Bissau
Labé
Ouagadougou
Tschadsee
Darfur
Djebel Marra 3088
Nubien
Bajudasteppe
Port Sudan
Khartum
Asmara
Dahlak-Arch.
Danakil
4620
Ras Dashen
Tanasee
Assal
Djibuti
Blauer Nil
Weißer Nil
Kordofan
Nyala
Sudan
Kano
Maiduguri
N'Djaména
Conakry
Kankan
Bobo-Dioulasso
Freetown
1781
Abuja
Jos Plateau
Benue
Enugu
IBADAN
LAGOS
Lomé
Accra
ABIDJAN
Volta-Stausee
Oberguinea
1681
Mts. Nimba
Pfefferküste
Elfenbeinküste
Goldküste
Sklavenküste
Cap Palmas
Sierra-Leone-Becken
Nigerschwemmkegel
Kamerunberg 4095
2049
Massif de l'Adamaoua
Asandeschwelle
Massif des Bongo
Sarh
Bangui
Hochland von Äthiopien
ADDIS ABEBA
4307
Bale
Guban
Garoowe
Ogaden
Raas Gabbac
Juba
Turkanasee (Rudolfsee)
Mogadischu
Golf von Guinea
Bioko
Príncipe
São Tomé
Äquator
Yaoundé
Libreville
Mbandaka
Ubangi
Kongo
Kongobecken
Kisangani
Mobuto-Sese-Seko-See
3186
Kinyeti
Mt. Elgon
4321
Kampala
5109
Ruwenzori
Edwardsee
Victoriasee
Kivusee
Kigali
Serengeti
Mt. Kenya 5199
NAIROBI
Kilimandscharo 5895
Maasai-Steppe
Mombasa
Dodoma
Sansibar
DARESSALAM
Ostafrikanischer Graben
Zentralafrikanischer Graben
Somalibecken
Seychellen
Amiranten
Guineabecken
Cap Lopez
Pagalu
Niederguinea
Pointe-Noire
KINSHASA
Kananga
Kasai
Tanganjikasee
Mwerusee
Katanga
Lubumbashi
Copperbelt
Kitwe
Muchingaberge
Malawisee
Aldabra-Inseln
Cabo Delgado
Komoren
Mayotte
T. Babaomby
Maskarenenbecken
Ascension
ATLANTISCHER OZEAN
LUANDA
Angolabecken
Benguela
2619
Hochland von Bié
Môco
Sankt Helena
Ponta Albina
2074
Ovamboland
Caprivizipfel
Okavangobecken
Livingston
Karibasee
Lusaka
HARARE
2592
Inyangani
Sambesi
Planalto Moçambicano
Nampula
Straße von Mosambik
Mahajanga
2876
Maromokotro
Madagaskar
Antananarivo
Maskarenenebene
Maskarenen
Mauritius
Réunion
Beira
Brandberg 2574
Windhuk
Makgadikgadi Salzpfanne
Bulawayo
Limpopo
Ponta São Sebastião
Toliara
Boby 2658
Tôlanaro
Tanjona Vohimena
Südlicher Wendekreis
KALAHARI
Gaborone
JOHANNESBURG
Maputo
Namib
Walfischrücken
Namibia-Tiefsee-Ebene
Oranjeschwemmkegel
Groot Karasberge
2202
Oranje
Kimberley
Maseru
3482
Drakensberge
Durban
Mosambikplateau
Mosambikbecken
Madagaskarrücken
Madagaskarbecken
INDISCHER OZEAN
2504
Große Karroo
KAPSTADT
Kap der Guten Hoffnung
Kap Agulhas (Nadelkap)
Port Elizabeth
Kapbecken
Tristan da Cunha
Gough Island
Südwestindischer Rücken
0 500 1000 km

50° Hb 40°
Ja 30°
Jb 20°
Ka 10°
Kb 0°
La 10°
Lb 20°
Ma 30°
Mb 40°
Na 50°
Nb 60°
Oa 70°
Ob 80°
04
05
06
07
08
09
10
11
12
13
NORWEGEN
Oslo
FINNLAND
Helsinki
Stockholm
SCHWEDEN
ESTLAND
SANKT-PETERSBURG
Rybinsk
PERM
JEKATERINBURG
ČELJABINSK
KAZAN'
Nordsee
Göteborg
LETTLAND
KOPENHAGEN
DÄNEMARK
Ostsee
LITAUEN
Smolensk
MOSKAU
R U S S L A N D
UFA
Astana
SAMARA
IRLAND
Belfast
Glasgow
VEREINIGTES KÖNIGREICH
Dublin
BIRMINGHAM
NIEDERLANDE
Amsterdam
HAMBURG
BERLIN
Danzig
MINSK
WEISSRUSSLAND
Saratov
LONDON
BRÜSSEL
DEUTSCHLAND
KÖLN
POLEN
WARSCHAU
Voronež
Oral
KIEW
WOLGOGRAD
K A S A C H S T A N
BELGIEN
PRAG
Brest
PARIS
LUXEMBURG
TSCHECHIEN
Lemberg
UKRAINE
CHARKIV
MÜNCHEN
SLOWAKEI
Aterau
Kyzlorda
FRANKREICH
Bern
WIEN
MOLDAU
ROSTOW
ÖSTERREICH
BUDAPEST
ODESSA
Astrachan
SCHWEIZ
SLOWENIEN
UNGARN
Lyon
MAILAND
KROATIEN
RUMÄNIEN
Krasnodar
Stavropol
USBEKISTAN
Bordeaux
SAN MARINO
BOSNIEN-HERZEG.
BELGRAD
Sewastopol
Kaspisches Meer
A Coruña
SERBIEN
BUKAREST
Soči
Nukus
ANDORRA
Marseille
MONACO
SOFIA
Schwarzes Meer
GEORGIEN
TIFLIS
Bilbao
MONTENEGRO
Podgorica
BULGARIEN
BAKU
TURKMENISTAN
Azoren (Port.)
Porto
MADRID
BARCELONA
ROM
ITALIEN
Tirana
MAZEDONIEN
ISTANBUL
ARMENIEN
PORTUGAL
ASERBAID-SCHAN
Balkanabat
Ašgabad
LISSABON
S P A N I E N
València
NEAPEL
ALBANIEN
Thessaloniki
ANKARA
Trabzon
JEREWAN
GRIECHENLAND
TÄBRIS
Gorgan
Sevilla
Granada
Palermo
İZMIR
T Ü R K E I
ADANA
MESCHHED
Herat
ALGIER
Annaba
TUNIS
ATHEN
Antalya
ALEPPO
MOSUL
TEHERAN
Tanger
Oran
MALTA
SYRIEN
Qom
Madeira (Port.)
RABAT
Constantine
Sfax
Heraklion
ZYPERN
LIBANON
Homs
BAGDAD
I R A N
AFGHANISTAN
Oujda
TUNESIEN
M I T T E L M E E R
BEIRUT
DAMASKUS
ISFAHAN
CASABLANCA
Fès
ISRAEL
I R A K
MARRAKESCH
MAROKKO
Misratah
Tobruq
Jerusalem
AMMAN
Yazd
Agadir
TRIPOLIS
Bengasi
ALEXANDRIA
Port Said
JORDANIEN
Al Basra
Kanarische Inseln (Span.)
Béchar
El Ménia
Ajdabiya
KAIRO
Suez
KUWAIT
Kuwait
Shiraz
Tindouf
Ghadamis
A L G E R I E N
Siwa
El Minia
Tabuk
BAHRAIN
Manama
Al-Ayun
L I B Y E N
Ä G Y P T E N
Hurghada
Buraydah
Ad Dammam
KATAR
Doha
Reggane
Sabha
Luxor
Medina
SAUDI-ARABIEN
RIAD
ABU DHABI
VEREINIGTE ARABISCHE EMIRATE
Maskat
Westsahara (unter marokkanischer Verwaltung)
Rotes Meer
Al Jawf
Assuan
Zouérat
Taoudenni
Tamanrasset
Nouâdhibou
JIDDAH
MEKKA
Seguedine
Port Sudan
OMAN
MAURETANIEN
Nouakchott
M A L I
Largeau (Faya)
Khamis Mushayt
KAP VERDE
Rosso
Néma
Timbuktu
N I G E R
Agadez
Omdurman
Kassala
ERITREA
J E M E N
Saint Louis
Gao
Khartum
Asmara
SANAA
Al Mukalla
Praia
DAKAR
SENEGAL
Kayes
Mopti
T S C H A D
Ta'izz
Banjul
GAMBIA
Bamako
Niamey
Maradi
Zinder
SUDAN
Aden
Sokotra
Bissau
Labé
Ouagadougou
Kano
Maiduguri
N'Djaména
El-Obeid
Gonder
DSCHIBUTI
Dschibuti
GUINEA-BISSAU
GUINEA
Sikasso
BURKINA FASO
Kaduna
Nyala
Dese
Conakry
Kankan
Bobo-Dioulasso
BENIN
NIGERIA
Maroua
Hargeysa
Freetown
ELFENBEINKÜSTE
Tamale
TOGO
Ilorin
Abuja
Sarh
Birao
ADDIS-ABEBA
Dire Dawa
Garoowe
SIERRA LEONE
Daloa
Bouaké
GHANA
Porto-Novo
IBADAN
Yola
Moundou
ÄTHIOPIEN
Yamoussoukro
Kumasi
Enugu
ZENTRALAFRIKANISCHE REPUBLIK
SÜDSUDAN
Wendo
Monrovia
Accra
Lomé
LAGOS
LIBERIA
ABIDJAN
Sekondi
Port Harcourt
KAMERUN
Juba
Negele
Harper
DOUALA
Bangui
SOMALIA
Malabo
Yaoundé
ÄQUATORIALGUINEA
UGANDA
Mogadischu
Bata
SÃO TOMÉ UND PRÍNCIPE
São Tomé
Libreville
Mbandaka
Kisangani
Kampala
KENIA
GABUN
KONGO
Kismaayo
Port-Gentil
DEMOKRATISCHE REPUBLIK KONGO
Kisumu
NAIROBI
RUANDA
Kigali
BURUNDI
Bujumbura
Mwanza
Brazzaville
Arusha
Mombasa
Pointe-Noire
KINSHASA
Kikwit
Cabinda
Matadi
Kananga
Tabora
Dodoma
Sansibar
TANSANIA
DARESSALAM
Victoria
Ascension (Brit.)
Tshikapa
LUANDA
Mbeya
Malanje
Mbala
Lindi
Aldabra-Inseln
SEYCHELLEN
Kolwezi
Likasi
Lubumbashi
Mzuzu
KOMOREN
Agalega
Benguela
A N G O L A
Moroni
Huambo
Kitwe
MALAWI
Mayotte (Fr.)
Antsiranana
A T L A N T I S C H E R
SAMBIA
Lilongwe
Namibe
Lubango
Lusaka
Nampula
Mahajanga
Sankt Helena (Brit.)
Livingstone
HARARE
MOSAMBIK
Quelimane
Oshakati
Rundu
SIMBABWE
Antananarivo
Toamasina
MAURITIUS
Mutare
Beira
MADAGASKAR
Port Louis
Francistown
Bulawayo
Saint-Denis
Windhuk
BOTSUANA
Fianarantsoa
Réunion (Fr.)
Walvis Bay
Gaborone
Pietersburg
Toliara
NAMIBIA
Pretoria
Xai-Xai
JOHANNESBURG
Mbabane
Maputo
Tôlanaro
Keetmanshoop
SWASILAND
O Z E A N
Kimberley
LESOTHO
INDISCHER
Bloemfontein
Maseru
Durban
SÜDAFRIKA
Middelburg
East London
KAPSTADT
Port Elizabeth
O Z E A N
Tristan da Cunha (Brit.)
Gough Island (Brit.)

ATLANTISCHER OZEAN
MITTELMEER
PORTUGAL
SPANIEN
MAROKKO
ALGERIEN
TUNESIEN
LIBYEN
Westsahara (unter marokkanischer Verwaltung)
MAURETANIEN
MALI
NIGER
SENEGAL
GAMBIA
GUINEA-BISSAU
GUINEA
SIERRA LEONE
LIBERIA
ELFENBEINKÜSTE
GHANA
TOGO
BENIN
BURKINA FASO
NIGERIA
KAMERUN
ÄQUATORIALGUINEA
SÃO TOMÉ UND PRINCIPE
GABUN
KONGO
TSCHAD
ITALIEN
MALTA
KAP VERDE
Kanarische Inseln (Span.)
Madeira (Port.)
Azorenschwelle
Monaco-becken
Madeiraschwelle
Kanarisches Becken
Kapverden-plateau
Sierra-Leone-Becken
Guinea-becken
Golf von Guinea
Bucht von Benin
Nigerdelta
Nigerschwemmkegel
Tyrrhenisches Meer
Golf de Hammamet
Golf von Gabès
Hoher Atlas
Antiatlas
Sahara
Großer Westlicher Erg
Großer Östlicher Erg
Hamada de Tinrhert
Plateau du Tademaït
Erg Iguidi
Erg Chech
El Djouf
Tanezrouft
Hoggar
Tassili n'Ajjer
Tassili du Hoggar
Adrar des Iforhas
Aïr ou Azbine
Ténéré
Grand Erg de Bilma
Fezzan
Tschadsee
Massif de l'Adrar
Aoukâr
Hodh
Nördlicher Wendekreis
Lissabon
Rabat
Casablanca
Marrakesch
Algier
Tunis
Tripolis
Nouakchott
Dakar
Banjul
Bissau
Conakry
Freetown
Monrovia
Bamako
Ouagadougou
Niamey
Abidjan
Yamoussoukro
Accra
Lomé
Porto-Novo
Lagos
Abuja
N'Djaména
Yaoundé
Malabo
Libreville
São Tomé
Praia
Timbuktu
Kano
Tamanrasset
ATLANTISCHER OZEAN
Ka
Jd
Ka
Kb
Kc
Kd
La
Lb
Lc

Ma
Mb
Mc
Md
Na
Nb
Nc
Nd
11
12
13
14
15
16
17
18
19
GRIECHENLAND
ATHEN
Ionisches Meer
Kreta (Gr.)
MITTELMEER
Levantisches Becken
TÜRKEI
ADANA
Antalya
Kaspisches Meer
TÄBRIS
TEHERAN
ZYPERN
Nikosia
LIBANON
BEIRUT
SYRIEN
ALEPPO
DAMASKUS
ISRAEL
Tel Aviv
Jerusalem
AMMAN
JORDANIEN
IRAK
BAGDAD
MOSUL
Al Basra
IRAN
ISFAHAN
Schiras
KUWAIT
Kuwait
Persischer Golf
BAHRAIN
Al Manama
KATAR
Doha
ABU DHABI
VEREINIGTE ARABISCHE EMIRATE
OMAN
SAUDI-ARABIEN
RIAD
Medina
MEKKA
JIDDAH
Ar Rub' al Khali (Große Arabische Wüste)
JEMEN
SANAA
Aden
Al Mukalla
Golf von Aden
ALEXANDRIA
KAIRO
GIZEH
Port Said
Suez
Sinai
ÄGYPTEN
Libysche Wüste
Assuan
Luxor
Nasserstausee
Östliche Wüste
ROTES MEER
Port Sudan
Nubische Wüste
Nubien
Khartum
Omdurman
SUDAN
Darfur
Kordofan
SÜDSUDAN
Juba
ERITREA
Asmara
DSCHIBUTI
Dschibuti
ÄTHIOPIEN
ADDIS ABEBA
Hochland von Äthiopien
Ostafrikanischer Graben
SOMALIA
Mogadischu
Ogaden
KENIA
NAIROBI
UGANDA
Kampala
Victoriasee
Turkanasee (Rudolfsee)
DEMOKRATISCHE REPUBLIK KONGO
Kongobecken
ZENTRALAFRIKANISCHE REPUBLIK
TSCHAD
LIBYEN
Große Syrte
Bengasi
Tibesti
Ennedi
INDISCHER OZEAN
Somalibecken
Äquator
Wendekreis

Kc
Kd
La
Lb
Lc
Ld
Ma
Mb
18
19
20
21
22
23
24
25
26
Äquator
Südlicher Wendekreis
G u i n e a -
b e c k e n
A n g o l a -
b e c k e n
A T L A N T I S C H E R
O Z E A N
Walfischrücken
Namibia-Tiefsee-Ebene
Oranjeschwemmkegel
K a p -
b e c k e n
SÃO TOMÉ UND PRÍNCIPE
Príncipe
São Tomé
Pagalu
Sankt Helena
Sankt Helena (Brit.)
KAMERUN
ÄQUATORIAL-GUINEA
Bata
Libreville
Cabo San Juan
Baie de Corisco
Cap Lopez
Port-Gentil
Lambaréné
GABUN
Franceville
KONGO
Brazzaville
KINSHASA
Pointe-Noire
Cabinda (Ang.)
Matadi
Boma
DEMOKRATISCHE REPUBLIK KONGO
K o n g o -
b e c k e n
Kisangani
Mbandaka
Kananga
Mbuji-Mayi
Kikwit
Ilebo
Tshikapa
Kolwezi
Lubumbashi
Likasi
K a t a n g a
Plateau du Kasai
LUANDA
Malanje
Saurimo
ANGOLA
Hochland von Bié
Huambo
Lobito
Benguela
Kuito
Luena
Menongue
Lubango
Namibe
Ondjiva
Skelettküste
Kaokoveld
Ovamboland
Etoschapfanne
Tsumeb
Grootfontein
Otjiwarongo
Hereroland
Damaraland
Windhuk
Swakopmund
Walfischbucht
Walvis Bay
NAMIBIA
Rehoboth
Mariental
Namaland
Keetmanshoop
Lüderitzbucht
Lüderitz
Oranjemund
Caprivizipfel
Okavango-delta
Maun
Ghanzi
BOTSUANA
KALAHARI
Gaborone
Francistown
Serowe
Lobatse
Rustenburg
Pretoria
JOHANNESBURG
SOWETO
Vereeniging
Welkom
Kimberley
Bloemfontein
Upington
Betschuanaland
SAMBIA
Livingstone
Sambesi
SÜDAFRIKA
Hohe Karoo
Große Karoo
Kleine Karoo
De Aar
Springbok
Namaqualand
KAPSTADT
Kap der Guten Hoffnung
Kap Agulhas (Nadelkap)
Stellenbosch
Worcester
Mossel Bay/Mosselbaai
George
Port Elizabeth
East London/Oos-Londen
Oranje
Okavango
Cunene
Cuanza
Kasai
Kongo
Ubangi

Mc
Md
Na
Nb
Nc
Nd
Oa
Ob
SOMALIA
Mogadischu
UGANDA
KENIA
Kampala
Victoriasee
NAIROBI
Mombasa
RUANDA
BURUNDI
Bujumbura
TANSANIA
Dodoma
DARESSALAM
Sansibar
Tanganjikasee
Kalemie
Mbeya
Lindi
Mtwara
KOMOREN
Moroni
Dzaoudzi
Mayotte (Fr.)
MALAWI
Lilongwe
Zomba
Blantyre
Nampula
MOSAMBIK
HARARE
SIMBABWE
Bulawayo
Quelimane
Beira
Inhambane
Xai-Xai
Maputo
SWASILAND
Mbabane
Pietermaritzburg
Durban
Port Shepstone
MADAGASKAR
Antananarivo
Mahajanga
Antsiranana
Toamasina
Fianarantsoa
Toliara
Tôlanaro
SEYCHELLEN
Victoria
MAURITIUS
Port Louis
Saint-Denis
Réunion (Fr.)
I N D I S C H E R
O Z E A N
Somali-
becken
Straße von Mosambik
Mosambik-
becken
Mosambikplateau
Madagaskarrücken
Maskarenen-
becken
Madagaskar-
becken
Maskarenenplateau
Maskarenenebene
Südwestindischer Rücken
Äquator
Südlicher Wendekreis

NORDPOLAR-
MEER
Nordpol
Lomonosov-Rücken
Neusibirische Inseln
Ostsibirische See
Wrangel-Insel
Tschuktschen-see
Kolymagebirge
Nördlicher Polarkreis
Kolyma
Korjakengebirge
Palana
Anadyr
Anadyrgebirge
mys Oljutorskij
mys Navarin
Bering-meer
Beringstraße
Cape Lisburne
Point Barrow
Saint Lawrence Island
Alëuten-becken
Bethel
Halbinsel Alaska
Alëuten
Alëutengraben
Kodiak Island
Golf von Alaska
Arctic Plains
Brooks Range
Yukon
Mt.McKinley 6194
Alaska Range
Anchorage
Kenai-Peninsula
5959
Yukon Plateau
Whitehorse
Juneau
Alexander-Archipel
Queen Charlotte Islands
Mt.Waddington 4016
Vancouver Island
VANCOUVER
Mackenzie Mts.
Mackenzie
Großer Bärensee
Yellowknife
Großer Sklavensee
Athabascasee
Barren Grounds
Kanadisches Becken
Beaufort-see
Banks-Insel
Victoria-Insel
Melville-Insel
Königin-Elisabeth-Inseln
Ellesmere-Insel
Devon-Insel
Prince of Wales Island
Boothia Peninsula
Melville Peninsula
Southampton-Insel
Kap Morris Jesup
Grönland
Baffin Bay
Baffin-Insel
Davisstraße
Nuuk/Godthåb
Kap Farvel
Hudsonstraße
Hudson-Bay
Belcher Islands
Ungava Halbinsel
Cape Labrador
Labrador
Coast of Labrador
Labrador-see
Labrador-becken
Spitzbergen
Grönland-becken
Grönland-see
Norwegische See
Norwegisches Becken
Jan Mayen
Island-plateau
Kap Brewster
Dänemarkstraße
Grimsvötn 1719
Island
Reykjavík
Reykjanesrücken
Färöer
Skandinavien
Oslo
KOPENHAGEN
BERLIN
PRAG
Nordsee
AMSTERDAM
KÖLN
BRÜSSEL
Großbritannien
Glasgow
LONDON
Dublin
Irland
Rockallbecken
ATLANTISCHER
OZEAN
Neufundland
Cape Race
Neufundlandbank
St. Lorenz-Golf
Nova Scotia
Halifax
Les Laurentides
Nelson
Winnipegsee
Kanadischer Schild
NORD
AMERIKA
ROCKY MOUNTAINS
Coast Mountains
Mt.Robson 3954
Mt. Rainier 4392
Cascade Mountains
Columbia Plateau
Missouri
Great Plains
Grand Teton 4197
Great Salt Lake
Großes Becken
Salt Lake City
Lassen Peak 3187
Cape Mendocino
Mendocinostufe
San Francisco
Mt. Whitney 4418
Colorado Plateau
Colorado
Denver
Mt. Elbert 4401
LOS ANGELES
SAN DIEGO
TIJUANA
PHOENIX
Baldy Peak 3476
Murraystufe
Oberer See
MONTRÉAL
Huronsee
TORONTO
Ontario-see
BOSTON
Michigansee
DETROIT
NEW YORK
CHICAGO
Eriesee
WASHINGTON
Interior Plains
Mississippi
Interior Highlands
Appalachen
Mt. Mitchell 2037
Blue Ridge
Atlantische Ebene
Cape Hatteras
New England Seamounts
Nordamerikanisches Becken
Bermuda-Inseln
Sargasso-see
Nares-Tiefsee-Ebene
Nördlicher Wendekreis
DALLAS
Golfküstenebene
NEW ORLEANS
Mississippi Delta
HOUSTON
Florida
Cape Canaveral
MIAMI
Bahamas
Edwards Plateau
Rio Grande
CIUDAD JUÁREZ
Westliche Sierra Madre
Hochland von Mexiko
Östliche Sierra Madre
MONTERREY
Niederkalifornien
Golf von Kalifornien
Guadalupe
Punta Eugenia
La Paz
Cabo San Lucas
Golf von Mexiko
HAVANNA
Kuba
Cayman-Inseln
Bayamo
Hispaniola
PORT-AU-PRINCE
SANTO DOMINGO
San Juan
Puerto-Rico-Graben
West-Indien
Große Antillen
Kleine Antillen
Inseln über dem Winde
Inseln unter dem Winde
Venezuela-becken
Jamaika
MÉRIDA
Halbinsel Yucatán
GUADALAJARA
CD.DE MEXICO
Pico de Orizaba 5747
Isthmus von Tehuantepec
Südl. Sierra Madre
Islas Revillagigedo
Clarionstufe
PAZIFISCHER
OZEAN
Clippertonstufe
Île Clipperton
Mittelamerikanischer Graben
CD.DE GUATEMALA
TEGUCIGALPA
SAN SALVADOR
MANAGUA
Gracias a Dios
Karibisches Meer
Kolumbien-becken
Guatemala-becken
Panamá
Golf von Panamá
BARRANQUILLA
P.Colón 5775
CARACAS
Georgetown
Mt.Roraima 2810
Bergland von Guayana
Orinoco
Llanos del Orinoco
MEDELLÍN
BOGOTÁ
Nev.del Ruiz 5325
Nev.del Huila 5750
Boa Vista
Pico da Neblina 3014
Äquator
MANAUS
Rio Negro
Amazonastiefland
Amazonas
SÜD
AMERIKA
Selvas
Caraúari
Porto Velho
ANDEN
QUITO
Vol. Cotopaxi 5897
Vol. Chimborazo 6310
GUAYAQUIL
Kokosinsel
Cocosrücken
Archipiélago de Colón/ Galápagos-Inseln
I.Isabela
Galapagosstufe
Pta. Negra
0 500 1000 km
60° 03 70° 02 80° 01 80° 02 70° 03 60° 04 50°
04 05 06 07 08 09 10
50° 40° 30° 20° 10° 0° 10°
Db 130° Ea 120° Eb 110° Fa 100° Fb 90° Ga 80° Gb 70° Ha 60°
11

NORDPOLAR-
MEER
Nordpol
RUSSLAND
Jakutien (Sacha)
Autonomer Kreis der Korjaken
Autonomer Kreis der Tschuktschen
Palana
Anadyr'
Ostsibirische See
Wrangel-Insel
Tschuktschensee
Beringstraße
Beringmeer
Kotzebue
Alaska (USA)
Bethel
Fairbanks
Anchorage
Aleuten
Golf von Alaska
Juneau
Alexander-Archipel
Beaufortsee
Banks-Insel
Melville-Insel
Victoria-Insel
Ellesmere-Insel
Devon-Insel
Baffin Bay
Baffin-Insel
Nunavut
Iqaluit
Hudsonstraße
Hudson Bay
Yukon Territory
Whitehorse
Northwest Territories
Yellowknife
KANADA
British Columbia
Alberta
Edmonton
Saskatchewan
Regina
Manitoba
Winnipeg
Ontario
Québec
Vancouver Island
Victoria
VANCOUVER
Neufundland und Labrador
Neufundland
St.John's
St.Pierre
St.Pierre und Miquelon (Fr.)
New Brunswick
Charlottetown
P.E.I.
Fredericton
Nova Scotia
Halifax
MONTRÉAL
Ottawa
TORONTO
Spitzbergen (Norw.)
Grönlandsee
Norwegische See
Jan Mayen (Norw.)
Grönland
Kalaallit Nunaat
(Dän.)
Dänemarkstraße
Nuuk/Godthåb
ISLAND
Reykjavík
Labradorsee
ATLANTISCHER
OZEAN
SCHWEDEN
NORWEGEN
Oslo
Bergen
KOPENHAGEN
DÄNEMARK
BERLIN
PRAG
DEUTSCHLAND
HAMBURG
NIEDERLANDE
AMSTERDAM
KÖLN
BELGIEN
BRÜSSEL
Nordsee
Färöer (Dän.)
Tórshavn
Aberdeen
LONDON
BIRMINGHAM
Glasgow
Liverpool
Belfast
VEREINIGTES KÖNIGREICH
Dublin
IRLAND
VEREINIGTE STAATEN
Washington
Olympia
Oregon
Salem
Idaho
Boise
Montana
Helena
Wyoming
Cheyenne
North Dakota
Bismarck
South Dakota
Pierre
Minnesota
St.Paul
Wisconsin
Madison
Michigan
DETROIT
Lansing
CHICAGO
Iowa
Des Moines
Nebraska
Lincoln
Kansas
Topeka
Jefferson City
Missouri
Illinois
Springfield
Indiana
Indianapolis
Ohio
Columbus
Charleston
KY
Frankfort
WV
Virginia
Richmond
Pennsylvania
Harrisburg
NEW YORK
New York
Albany
VT
Montpelier
Maine
Augusta
NH
Concord
MA
BOSTON
Providence RI
Hartford CT
Trenton NJ
PHILADELPHIA
Annapolis
MD
Dover DE
WASHINGTON DC
Nevada
Carson City
Sacramento
San Francisco
Kalifornien
Utah
Salt Lake City
Colorado
Denver
Arizona
PHOENIX
New Mexico
Santa Fe
LOS ANGELES
SAN DIEGO
TIJUANA
Mexicali
Oklahoma
Oklahoma City
Texas
DALLAS
Austin
HOUSTON
Arkansas
Little Rock
Louisiana
Baton Rouge
NEW ORLEANS
Mississippi
Jackson
Tennessee
Nashville
Alabama
Montgomery
Georgia
Atlanta
North Carolina
Raleigh
South Carolina
Columbia
Florida
Tallahassee
Orlando
MIAMI
Bermuda (Brit.)
Hamilton
Bermuda-Inseln
Sargassosee
Bahamas
Nassau
BAHAMAS
Turks- und Caicos-Inseln (Brit.)
Cockburn Town
Westindien
Golf von Mexiko
HAVANNA
KUBA
Bayamo
Cayman-Inseln (Brit.)
Georgetown
Kingston
JAMAIKA
HAITI
PORT-AU-PRINCE
DOMINIKAN. REPUBLIK
SANTO DOMINGO
Puerto Rico (USA)
San Juan
Jungferninseln (USA)
Jungferninseln (Brit.)
Anguilla (Brit.)
Niederländische Antillen
Guadeloupe (Fr.)
ANTIGUA UND BARBUDA
Saint John's
Guadeloupe(Fr.)
Martinique(Fr.)
BARBADOS
Bridgetown
ST.KITTS UND NEVIS
Basseterre
Montserrat (Brit.)
DOMINICA
Roseau
ST.LUCIA
Castries
Kingstown
ST.VINCENT U. DIE GRENADINEN
Saint George's
GRENADA
TRINIDAD U. TOBAGO
Port of Spain
Karibisches Meer
Aruba (Niedl.)
Niederländ. Antillen
MEXIKO
CIUDAD JUÁREZ
Hermosillo
Chihuahua
Niederkalifornien
Guadalupe
Culiacán Rosales
MONTERREY
La Paz
GUADALAJARA
LEÓN
CD.DE MEXICO
PUEBLA
Villahermosa
Oaxaca de Juárez
MÉRIDA
Chetumal
Belmopan
BELIZE
CD.DE GUATEMALA
GUATEMALA
HONDURAS
TEGUCIGALPA
SAN SALVADOR
EL SALVADOR
NICARAGUA
MANAGUA
San José
COSTA RICA
Panamá
PANAMA
Islas Revillagigedo (Mex.)
Île Clipperton (Fr.)
Kokosinsel (Costa Rica)
Archipiélago de Colón/ Galápagos-Inseln (Ecu.)
I.Isabela
PAZIFISCHER
OZEAN
BARRANQUILLA
Cartagena
MEDELLÍN
Bucaramanga
BOGOTÁ
KOLUMBIEN
CALI
Pasto
QUITO
ECUADOR
GUAYAQUIL
Cuenca
PERU
Iquitos
Sullana
Chiclayo
VALENCIA
MARACAIBO
CARACAS
Puerto la Cruz
Cd.Bolívar
Cd.Guayana
VENEZUELA
San Cristóbal
Orinoco
Georgetown
GUYANA
Boa Vista
Roraima
Rio Negro
MANAUS
BRASILIEN
Amazonas
Carauari
Porto Velho
Rondônia
Acre
Rio Branco
03
02
01
04
05
06
07
08
09
10
11
Db
Ea
Eb
Fa
Fb
Ga
Gb
Ha

07
06
05
04
03
02
60°
65°
70°
75°
80°
85°
Autonomer Kreis der Korjaken
R U S S L A N D
Autonomer Kreis der Tschuktschen
Korjakengebirge
Nördlicher Polarkreis
Ust-Kamčatsk
Ossora
Karaginskij
Kommandeur-becken
Sirsovarücken
Anadyr
Tschuktschen-Halbinsel
Anadyrskij zaliv
Ostsibirische See
Wrangel-Insel
Tschuktschenschwelle
Tschuktschensee
Kanadisches Becken
Beaufortsee
N O R D
Ba Bb Bc Bd Ca Cb Cc Cd Da Db Dc Dd
Bering-meer
Beringstraße
Aleuten-becken
Bowers Rücken
Alëuten
Alëutengraben
Fox Islands
Unalaska
Pribilof Islands
Saint Lawrence Island
Seward Peninsula
Norton Sound
Kotzebue
Nome
Barrow
Point Barrow
Arctic Plains
BROOKS RANGE
Prudhoe Bay
A l a s k a
(USA)
Kuskokwim Mountains
ALASKA RANGE
Mt.McKinley 6194
Fairbanks
Anchorage
Kodiak Island
Shelikof Strait
Halbinsel Alaska
Bristol Bay
Golf von Alaska
Yukon
Yukon Flats
Yukon Plateau
Yukon Territory
Dawson
Whitehorse
Juneau
Skagway
Alexander-Archipel
Queen Charlotte Islands
Vancouver Island
VANCOUVER
Victoria
SEATTLE
Washington
Portland
Spokane
COAST MOUNTAINS
ROCKY MOUNTAINS
Mackenzie Mts.
Northwest Territories
Großer Bärensee
Großer Sklavensee
Yellowknife
British Columbia
Fraser Plateau
Prince George
Prince Rupert
Kamloops
Alberta
Edmonton
Calgary
Red Deer
Lethbridge
Medicine Hat
Saskatoon
Saskatc
Athabascas
Fort McMurray
Banks-Insel
Inuvik
Tuktoyaktuk
Mackenzie Bay
Victoria Strait
VEREINIGTE ST
Montana
Mendocino-Bruchzone
PAZIFISCHER OZEAN
Queen Charlotte Sound
Dixon Entrance
Hecate Strait
Juan de Fuca Strait
Cj
Ck
Da
Db
Dc
Dd
Ea
Eb
Ec
145°
140°
135°
130°
125°
120°
115°
110°
105°
55°
50°
45°
40°
08
09
10
11
0 160 320
km

Grönland
Kalaallit Nunaat
(Dän.)
Grönlandsee
Jan Mayen (N.)
Färöer (Dän.)
Tórshavn
ISLAND
Reykjavík
Akureyri
Hafnarfjörður
Keflavík
Dänemarkstraße
Irmingerbecken
Reykjanesrücken
Baffin Bay
Baffinbecken
Davisstraße
Baffin-Insel
Ellesmere-Insel
Devon-Insel
Lincoln Sea
Hudson Bay
Hudsonstraße
Foxe Basin
Foxe Channel
Labradorsee
Labradorbecken
ATLANTISCHER OZEAN
Ungava Bay
Ungava Halbinsel
Labrador
Neufundland und Labrador
Neufundland
St. John's
St. Pierre und Miquelon (Fr.)
Québec
Ontario
Manitoba
Nunavut
James Bay
Southampton-Insel
Melville Peninsula
Boothia Peninsula
Nuuk/Godthåb
Ittoqqortoormiit/Scoresbysund
Kong Christian X Land
Kong Christian IX Land
Kong Frederik VIII Land
Kong Frederik IX Land
Kong Frederik VI Kyst
Peary Land
Knud Rasmussen Land
Qaanaaq/Thule
Upernavik
Ilulissat/Jakobshavn
Kangerlussuaq
Iqaluit
Churchill
Winnipeg
Winnipegsee
Oberer See
Montréal
Ottawa
Québec
Halifax
New Brunswick
Nova Scotia
Maine
Minnesota
North Dakota
Sankt-Lorenz-Strom
Sankt-Lorenz-Golf
Golf von Maine
Kanadischer Schild
Nördlicher Polarkreis
01 02 03 04 05 06
06 07 08 09 10 11
Ed Fa Fb Fc Fd Ga Gb Gc Gd Ha
100° 95° 90° 85° 80° 75° 70° 65° 60°
40° 45° 50° 55° 60°

Db
Dc
Dd
Ea
Eb
Ec
Ed
Fa
Fb
135°
130°
125°
120°
115°
110°
105°
100°
95°
90°
10
11
12
13
14
15
16
17
40°
35°
30°
25°
20°
15°
10°
Mendocinostufe
Murraystufe
Nördlicher Wendekreis
PAZIFISCHER
OZEAN
Islas Revillagigedo (Mex.)
Clipperton-Bruchzone
Île Clipperton (Fr.)
Mittelamerikanischer Graben
Guatemala-becken
Tehuantepecrücken
Golf von Kalifornien
Golf von Mexiko
Golf von Campeche
Golf von Tehuantepec
Sigsbee-tiefe
VEREINIGTE STAATEN
MEXIKO
ROCKY MOUNTAINS
CASCADE RANGE
SIERRA NEVADA
Coast Ranges
Columbia Plateau
Colorado Plateau
Great Plains
Großes Becken
Interior Plains
Interior Highlands
Westliche Sierra Madre
Östliche Sierra Madre
Südliche Sierra Madre
Hochland von Mexiko
Edwards Plateau
Painted Desert
Mojave Desert
Death Valley
Great Salt Lake
Montana
North Dakota
South Dakota
Wyoming
Nebraska
Iowa
Minnesota
Wisconsin
Oregon
Idaho
Nevada
Utah
Colorado
Kansas
Missouri
California
Arizona
New Mexico
Oklahoma
Texas
Arkansas
Louisiana
Baja California
Baja California Norte
Baja California Sur
Sonora
Chihuahua
Coahuila
Sinaloa
Durango
Nuevo León
Tamaulipas
Zacatecas
Nayarit
Jalisco
Michoacán
Guerrero
Oaxaca
Puebla
Veracruz
Tabasco
Colima
Portland
Salem
Eugene
Boise
Helena
Bismarck
Pierre
Cheyenne
Denver
Salt Lake City
Sacramento
San Francisco
Oakland
San Jose
Fresno
Las Vegas
LOS ANGELES
SAN DIEGO
TIJUANA
Mexicali
PHOENIX
Tucson
Albuquerque
Santa Fe
CIUDAD JUAREZ
El Paso
Oklahoma City
DALLAS
Fort Worth
Austin
SAN ANTONIO
HOUSTON
Wichita
Topeka
Lincoln
Omaha
Des Moines
Minneapolis
St.Paul
Kansas City
Little Rock
Baton Rouge
MONTERREY
Saltillo
Chihuahua
Hermosillo
Culiacán
La Paz
Mazatlán
GUADALAJARA
CD. DE MEXICO
PUEBLA
Acapulco
Oaxaca de Juárez
Corpus Christi
Brownsville
Matamoros
Laredo
Nuevo Laredo
San Luis Potosí
Aguascalientes
Querétaro
Morelia
Toluca
Mt.Whitney 4418
Mt.Elbert 4401
Mt.Shasta 4317
Mt.Hood 3426
Grand Teton 4197

ATLANTISCHER
OZEAN
KANADA
MONTREAL
Ottawa
Toronto
New York
BOSTON
Portland
Golf von Maine
Providence
NEW YORK
PHILADELPHIA
WASHINGTON D.C.
Pennsylvania
Ohio
Indiana
Michigan
DETROIT
West Virginia
Virginia
Kentucky
North Carolina
South Carolina
Georgia
Alabama
Florida
Charleston
Savannah
Jacksonville
Orlando
Tampa
MIAMI
New England Seamounts
Bermuda (Brit.)
Hamilton
Bermuda-Schwelle
Hatteras-Tiefsee-Ebene
Sargassosee
Nares-Tiefsee-Ebene
Nördlicher Wendekreis
Bahamas
BAHAMAS
Nassau
Turks- und Caicos-Inseln (Brit.)
HAVANNA
KUBA
Santiago de Cuba
Große Antillen
Caymangraben
Kingston
JAMAIKA
HAITI
PORT-AU-PRINCE
Hispaniola
DOMINIKANISCHE REPUBLIK
SANTO DOMINGO
San Juan
Puerto Rico (USA)
Puerto-Rico-Graben
Inseln über dem Winde
ANTIGUA UND BARBUDA
Guadeloupe (Fr.)
DOMINICA
Martinique (Fr.)
SAINT LUCIA
BARBADOS
Bridgetown
SAINT VINCENT UND DIE GRENADINEN
GRENADA
TRINIDAD UND TOBAGO
Port of Spain
Karibisches Meer
Venezuela-becken
Kolumbien-becken
Kleine Antillen
Inseln unter dem Winde
Aruba (Niederl.)
Niederländische Antillen (Niederl.)
Yucatán
BELIZE
HONDURAS
TEGUCIGALPA
GUATEMALA
SAN SALVADOR
SALVADOR
NICARAGUA
MANAGUA
COSTA RICA
San José
PANAMA
Panamá
Golf von Panamá
KOLUMBIEN
VENEZUELA
CARACAS
MARACAIBO
BARRANQUILLA
Cartagena
MEDELLIN
Orinoco
GUYANA
Georgetown
BRASILIEN
Roraima
Bergland von Guayana
Äquator

Golfküstenebene
HOUSTON
NEW ORLEANS
Mississippi Delta
Florida
Cape Canaveral
Sargasso-see
Nord-Amerikanisches Becken
Nares-Tiefsee-Ebene
Golf von Mexiko
MIAMI
Nassau
Bahamas
MONTERREY
Hochland von Mexiko
Östliche Sierra Madre
Rio Grande
HAVANNA
MÉRIDA
Halbinsel Yucatán
Kuba
Große Antillen
Cayman-Inseln
Caymangraben
GUADALAJARA
Popocatépetl 5464
CIUDAD DE MÉXICO
Istmus von Tehuantepec
SANTO DOMINGO
Hispaniola
Puerto Rico
Puerto-Rico-Graben
Jamaika
Inseln über dem Winde
Karibisches Meer
Kolumbienbecken
Venezuelabecken
Kleine Antillen
Inseln unter dem Winde
Barbados
CIUDAD DE GUATEMALA
TEGUCIGALPA
Lago de Nicaragua
MANAGUA
Mittelamerikanischer Graben
Guatemalabecken
P. Colón 5775
MARACAIBO
CARACAS
Trinidad
Ciudad Guayana
Panamá
MEDELLÍN
BOGOTÁ
Nev. del Ruiz 5325
Nev. del Huila 5750
Llanos del Orinoco
Orinoco
C. Yavi 2441
M. Roraima 2810
Bergland von Guayana
Boa Vista
Georgetown
Paramaribo
Cayenne
Guyanabecken
Mittelatlantischer Rücken
Demeraraplateau
Ceará-Tiefsee-Ebene
Kap Verde-Becken
Kapverdische Inseln
Nördlicher Wendekreis
ATLANTISCHER OZEAN
Isla del Coco
Cocosrücken
Archipiélago de Colón/ Galápagos-Inseln
I. Isabela
QUITO
Vol. Cotopaxi 5897
Chimborazo 6310
GUAYAQUIL
Pico da Neblina 2994
Rio Negro
Macapá
I. de Marajó
BELÉM
São Luís
MANAUS
Amazonastiefland
Amazonas
Tapajós
Xingu
Madeira
SELVAS
Maynas
Iquitos
ANDEN
Pta. Negra
TRUJILLO
6768
Señal Huascarán
Montaña
LIMA
Porto Velho
Rio Branco
Yungas
Llanos de Mojos
Teresina
FORTALEZA
Atol das Rocas
Ilha Fernando de Noronha
Cabo de São Roque
Natal
RECIFE
Pernambuco-Tiefsee-Ebene
Äquator
Peru-becken
Peru-Chile-Graben
Cuzco
Titicacasee
LA PAZ
Arequipa
Nev. Sajama 6542
Altiplano
Sucre
SANTA CRUZ DE LA SIERRA
Campos Cerrados
Planalto do Mato Grosso
Cuiabá
Pantanal
PLANALTO CENTRAL
BRASÍLIA
GOIÂNIA
Brasilianisches Bergland
Araguaia
Tocantins
São Francisco
Caatinga
Campos
Serra do Mar
Aracaju
SALVADOR
Ilhéus
Brasilianisches Becken
BELO HORIZONTE
Vitória
Pico da Bandeira 2890
2797
RIO DE JANEIRO
SÃO PAULO
CURITIBA
1808
Londrina
Paraná
Paraguay
Campo Grande
Asunción
Gran Chaco
Atacama
Antofagasta
Chilebecken
Nazcarücken
Islas de los Desventurados
San Miguel de Tucumán
Nev. Ojos del Salado 6893
Corrientes
Uruguay
Entre Ríos
PORTO ALEGRE
Trinidaderücken
Ilhas Martim Vaz (BR)
Südlicher Wendekreis
Sala-y-Gomez-Bruchzone
Sala-y-Gómez
Osterinsel
PAZIFISCHER OZEAN
Roggeveenbecken
La Serena
Aconcagua 6968
Mendoza
SANTIAGO
Juan-Fernández-Inseln
Sierras de Córdoba
CÓRDOBA
ROSARIO
Pampa
BUENOS AIRES
MONTEVIDEO
Rio de la Plata
Mar del Plata
Rio-Grande-Plateau
Concepción
Vol. Domuyo 4709
Vol. Lanín 3747
Rio Negro
Bahía Blanca
Chile-Schwelle
Puerto Montt
Chiloé
Chonos-Archipel
Península Valdés
Patagonien
Comodoro Rivadavia
Argentinisches Becken
Tristan da Cunha
San Valentín 4058
Falkland-Inseln
Falklandplateau
Punta Arenas
Magellanstraße
Feuerland
Kap Hoorn
Chile-Graben
Mornington-Tiefsee-Ebene
Ostpazifischer Rücken
Scotiarücken
Süd-Georgien
Südantillenmeer
Drakestraße
Süd-Shetland-Inseln
Süd-Orkney-Inseln
Süd-Sandwich-Inseln
Süd-Sandwich-Graben
Bouvet øy
Südost-Pazifisches Becken
Antarktische Halbinsel
Larsen Ice Shelf
Mt. Jackson 4190
Weddellsee
Bellingshausensee
Südlicher Polarkreis
0 500 1000 km

Eb 100° Fa 90° Fb 80° Ga 70° Gb 60° Ha 50° Hb 40° Ja 30° Jb 20°
30° 07 20° 08 10° 09 0° 10 10° 11 20° 12 30° 13 40° 14 50° 15
140° Da 130° Db 120° Ea 110° Eb 100° Fa 90° Fb 80° Ga 70° Gb 60° Ha 50° Hb 40° Ja 30° Jb 20° Ka 10° Kb 0° La 10° Lb
Lousiana
Austin
HOUSTON
NEW ORLEANS
Tallahassee
Texas
Orlando
VEREINIGTE STAATEN
Florida
MIAMI
MONTERREY
Golf von Mexiko
Nassau
BAHAMAS
MEXIKO
HAVANNA
Turks- und Caicos-Inseln (Brit.)
Cockburn Town
LEÓN
MÉRIDA
KUBA
Bayamo
Puerto Rico (USA)
Amerikanische Jungferninseln (USA)
Britische Jungferninseln (Brit.)
Anguilla (Brit.)
DOMINIKANISCHE REPUBLIK
GUADALAJARA
Georgetown
Cayman-Inseln (Brit.)
HAÏTI
SANTO DOMINGO
San Juan
Guadeloupe (Fr.)
CIUDAD DE MÉXICO
PUEBLA
Chetumal
Kingston
PORT-AU-PRINCE
Niederländ.Antillen (NL)
Saint John's
ANTIGUA UND BARBUDA
Villahermosa
Belmopan
JAMAIKA
ST.KITTS UND NEVIS
Basseterre
Guadeloupe (Fr.)
Oaxaca de Juárez
BELIZE
Montserrat (GB)
Roseau
DOMINIKA
Karibisches Meer
Martinique (Fr.)
GUATEMALA
HONDURAS
TEGUCIGALPA
SAINT VINCENT UND DIE GRENADINEN
Castries
SAINT LUCIA
CD.DE GUATEMALA
Aruba (NL)
Niederländische Antillen (NL)
Kingstown
Bridgetown
BARBADOS
SAN SALVADOR
NICARAGUA
GRENADA
Saint George's
EL SALVADOR
MANAGUA
BARRANQUILLA
MARACAIBO
CARACAS
TRINIDAD UND TOBAGO
Port of Spain
Cartanega
VALENCIA
Puerto la Cruz
San José
Panamá
COSTA RICA
San Cristóbal
Cd.Bolívar
Cd.Guayana
PANAMA
MEDELLÍN
Bucaramanga
VENEZUELA
Georgetown
Paramaribo
GUYANA
Cayenne
Isla del Coco (Costa Rica)
BOGOTÁ
SURINAME
Französisch Guyana (Fr.)
CALI
KOLUMBIEN
Boa Vista
Roraima
Amapá
Archipiélago de Colón/ Galápagos-Inseln (Ecuador)
QUITO
Pasto
Macapá
ECUADOR
BELÉM
MANAUS
São Luís
GUAYAQUIL
Cuenca
FORTALEZA
Atol das Rocas
Ilha Fernando de Noronha (Bras.)
Iquitos
Amazonas
Pará
Maranhão
Ceará
Rio Grande do Norte
Sullana
Carauari
Teresina
Natal
Chiclayo
Piauí
Paraíba
João Pessoa
TRUJILLO
PERU
Acre
Porto Velho
BRASILIEN
RECIFE
Rio Branco
Pernambuco
Palmas
Maceió
Rondônia
Tocantins
Sergipe
Alagoas
Callao
Huancayo
Aracaju
LIMA
Mato Grosso
Feira de Santana
Cuzco
Bahia
SALVADOR
Ica
Distrito Federal
Cuiabá
Arequipa
BOLIVIEN
BRASÍLIA
Ilhéus
Goiás
LA PAZ
COCHABAMBA
GOIÂNIA
Tacna
Oruro
SANTA CRUZ DE LA SIERRA
Corumbá
Minas Gerais
Sucre
Mato Grosso do Sul
BELO HORIZONTE
Iquique
Campo Grande
Espírito Santo
Vitória
São Paulo
PARAGUAY
Londrina
Campinas
Rio de Janeiro
Ilhas Martim Vaz (Bras.)
Antofagasta
Asunción
Paraná
SÃO PAULO
RIO DE JANEIRO
Santos
Salta
Foz do Iguaçu
CURITIBA
Südlicher Wendekreis
Islas de los Desventurados (Chile)
Encarnación
Copiapó
San Miguel de Tucumán
Resistencia
Posadas
Santiago del Estero
Corrientes
Santa Catarina
La Serena
Canoas
PORTO ALEGRE
Sala-y-Gómez (Chile)
PAZIFISCHER
CHILE
San Juan
CÓRDOBA
Santa Fé
Rio Grande do Sul
Paraná
Pelotas
Osterinsel (Chile)
Valparaíso
Mendoza
ROSARIO
URUGUAY
Juan-Fernández-Inseln (Chile)
SANTIAGO
BUENOS AIRES
MONTEVIDEO
La Plata
Talca
ARGENTINIEN
Santa Rosa
Concepción
Mar del Plata
Neuquén
Bahía Blanca
ATLANTISCHER
Puerto Montt
Viedma
Tristan da Cunha (Brit.)
Rawson
OZEAN
Pto.Aisén
Comodoro Rivadavia
OZEAN
Falkland-Inseln (Brit.)
Stanley
Río Gallegos
Punta Arenas
Ushuaia
Süd-Georgien (Brit.)
Pto.Williams
Süd-Orkney-Inseln (Brit.)
Süd-Sandwich-Inseln (Brit.)
Süd-Shetland-Inseln (Brit.)
Bouvet øy (Nor.)
ANTARKTIS
Sargasso-see
Nördlicher Wendekreis
ATLANTISCHER
KAP VERDE
Praia
OZEAN
Äquator

Fa 95°
Fb 90°
Fc 85°
Fd 80°
Ga 75°
Gb 70°
Gc 65°
15°
16
10°
17
5°
18
0°
19
5°
20
10°
21
15°
22
20°
23
100°
MEXIKO
Oaxaca
Puerto Ángel
Golf von Tehuantepec
Chiapas
Tapachula
Quezaltenango
CD. DE GUATEMALA
GUATEMALA
Mazatenango
Escuintla
Sta.Ana
SAN SALVADOR
EL SALVADOR
San Miguel
HONDURAS
Juticalpa
TEGUCIGALPA
Choluteca
Ocotal
Matagalpa
NICARAGUA
León
MANAGUA
Granada
Lago de Nicaragua
Golfo de Fonseca
Golfo de Papagayo
Liberia
Nicoya
Puntarenas
COSTA RICA
Alajuela
Puerto Limón
San José
Cabo Blanco
Golfo de los Mosquitos
Colón
Panamá Canal
Panamá
La Chorrera
David
PANAMA
Golf von Panama
Puerto Armuelles
Santiago
Chitré
Punta Mala
Punta Burica
Punta Naranjas
Yaviza
Bluefields
Bahía de San Juan del Norte
Puerto Cabezas
Costa de Miskitos
Cabo de Gracias a Dios
I.de Providencia (Kol.)
I.de San Andrés (Kol.)
Banco de Serrana (Kol.)
Mittelamerikanischer Graben
Guatemala-becken
Kokosinsel (Costa Rica)
Cocosrücken
Isla de Malpelo (Kol.)
Galápagosrücken
Archipiélago de Colón/ Galápagos-Inseln (Ecuador)
I.Marchena
I.San Salvador
I.Santa Cruz
I.Fernandina
I.Isabela
I.San Cristóbal
I.Santa María
I.Española
Äquator
PAZIFISCHER
OZEAN
Perubecken
Peru-Chile-Graben
Galápagosschwelle
Nazcarücken
Chilebecken
Atacamagraben
Südlicher Wendekreis
Kolumbienbecken
Karibisches Meer
Venezuelabecken
Kleine Antillen
Inseln unter dem Winde
Aruba (NL)
Oranjestad
Niederländ. Antillen (NL)
Curaçao
Bonaire
Willemstad
Punta Gallinas
Riohacha
Maicao
Punto Fijo
Santa Marta
BARRANQUILLA
Soledad
Sabanalarga
Cartagena
Fundación
Arjona
MARACAIBO
Cabimas
Valledupar
Maracaibo-see
Coro
Puerto Cabello
CARACAS
Guarenas
Cumaná
Barquisimeto
VALENCIA
Maracay
Barcelona
Puerto la Cruz
Ciudad Ojeda
Trujillo
Valera
Mérida
Acarigua
Guanare
Barinas
San Carlos
Cord. de Mérida
Sincelejo
Lorica
Magangué
Montería
Turbo
Caucasia
El Banco
Ocaña
Cúcuta
San Cristóbal
Barrancabermeja
Bucaramanga
Pamplona
Arauca
Llanos del Orinoco
VENEZUELA
Ciudad Bolívar
Apure
Orinoco
San Fernando de Apure
Puerto Ayacucho
BERGLAND
Bello
MEDELLÍN
Itagüí
Bahía Solano
Quibdó
Manizales
Pereira
Armenia
Nevado del Ruiz 5325
BOGOTÁ
Ibagué
Tuluá
Villavicencio
Buenaventura
CALI
Palmira
KOLUMBIEN
Nevado del Huila 5750
Popayán
Neiva
Vol. Puracé 4800
Tumaco
Pasto
Florencia
San José del Guaviare
Esmeraldas
Vol. Cumbal 4764
Ibarra
QUITO
Cayambe 5790
Volcán Cotopaxi 5897
Sto. Domingo d.l.Colorados
Manta
Portoviejo
Volcán Chimborazo 6310
Ambato
Riobamba
Milagro
ECUADOR
GUAYAQUIL
Vol. Sangay 5230
Golfo de Guayaquil
Cuenca
Azogues
Tumbes
Machala
Loja
Talara
Sullana
Piura
Chiclayo
Cajamarca
Jaén
Chachapoyas
Moyobamba
Tarapoto
Trujillo
Chimbote
Casma
Huaraz
Nevado Huascarán 6768
Huánuco
Cerro de Pasco
Barranca
Huacho
Huaral
Callao
LIMA
Tarma
La Oroya
Huancayo
Huancavelica
Ayacucho
Chincha Alta
Pisco
Ica
Palpa
Nazca
Abancay
Cuzco
Nev. Ausangate 6400
Sicuani
Nev. Coropuna 6424
Nev. Ampato 6314
Arequipa
Camaná
Moquegua
Tacna
Arica
Iquique
Tocopilla
Antofagasta
CHILE
Calama
Desierto de Atacama
Vol. Llullaillaco 6739
Titicacasee
Puno
Juliaca
LA PAZ
COCHABAMBA
Oruro
Potosí
Sucre
SANTA CRUZ DE LA SIERRA
BOLIVIEN
Uyuni
Salar de Uyuni
ARGENTINIEN
Jujuy
San Salvador de Jujuy
Salta
PERU
Iquitos
Nauta
Requena
Pucallpa
Cordillera Oriental
Cordillera Central
Cordillera Occidental
Montaña
Amazonas
Amazonastiefland
Leticia
Benjamin Constant
Rio Negro
Rio Branco
Acre
Cruzeiro do Sul
Puerto Maldonado
Madre de Dios
Llanos de Mojos
Altiplano
Pico da Neblina 2994
Marañón
Ucayali
Putumayo
Napo
Caquetá
Japurá
Juruá
Purus
Boca do Acre
Porto Velho
Guajará-Mirim
Rondônia
Trinidad
Riberalta
Cobija
Carauari
Humaitá
0 160 320 km

ATLANTISCHER
OZEAN
Guyana-becken
Demerara-Tiefsee-Ebene
Guyanaplateau
Amazonasschwemmkegel
Demeraraplateau
Amazonasschelf
Mittelatlantischer Rücken
Ceara-Tiefsee-Ebene
Pernambuco-Tiefsee-Ebene
Brasilianisches Becken
Trindaderücken
Äquator
Südlicher Wendekreis
GUYANA
SURINAME
Französisch Guayana (Fr.)
BARBADOS
Bridgetown
ST.LUCIA
Castries
ST.VINCENT UND DIE GRENADINEN
Kingstown
TRINIDAD UND TOBAGO
Georgetown
Paramaribo
Cayenne
BRASILIEN
PARAGUAY
Asunción
MANAUS
BELÉM
FORTALEZA
RECIFE
SALVADOR
BRASÍLIA
Distrito Federal
GOIÂNIA
BELO HORIZONTE
RIO DE JANEIRO
SÃO PAULO
CURITIBA
Amapá
Pará
Maranhão
Ceará
Piauí
Rio Grande do Norte
Paraíba
Pernambuco
Alagoas
Sergipe
Bahia
Tocantins
Goiás
Mato Grosso
Mato Grosso do Sul
Minas Gerais
Espírito Santo
São Paulo
Paraná
Macapá
Santarém
São Luís
Teresina
Natal
João Pessoa
Maceió
Aracaju
Vitória
Cuiabá
Campo Grande
Palmas
Santos
Amazonas
Tocantins
Planalto do Mato Grosso
PLANALTO CENTRAL
Brasilianisches Bergland
Pantanal
Ilha Fernando de Noronha (Bras.)
Atol das Rocas
S.Paulo e S.Pedro
Ilha da Trindade
Ilha Martim Vaz
60° Ha 55° Hb 50° Hc 45° Hd 40° Ja 35° Jb 30° Jc 25°
15° 16 10° 17 5° 18 0° 19 5° 20 10° 21 15° 22 20° 23

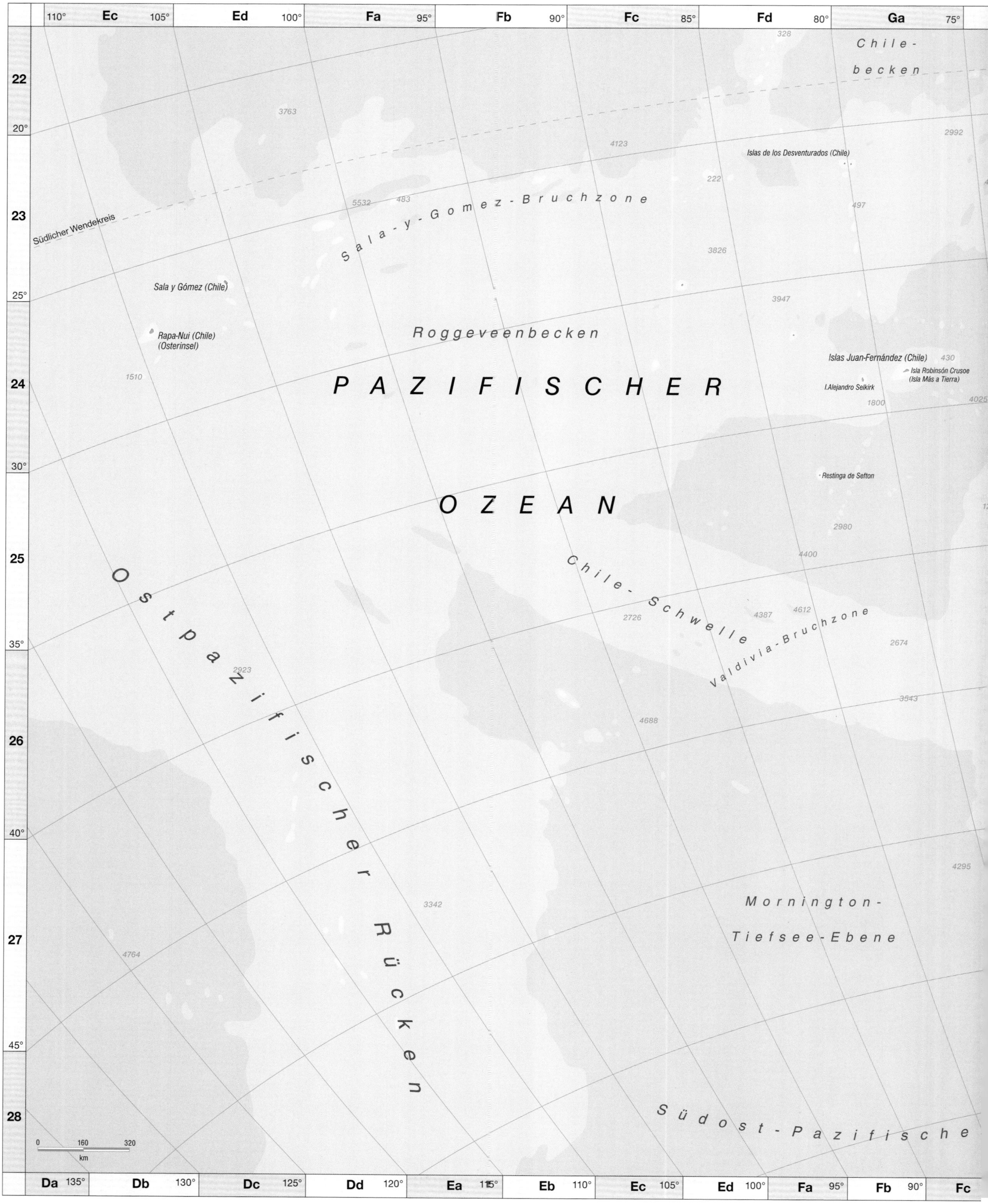
110°
Ec
105°
Ed
100°
Fa
95°
Fb
90°
Fc
85°
Fd
80°
Ga
75°
22
20°
23
25°
24
30°
25
35°
26
40°
27
45°
28
Chile-
becken
Islas de los Desventurados (Chile)
Sala-y-Gomez-Bruchzone
Südlicher Wendekreis
Sala y Gómez (Chile)
Rapa-Nui (Chile)
(Osterinsel)
Roggeveenbecken
PAZIFISCHER
OZEAN
Islas Juan-Fernández (Chile)
Isla Robinsón Crusoe
(Isla Más a Tierra)
I.Alejandro Selkirk
Restinga de Sefton
Chile-Schwelle
Valdivia-Bruchzone
Ostpazifischer Rücken
Mornington-
Tiefsee-Ebene
Südost-Pazifische
328
3763
4123
2992
222
5532
483
497
3826
3947
430
1510
1800
4025
2980
4400
4612
4387
2726
2674
2923
3543
4688
4295
3342
4764
0
160
320
km
Da
135°
Db
130°
Dc
125°
Dd
120°
Ea
115°
Eb
110°
Ec
105°
Ed
100°
Fa
95°
Fb
90°
Fc

PARAGUAY
BRASILIEN
URUGUAY
ARGENTINIEN
ATLANTISCHER OZEAN
Argentinisches Becken
Argentinische Tiefsee-Ebene
Falklandsteilabfall
Falklandplateau
Südgeorgienbecken
Scotiarücken
Burdwoodbank
Südantillenmeer
Drakestraße
Süd-Scotia-Rücken
Süd-Sandwich-Graben
Südlicher Wendekreis
Rio-Grande-Plateau
Falkland-Inseln (Brit.)
Falkland-Inseln (Islas Malvinas)
West Falkland
East Falkland
Stanley
Süd-Georgien (Brit.)
Süd-Georgien
Grytviken
C.Alexandra
C.Disappointment
Süd-Orkney-Inseln (Brit.)
Süd-Orkney-Inseln
Coronation I.
Laurie I.
Süd-Shetland-Inseln
Elephant Island
Clarence I.
King George I.
Livingston I.
Bransfield Strait
I.d'Urville
I.Joinville
Süd-Sandwich-Inseln (Brit.)
Süd-Sandwich-Inseln
Travers Islands
Saunders I.
Montagu I.
Bristol I.
Thule I.
Feuerland
Tierra del Fuego
Kap Hoorn
Ushuaia
Pto.Williams
Rio Grande
Rio Gallegos
Santa Cruz
Chubut
Rio Negro
Neuquén
La Pampa
Mendoza
San Luis
San Juan
Córdoba
Santa Fé
Buenos Aires
BUENOS AIRES
MONTEVIDEO
Rio de la Plata
La Plata
Mar del Plata
Bahía Blanca
Rosario
Corrientes
Entre Rios
Chaco
Formosa
Asunción
Salta
Jujuy
Tucumán
Catamarca
La Rioja
Santiago del Estero
Misiones
Posadas
Rio Grande do Sul
PORTO ALEGRE
Santa Catarina
Florianópolis
Paraná
CURITIBA
SÃO PAULO
RIO DE JANEIRO
Santos
Campinas
Pelotas
Lagoa dos Patos
Lagoa Mirim
SANTIAGO
Valparaíso
Antofagasta
Atacamagraben
Cord. Patagónica
Trelew
Rawson
Comodoro Rivadavia
Caleta Olivia
Puerto Deseado
Pto.San Julián
Magellanstraße
Punta Arenas
Pto.Natales
Golfo San Matías
Golfo San Jorge
Península Valdés
23
24
25
26
27
28
29
30
25°
30°
35°
40°
45°
50°
55°
Gc
Gd
Ha
Hb
Hc
Hd
Ja
Ga
Gb
Jb
Jc
Jd
Ka

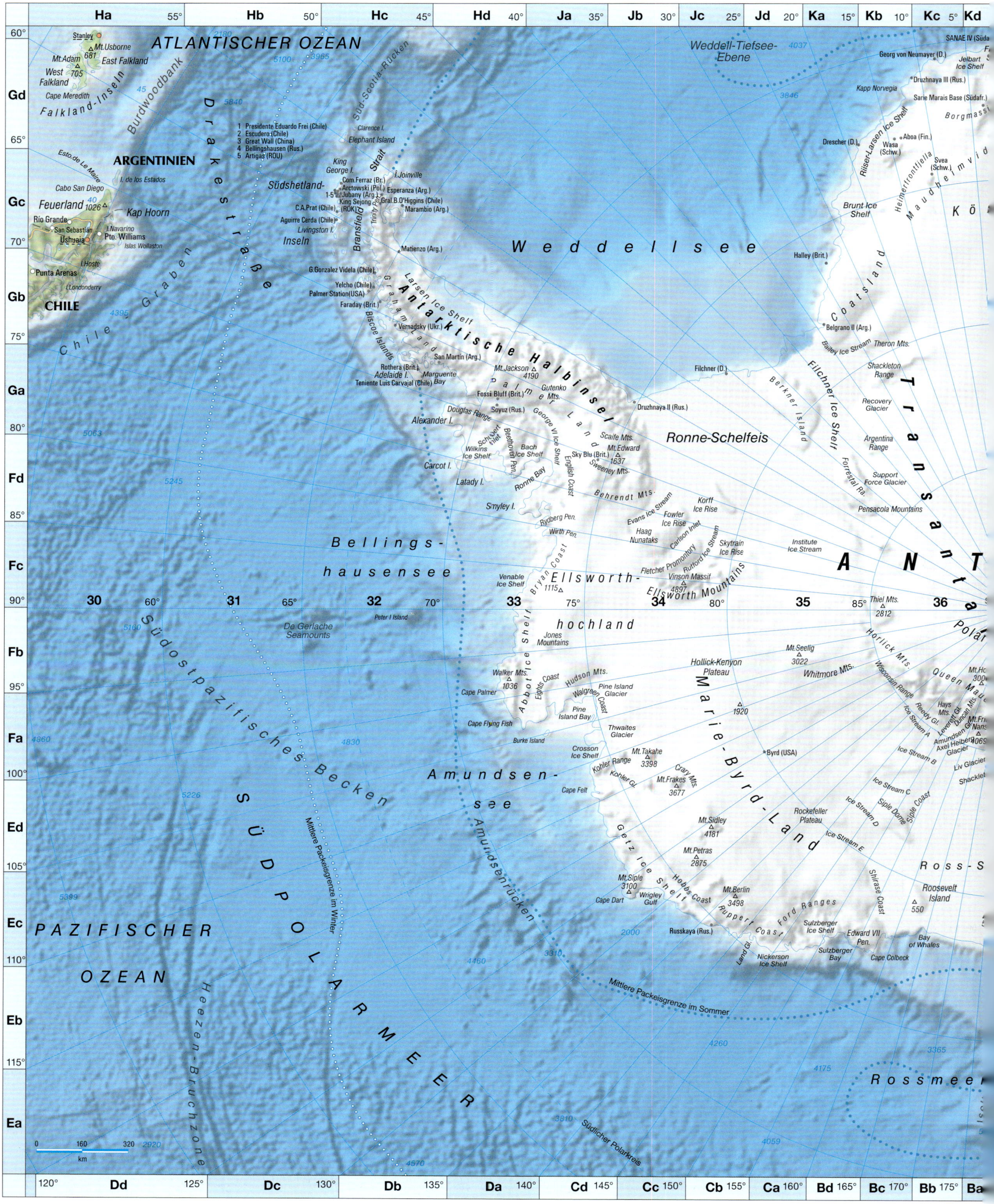
ATLANTISCHER OZEAN
Weddell-Tiefsee-Ebene
Falkland-Inseln
Burdwoodbank
Drakestraße
Süd-Scotia-Rücken
ARGENTINIEN
Südshetland-Inseln
Feuerland
Kap Hoorn
Chile Graben
CHILE
Weddellsee
Antarktische Halbinsel
Larsen Ice Shelf
Palmer Land
Ronne-Schelfeis
Filchner Ice Shelf
Coatsland
Transantarktis
Bellingshausensee
Ellsworth-hochland
Ellsworth Mountains
Marie-Byrd-Land
Amundsensee
Amundsenrücken
Südostpazifisches Becken
SÜDPOLARMEER
PAZIFISCHER OZEAN
Heezen-Bruchzone
Mittlere Packeisgrenze im Winter
Mittlere Packeisgrenze im Sommer
Südlicher Polarkreis
Rossmeer
Ross-S
Queen Maud
Horlick Mts.
Siple Coast
Shirase Coast
Getz Ice Shelf
Hobbs Coast
Ruppert Coast
Ford Ranges
Walgreen Coast
Eights Coast
Bryan Coast
English Coast
Abbot Ice Shelf
Alexander I.
Adelaide I.
Mt.Jackson 4190
Vinson Massif 4897
Mt.Sidley 4181
Mt.Takahe 3398
Mt.Frakes 3677
Mt.Siple 3100
Mt.Berlin 3498
Mt.Petras 2875
Byrd (USA)
Halley (Brit.)
Belgrano II (Arg.)
Filchner (D.)
Druzhnaya II (Rus.)
Russkaya (Rus.)
Roosevelt Island
Ha Hb Hc Hd Ja Jb Jc Jd Ka Kb Kc Kd
Dd Dc Db Da Cd Cc Cb Ca Bd Bc Bb Ba
30 31 32 33 34 35 36
0 160 320 km

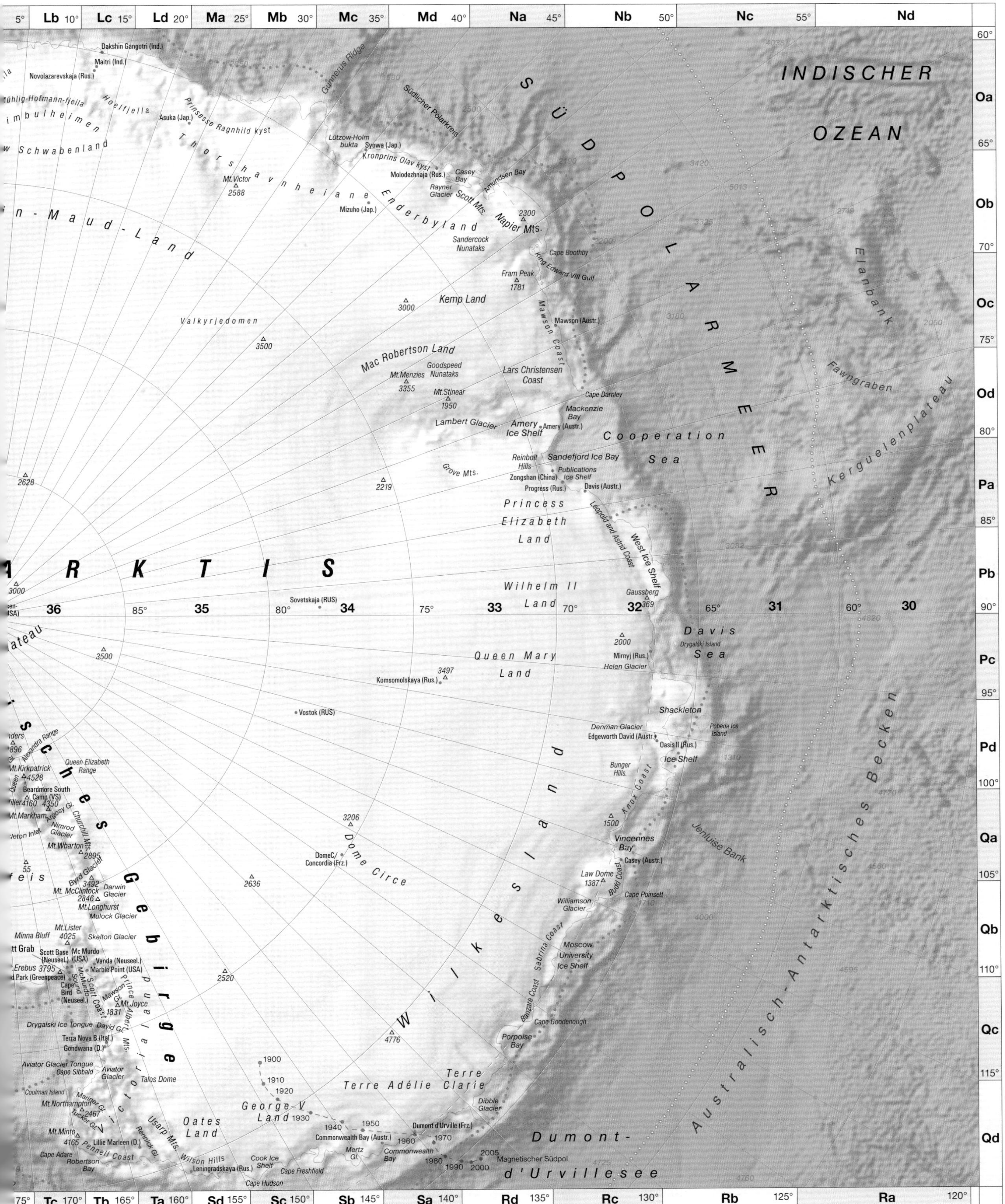
INDISCHER
OZEAN
SÜDPOLARMEER
Cooperation Sea
Davis Sea
Dumont-d'Urvillesee
Südlicher Polarkreis
Gunnerus Ridge
Elanbank
Fawngraben
Kerguelenplateau
Australisch-Antarktisches Becken
JenJuise Bank
Dakshin Gangotri (Ind.)
Maitri (Ind.)
Novolazarevskaja (Rus.)
Hoelfjella
Asuka (Jap.)
Prinsesse Ragnhild kyst
Thorshavnheiane
Mt.Victor 2588
Lützow-Holm bukta
Syowa (Jap.)
Kronprins Olav kyst
Molodezhnaja (Rus.)
Casey Bay
Amundsen Bay
Rayner Glacier
Scott Mts.
Mizuho (Jap.)
Enderbyland
Napier Mts.
2300
Sandercock Nunataks
Cape Boothby
King Edward VIII Gulf
Fram Peak 1781
Kemp Land
3000
Mawson Coast
Mawson (Austr.)
Valkyrjedomen
3500
Mac Robertson Land
Goodspeed Nunataks
Mt.Menzies 3355
Mt.Stinear 1950
Lars Christensen Coast
Cape Darnley
Mackenzie Bay
Lambert Glacier
Amery Ice Shelf
Amery (Austr.)
Reinbolt Hills
Sandefjord Ice Bay
Publications Ice Shelf
Zongshan (China)
Progress (Rus.)
Davis (Austr.)
Grove Mts.
2219
2628
Princess Elizabeth Land
Leopold and Astrid Coast
West Ice Shelf
Wilhelm II Land
Gaussberg 369
ARKTIS
3000
Sovetskaja (RUS)
36
85°
35
80°
34
75°
33
70°
32
65°
31
60°
30
3500
Queen Mary Land
2000
Mirnyj (Rus.)
Helen Glacier
Drygalski Island
3497
Komsomolskaja (Rus.)
Vostok (RUS)
Shackleton
Denman Glacier
Edgeworth David (Austr.)
Pobeda Ice Island
Oasis II (Rus.)
Ice Shelf
Bunger Hills
Knox Coast
1500
Vincennes Bay
Casey (Austr.)
Law Dome 1387
Budd Coast
Cape Poinsett
Williamson Glacier
3206
DomeC/ Concordia (Frz.)
Dome Circe
2636
Wilkesland
Sabrina Coast
Moscow University Ice Shelf
2520
Banzare Coast
Cape Goodenough
Porpoise Bay
4776
Alexandra Range
Queen Elizabeth Range
Mt.Kirkpatrick 4528
Beardmore South Camp (VS)
4160 4350
Mt.Markham
Nimrod Glacier
Churchill Mts.
Mt.Wharton 2895
Byrd Glacier
3492
Darwin Glacier
Mt. McClintock 2846
Mt.Longhurst
Mulock Glacier
Mt.Lister 4025
Minna Bluff
Skelton Glacier
Scott Base (Neuseel.)
Mc Murdo (USA)
Vanda (Neuseel.)
Marble Point (USA)
Erebus 3795
Cape Bird
Scott Coast
Mawson Gl.
Prince Albert Mts.
Mt.Joyce 1831
Drygalski Ice Tongue
David Gl.
Terra Nova B.(Ital.)
Gondwana (D.)
Aviator Glacier Tongue
Cape Sibbald
Aviator Glacier
Talos Dome
Coulman Island
Mariner Gl.
Mt.Northampton 2461
Tucker Gl.
Mt.Minto 4165
Lillie Marleen (D.)
Pennell Coast
Cape Adare
Robertson Bay
Rennick Gl.
Usarp Mts.
Wilson Hills
Leningradskaja (Rus.)
Cook Ice Shelf
Cape Freshfield
Cape Hudson
Oates Land
George V Land
Terre Adélie
Terre Clarie
Dibble Glacier
Dumont d'Urville (Frz.)
Commonwealth Bay (Austr.)
Commonwealth Bay
Mertz Gl.
Magnetischer Südpol
1900
1910
1920
1930
1940
1950
1960
1970
1980
1990
2000
2005
Lb 10°
Lc 15°
Ld 20°
Ma 25°
Mb 30°
Mc 35°
Md 40°
Na 45°
Nb 50°
Nc 55°
Nd
60°
Oa
65°
Ob
70°
Oc
75°
Od
80°
Pa
85°
Pb
90°
Pc
95°
Pd
100°
Qa
105°
Qb
110°
Qc
115°
Qd
Tc 170°
Tb 165°
Ta 160°
Sd 155°
Sc 150°
Sb 145°
Sa 140°
Rd 135°
Rc 130°
Rb 125°
Ra 120°

Dd
Dc
Db
Da
Cd
Cc
Cb
Ca
Bd
Bc
Bb
Ea
Eb
Ec
Ed
Fa
Fb
Fc
Fd
Ga
Gb
Gc
Gd
Ha
Hb
Hc
Hd
Ja
Jb
Jc
Jd
Ka
Kb
Kc
07
06
05
04
03
02
01
Tschuktschensee
Tschuktschenschwelle
Beaufortsee
Kanadisches
NORDPOL
Becken
Alphakordillere
Zentralarktis
Lomonossow
British Columbia
ROCKY MOUNTAINS
Mackenzie Mts.
Yukon Territory
Alaska (USA)
BROOKS RANGE
Arctic Plains
Northwest Territories
Alberta
Saskatchewan
Manitoba
KANADA
Barren Grounds
Nunavut
Großer Sklavensee
Großer Bärensee
Athabascasee
Yellowknife
Edmonton
Victoria-Insel
Banks-Insel
Melville Island
Prince Patrick Island
Parry Islands
Königin-Elisabeth-Inseln
Sverdrup Islands
Axel Heiberg Island
Ellesmere-Insel
Devon Island
Lincoln Sea
Nares Strait
Verlauf des magnetischen Nordpols
Hudson Bay
Foxe Basin
Melville Peninsula
Southampton Island
Baffin-Insel
Baffin Bay
Baffin Basin
Davisstraße
Hudsonstraße
Ungava-Halbinsel
Ungava Bay
Labrador
Labradorsee
Labradorbecken
Neufundland und Labrador
Québec
Grönland
Kalaallit Nunaat
(Dän.)
Knud Rasmussen Land
Peary Land
Kronprins Christian Land
Kong Frederik VIII Land
Kong Christian X Land
Kong Christian IX Land
Kong Frederik IX Land
Nördlicher Polarkreis
Nuuk/Godthåb
Grönlandsee
Norwegen
Jan Mayen (Nor.)
Islandplateau
Alert
Thule
Upernavik
0
160
320
km

Tc
Tb
Ta
Sd
Sc
Sb
Sa
Rd
Rc
Rb
Ra
Qd
Qc
Qb
Qa
Pd
Pc
Pb
Pa
Od
Oc
Ob
Oa
Lb
Lc
Ld
Ma
Mb
Mc
Md
Na
Nb
Nc
Nd
01
02
03
04
05
06
07
Ostsibirische See
Kolyma-Tiefebene
Alazejskoe ploskogor'e
Tscherskigebirge
Werchojansker Gebirge
Janskoe ploskogor'e
Jana-Indigirka-Tiefebene
Neusibirische Inseln
Laptewsee
Lena Delta
Jakutsk
Republik Sacha
Central'nojakutskaja ravnina
Aldanskoe nagor'e
Stanowoigebirge
Jablonowyjgebirge
Burjatien
Baikalsee
CHINA
Bratsk
Angara
Mittelsibirisches Bergland
Anabarskoe plato
Tajmyr-Halbinsel
Sewernaja Semlja
RUSSLAND
SIBIRIEN
Noril'sk
Dudinka
Jenissej
plato Putorana
KRASNOJARSK
Chakassien
KEMEROVO
Tomsk
NOVOSIBIRSK
Ketsko-Tymskaja ravnina
Gydanskij p-ov
p-ov Jamal
Obbusen
Karasee
Novaja Zemlja
Franz-Joseph-Land (Rus.)
Barentssee
Pečorskoe more
Westsibirisches Tiefland
Surgut
Nižnevartovsk
Hanty-Mansijsk
OMSK
Tjumen'
Kurgan
Petropavlovsk
KASACHSTAN
JEKATERINBURG
ČELJABINSK
Magnitogorsk
Orsk
URAL
PERM'
Republik der Komi
Syktyvkar
Vorkuta
Arhangel'sk
Severodvinsk
Weißes Meer
Kola-Halbinsel
Murmansk
NORWEGEN
FINNLAND
Lappland
Spitzbergen (Nor.)
Bäreninseln (Nor.)
Frambecken
Mittlere Packeisgrenze im Sommer
Mittlere Packeisgrenze im Winter
Nördlicher Polarkreis
Timanskij krjaž
Lofotenbecken
Udmurtien
Baschkortostan

Hudson Bay
Baffin-Insel
Hudsonstraße
Southampton-Insel
Halbinsel Ungava
Labrador
Coast of Labrador
James Bay
NORDAMERIKA
Les Laurentides
Appalachen
Grönland
Godthåb/Nûk
Kap Farvel
Labradorsee
Labrador-becken
Cape St. Charles
Neufundland
Sankt-Lorenz-Golf
St. Pierre und Miquelon
Neufund-land-bank
Nova Scotia
Halifax
Québec
St.-Lorenz-Strom
Huronsee
Oberer See
Michigansee
Ontariosee
Eriesee
Chicago
Boston
Cape Cod
New York
Washington D.C.
St. Louis
Ohio
Tennessee
Mississippi
Cape Hatteras
Golfküstenebene
Jacksonville
New Orleans
Florida
Kap Canaveral
Mexikanisches Becken
Golf von Mexiko
Miami
Floridastraße
Havanna (La Habana)
Kuba
Bahama-Inseln
Mérida
Yucatán
Caymangraben
Große Antillen
Jamaika
Hispaniola
Puerto Rico
Puerto-Rico-Graben
Milwaukeetiefe
Guadeloupe
Dominica
Barbados
Trinidad
Kleine Antillen
Karibisches Meer
Guatemala
San Salvador
Managua
Nicaraguasee
San José
Panamá
Punta Gallinas
Maracaibo
Caracas
Orinoco
Llanos del Orinoco
Bergland von Guayana
Georgetown
Paramaribo
Mt.Roraima 2810
Pico da Neblina 3014
Bogotá
Nev.del Huila 5750
Golf von Panamá
Kokosinsel
Cocosrücken
Malpelo
Carnegie-schwelle
Galápagos-Inseln
Quito
Chimborazo 6310
Rio Negro
Amazonastiefland
Amazonas
Manaus
Marajó
Belém
Iquitos
Selvas
Madeira
Tapajós
Xingu
Tocantins
Pta. Negra
Pôrto Velho
Sertão
São Francisco
Fortaleza
Fernando de Noronha
Cabo de São Roque
Natal
Recife
Huascarán 6768
Peru-graben
Peru-becken
Lima
Yungas
SÜDAMERIKA
Planalto Central
Brasilianisches Bergland
Titicacasee
La Paz
Altiplano
Atacama
Brasília
Belo Horizonte
Pico da Bandeira 2890
Salvador
Pantanal
Paraguay
Paraná
Serra do Mar
Rio de Janeiro
São Paulo
Gran Chaco
Asunción
Uruguay
Porto Alegre
Desventuradas-Inseln
Nev. Ojos del Salado 6887
Atacamagraben
PAZIFISCHER OZEAN
Juan-Fernández-Inseln
Aconcagua 6963
Córdoba
Santiago
Pampas
Montevideo
Buenos Aires
Rio de la Plata
Chile-becken
Bahía Blanca
Rio Negro
Chile-Schwelle
Chiloé
Chonos-Archipel
Península Valdés
San Valentín 4058
Patagonien
Anden
Falkland-Inseln
Punta Arenas
Magellanstraße
Feuerland
Kap Hoorn
Drakestraße
Süd-Scotia-Rücken
Südgeorgien
Meteortiefe 8264
Argentinisches Becken
Rio-Grande-Plateau
Trindadeschwelle
Südlicher Wendekreis
Nordamerikanisches Becken
Bermuda-Inseln
Sargassosee
Neufundlandbecken
ATLANTISCHER OZEAN
Nördlicher Wendekreis
Mittelatlantischer Rücken
Reykjanesrücken
Island
Islandbecken
Westeuropäisches Becken
Iberisches Becken
Azoren
Azoren-Gibraltar-Schwelle
Kanarisches Becken
Madeira
Kanaren
Kap Blanc
Kapverdenplateau
Kapverden
Kapverdisches Becken
Guayanabecken
Paraschwelle
Äquator
Sierra-Leone-Schwelle
Sierra-Leone-Becken
Romanche-tiefe
Ascension
Brasilianisches Becken
Angolabecken
Guineaschwelle
Sankt Helena
Walfischrücken
Kapbecken
Tristan-da-Cunha Gruppe
Gough
Färöer-Inseln
Europäisches Nordmeer
Britische Inseln
Shetland-Inseln
Skandinavien
Vänern
Nordsee
Irland
Groß-britannien
London
Berlin
Elbe
Rhein
Der Kanal
Paris
Donau
EUROPA
Alpen
Mont Blanc 4810
Loire
Rhône
Golf von Biscaya
Cabo Finisterra
Pyrenäen 3404
Ebro
Korsika
Apenninen
Duero
Madrid
Tejo
Lissabon
Sardinien
Rom
Balearen
Mittelmeer
Sizilien
Cabo de São Vicente
Sierra Nevada
Straße von Gibraltar
Algier
Rabat
Casablanca
Atlas
Tripolis
Großer Westlicher Erg
Großer Östlicher Erg
Erg Chech
Tassili N'Ajjer
Fezzan
Hoggar 2918 Tahat
Sahara
Tibesti 3415 Emi Koussi
AFRIKA
Nouakchott
Senegal
Dakar
Cap Vert
Niger
Nigerbecken
Aïr ou Azbine 2022
Ténéré
Bamako
Niamey
Tschad-see
Ouagadougou
N'Djamena
Conakry
Lomaberge 1948
Yamoussoukro
Accra
Abuja
Benue
Oberguinea
Monrovia
Abidjan
Lagos
C. Palmas
Golf von Guinea
Kamerunberg 4095
Bioko
Libreville
São Tomé
Cap Lopez
Pagalu (Annabón)
Kongo
Niederguinea
Brazzaville
Kinshasa
Luanda
Benguela
C. Fria
Namib
Windhuk
Kapstadt
Kap der Guten Hoffnung
0 700 1400 km

40°
Na
50°
Nb
60°
Oa
70°
Ob
80°
Pa
90°
Pb
100°
Qa
110°
Qb
06
07
08
09
10
11
12
13
14
15
30°
20°
10°
0°
40°
50°
Al Basra
Schatt al Arab
Nefud
Kuwait
Zagrosgebirge
Persischer Golf
Beluchistan
Indus
Wüste Tharr
Neu-Delhi
HIMALAYA
Brahmaputra
8850
Mount Everest
Gangesebene
Ganges
Gongga Shan
7576
Wuhan
Jangtsekiang
Arabische Halbinsel
Riad
Abu Dhabi
G. von Oman
Maskat
3017
Ras al-Hadd
Karachi
ASIEN
Dhaka
Kunming
Perlfluss
Kanton
Hongkong
Nördlicher Wendekreis
Nedjd
Mekka
Narmada
Kalkutta
Indien
Irrawadi
Hanoi
G. von Tonking
Rotes Meer
Ar Rub' al Khali
(Große Arabische Wüste)
Murrayrücken
Arabisches Meer
Bombay
Mumbai
Westghats
Dekkan
Ostghats
Hyderabad
Golf von Bengalen
Vientiane
1867
Hainan
Südchinesisches Becken
Kuria Muria Inseln
3915
Rangun
Hinterindien
Mekong
Bab al Mandab
Ras Dashan
4620
Tanasee
Aden
Golf von Aden
Sokotra
Kap Guardafui
3390
Arabisches Becken
Lakkadiven
Chennai
Madras
3225
Andamanen
Bangkok
Phnom Penh
Hochland
Addis Abeba
von Äthiopien
Ogaden
2695
Palkstraße
Thiruvananthapuram
K. Comorin
Ceylon
2524
Colombo
Dondra Head
Andamanensee
Golf v. Thailand
Ho-Chi-Minh-Stadt
Südchinesisches Meer
Kap Ca Mau
Nikobaren
AFRIKA
Webi Shebeli
5875
Malaiische Halbinsel
Malakkastraße
Kuala Lumpur
Singapur
Borneo
Kapuas
Juba
Mogadischu
3028
Somalibecken
Malediven
Zentralindischer Rücken
Zentralindisches Becken
Äquator
Mentawai-Inseln
Sumatra
Indonesien
Kilimandscharo
5895
Mombasa
5340
Victoria
Seychellen
1549
3798
Banjarmasin
Große Sunda-Inseln
Javasee
Sansibar
Daressalam
Amiranten
Tschagos-Inseln
Jakarta
Java
Aldabra
Farquhar
Maskarenenplateau
Tschagos-Lakkadiven-Rücken
Bengalischer Rücken
Sundagraben
7450
Planettiefe
K. Delgado
Kap d'Ambre
Agalega-Inseln
6492
Kokos-Inseln
Planalto
Komoren
Maskarenenbecken
1595
Nordaustralisches Becken
Moçambicano
Nampula
2876
Cargados-Carajos-Inseln
Nordwestaustralisches Becken
6370
Madagaskar
Antananarivo
4931
I. Rodriguez
734
Kap Nord-West
Mauritius
Réunion
Maskarenen
Straße von Mosambik
2658
Südlicher Wendekreis
AUSTRALIEN
Madagaskarbecken
870
Westaustralisches Becken
Kap Ste-Marie
4050
Mosambikbecken
Bruchplateau
Perth
Madagaskarrücken
20
Diamantinatiefe
6857
Kap Leeuwin
6291
Südwestindischer Rücken
INDISCHER OZEAN
Diamantinagraben
7102
Amsterdam
Saint Paul
5625
Crozetrücken
Indisch-Antarktischer Rücken
Prinz-Eduard-Inseln
Crozet-Inseln
Kerguelen
Kerguelenplateau
Mc Donald
Heard
0
500
1000
km

Pb 100°
Qa 110°
Qb 120°
Ra 130°
Rb 140°
Sa 150°
Sb 160°
Ta 170°
Tb 180°
Ba 170°
04
05
06
07
08
09
10
11
12
13
14
50°
40°
30°
20°
10°
0°
10°
20°
30°
40°
Bratsk
Lena-Angarskoe plato
Baikalsee
Irkutsk
Jablonowyjgebirge
Stanowoigebirge
Amur
Schantar-Inseln
Ochotskisches Meer
Kamtschatka
Kommandeur-Inseln
Beringmeer
Alëuten
Alëutengraben
Ulan Bator
Mongolischer Altai
Gobialtai
GOBI
Großer Chingan
Kleiner Chingan
Habarowsk
Sichote-Alin
Mandschurei
Sachalin
m. Lopatka
Kurilen
Kurilengraben
Hokkaido
2290
Wladiwostok
Japanisches Meer
Peking
Qilian Shan
ASIEN
Halbinsel Korea
Seoul
Gelbes Meer
Honshu
Fujisan
3776
Tokio
Nordwest-pazifisches Becken
Obrutschewschwelle
Lanzhou
Xi'an
Huang He
Große Ebene
Koreastraße
Shikoku
Kyushu
Wuhan
Shanghai
Ostchinesisches Meer
Gongga Shan
7556
Jangtsekiang
Ryukyu-Inseln
Ryukyugraben
Südhonshurücken
Japangraben
Bonin-Inseln
PAZIFISCHER
Hawaii
Kure
Midway-Inseln
Lisianski
Südchinesisches Bergland
Wuyi Shan
Taiwanstraße
Taipei
3997
Taiwan (Formosa)
Kunming
Hongshui He
Kanton
Hongkong
Irrawaddy
Hanoi
G. von Tonking
Luzonstraße
Philippinensee
Marcus
Mittelpazifischer Rücken
Vientiane
2452
Hainan
1867
Südchinesisches Becken
Philippinenbecken
Westliches Marianenbecken
Asuncion Island
Wake
Rangun
Hinterindien
Mekong
2934
Luzon
Manila
Alamagan
Östliches Marianenbecken
Taongi-Atoll
Johnston-Inseln
Bangkok
Südchinesisches Meer
Mindoro
Challengertiefe II
Saipan
Garapan
Guam
Marianengraben
Eniwetok-Atoll
Bikini-Atoll
Zentralpazifisches Becken
Andamanensee
Golf von Thailand
Ho-Chi-Minh-Stadt (Saigon)
Panay
Philippinengraben
MIKRONESIEN
Palawan
Negros
Yap-Inseln
Koror
Ulithi-Atoll
Feraulep Atoll
Hall-Inseln
Ujelang-Atoll
Ujae Atoll
Maloelap Atoll
Ralakgruppe
Christmas-Rücken
Mui Ca Mau
Malaiische Halbinsel
Malakkastraße
Meer
Kinabalu
4095
2956
Mindanao
Westliches Karolinenbecken
Karolinen
Wohai-Atoll
Pulap Atoll
Truk-Inseln
Senyavin-Inseln
Palikir
Ailinglapalap Atoll
Dalap-Uliga-Darrit
Majuro Atoll
Bandar Seri Begawan
Celebessee
Östliches Karolinenbecken
Mortlock-Inseln
Kosrae
Sumatra
3404
Singapur
Borneo
Kapuas
Halmahera
MELANESIEN
Kapingamarangi Atoll
Bairiki
Gilbert-Inseln
Howland-Inseln
Molukken
3000
Bismarck-Archipel
Yaren
Banaba
Melanesien-becken
Onotoa
Canton-Atoll
3800
Banjarmasin
3455
Celebes (Sulawesi)
Buru
Seram
Puncak Jaya
5030
Jayapura
Bismarcksee
Neuirland
Nikumaroro
Hull
Phoenix-Inseln
Große Sunda-Inseln
Javasee
Ujung Pandang
Bandasee
Mount Wilhelm
4509
Neubritannien
Jakarta
Java
3332
Kleine Sunda-Inseln
Aru-Inseln
Neuguinea
Lae
Bougainville
Choiseul
Niutao
Tuvalu-Inseln
POL
Sundagraben
Planet-Tiefe
Bali
Lombok
Sumbawa
Sumba
2400
Flores
Dili
Timor
Arafurasee
Dolak
Torresstraße
Port Moresby
D'Entrecasteaux-Inseln
Honiara
Guadalcanal
San Cristóbal
Salomonensee
Louisiade-Archipel
Witjasgraben
Nendo
Funafuti
Vaiaku
Swains
Nassau Insel
Timorgraben
Darwin
Cape York
Rennell
Santa-Cruz-Inseln
Rotuma
Mata Utu
Savai'i
Apia
Samoa-Inseln
Pago Pago
Tafahi
Nordwestaustralisches Becken
Cartier
Timorsee
Arnhemland
Groote Eylandt
Carpentariagolf
Kap York-Halbinsel
Westfidschibecken
Espirito Santo
Malékoula
Neue Hebriden
Efate
Port Vila
Vanua Levu
Viti Levu
Suva
Lau-Gruppe
Ha'apai-Inseln
Kota Gruppe
Alofi
Derby
Kimberleyplateau
Barkly Tableland
Korallensee
Broome
Tanamiwüste
Townsville
Récifs d'Entrecasteaux
Loyalty-Inseln
Tanna
Neuhebridengraben
Tongatapu
Nuku'alofa
Tongagraben
Port Hedland
Große Sandwüste
Great Dividing Range
Chesterfield-Inseln
Neukaledonien
Nouméa
Matthew
Ceva-I-Ra
Kap Nord-West
1236
Hamersley Range
Macdonnell Ranges
1524
Alice Springs
Gibsonwüste
Ayers Rock
863
Simpsonwüste
Südfidschibecken
Witjas-II-Tiefe
Carnarvon
AUSTRALIEN
Großes Artesisches Becken
Fraser Island
Große Victoriawüste
Charleville
Brisbane
Kap Byron
Lake Eyre
-12
Lord-Howe-Schwelle
Norfolkschwelle
Laurücken
Raoul-Inseln
Kermadec-Inseln
Kermadecgraben
Geraldton
Flinders Ranges
Norfolk
Drei-Königs-Tiefen
L'Esperance Rock
Witjas-III-Tiefe
Diamantinatiefe
Perth
Nullarborebene
Broken Hill
Darling
Lord-Howe
Kap Leeuwin
Große Australische Bucht
Adelaide
Sydney
North Cape
Diamantinagraben
Albany
Kangaroo I.
Murray
2228
Mt. Kosciuszko
Canberra
Auckland
East Cape
Südaustralisches Becken
Melbourne
Tasmansee
Nordinsel
2797
Bass-Straße
King I.
Furneaux-Gruppe
Cookstraße
Wellington
1617
Tasmanbecken
Tasmanien
Hobart
South East Cape
Südinsel
3764
Mt. Cook
Christchurch
Neuseeland
Chatham
INDISCHER OZEAN
Tasman-plateau
Dunedin
Bountysenke
Stewart-Insel
Bounty-Inseln
0
600
1200
km

Golf von Alaska
ROCKY MOUNTAINS
Küstengebirge
NORDAMERIKA
Hudson Bay
Labrador
Laurentides
Appalachen
Great Plains
Edmonton
Calgary
Vancouver
Winnipeg
Winnipegsee
Oberer See
Michigansee
Huronsee
Ontariosee
Eriesee
Chicago
Duluth
Ottawa
Québec
Halifax
New York
Washington D.C.
Norfolk
Denver
St. Louis
San Francisco
Los Angeles
San Diego
Phoenix
Ciudad Juárez
El Paso
Dallas
Houston
New Orleans
Jacksonville
Miami
Golf von Mexiko
Westliche Sierra Madre
Östliche Sierra Madre
Hochland von Mexiko
Monterrey
La Paz
Guadalajara
Ciudad de México
Havanna
Mérida
Yucatán
Große Antillen
Kleine Antillen
Karibisches Meer
Guatemala
San Salvador
Managua
Lago de Nicaragua
San José
Panamá
ATLANTISCHER OZEAN
Nordamerikanisches Becken
Bahamas-Inseln
Hispaniola
Puerto Rico
Caracas
Bergland von Guayana
Llanos del Orinoco
Bogotá
Quito
Selvas
Amazonas
Iquitos
Manaus
SÜDAMERIKA
ANDEN
Lima
Titicacasee
La Paz
Atacama
Gran Chaco
Córdoba
Santiago
Pampas
Patagonien
Puerto Montt
Chiloé
Chonos-Archipel
Wellington-Insel
Mendocinostufe
Nordost-pazifisches Becken
Murraystufe
Clariónstufe
Clippertonstufe
Galápagosstufe
Galapagos-Inseln
Cocosrücken
Nazcarücken
Perubecken
Peru-Chile-Graben
Chilebecken
Chile-Schwelle
Ostpazifischer Rücken
Sala-y-Gomez-Bruchzone
Osterinsel
Pitcairn
Adamstown
Tuamotu-Inseln
Gesellschafts-Inseln
Papeete
Tahiti
Tubuai-Inseln
Marquesas-Inseln
Hawaii
Nördlicher Wendekreis
Äquator
Südlicher Wendekreis
OZEAN
NESIEN
PAZIFISCHER OZEAN
Südpazifisches Becken
Juan-Fernández-Inseln
Desventuradas-Inseln
Clipperton
Albatross-plateau
Kokosinsel
Malpelo
Mittelamerikanischer Graben

180°
160°
140°
120°
100°
80°
60°
40°
20°
80°
Ellesmere-Insel
Grönland (Dänemark)
Jan Mayen (Nor.)
Victoria-Insel
Baffin-Insel
Nördlicher Polarkreis
RUSSLAND
Alaska (USA)
Anchorage
Yellowknife
ISLAND
Reykjavik
Färöer (Dän.)
60°
Juneau
Aleuten (USA)
K A N A D A
GROSSBRITANNIEN
IRLAND
Dublin
Vancouver
Winnipeg
Seattle
Oberer See
Ottawa
Montréal
Michigansee
Huronsee
Toronto
Ontariosee
Chicago
Boston
Eriesee
New York
40°
San Francisco
V E R E I N I G T E S T A A T E N
Philadelphia
Washington
PORTUGAL
Azoren (Port.)
Lissabon
SPANIEN
Rabat
Los Angeles
Dallas
Mississippi
Madeira (Port.)
Casablanca
Bermuda-Inseln (Brit.)
ATLANTISCHER
Guadalupe (Mex.)
Houston
Kanarische Inseln (Span.)
MAROKKO
Midway-Inseln (USA)
Hawaii-Inseln
Monterrey
Miami
Westsahara (unter marok. Verwaltung)
Wendekreis
M E X I K O
Havanna
BAHAMAS
Nassau
Honolulu
Hawaii-Inseln (USA)
Hawaii
Guadalajara
KUBA
Port-au-Prince
HAITI
Santo Domingo
DOMINIKANISCHE REPUBLIK
Puerto Rico (USA)
MAURETANIEN
Mexiko-Stadt
JAMAIKA
Kingston
Basseterre
ST. KITTS U. NEVIS
Nouakchott
Johnston (USA)
Revillagigedo-Insel (Mex.)
BELIZE
Belmopan
St. John's
ANTIGUA U. BARBUDA
DOMINICA
Roseau
KAP VERDE
Praia
SENEGAL
Dakar
Castries
ST. LUCIA
GUATEMALA
Guatemala
ST. VINCENT
U. GRENADINEN
Kingstown
Bridgetown
BARBADOS
EL SALVADOR
San Salvador
St. George's
GRENADA
GAMBIA
Banjul
Bamako
HONDURAS
Tegucigalpa
GUINEA-BISSAU
Bissau
Ouagadougou
P A Z I F I S C H E R
Clipperton-Insel (Fr.)
NICARAGUA
Managua
Caracas
Port of Spain
TRINIDAD U. TOBAGO
GUINEA
Conakry
COSTA RICA
San José
VENEZUELA
Georgetown
GUYANA
SIERRA LEONE
Freetown
Palmyra (USA)
PANAMA
Panamá
Paramaribo
SURINAME
Bogotá
Franz.-Guayana
LIBERIA
Monrovia
Jarvis (USA)
KOLUMBIEN
CÔTE D'IVOIRE
Yamoussoukro
Galápagos-Inseln (Ecu.)
Quito
GHANA
Accra
TOGO
Lomé
ECUADOR
P O L Y N E S I E N
Manaus
Belém
Amazonas
Fernando de Noronha (Br.)
Tokelau-Inseln (Neus.)
SAMOA
Amerikanisch-Samoa (USA)
Apia
PERU
B R A S I L I E N
Ascension (Brit.)
O Z E A N
Lima
Salvador
Cook-Inseln (Neuseeland)
Französisch-Polynesien (Fr.)
Brasília
TONGA
Niue (Neus.)
Tahiti
La Paz
BOLIVIEN
St. Helena (Brit.)
Nuku'alofa
Wendekreis
Sucre
Martim-Vaz-Insel (Br.)
Trindade-Insel
PARAGUAY
Asunción
São Paulo
Pitcairn (Brit.)
Rio de Janeiro
Sala-y-Gómez
Desventuradas-Inseln (Chile)
O Z E A N
Osterinseln (Chile)
CHILE
Kermadec-Inseln (Neuseeland)
Porto Alegre
Cordoba
Juan-Fernández-Inseln (Chile)
URUGUAY
Santiago
Buenos Aires
Montevideo
NEUSEELAND
ARGENTINIEN
Tristan da Cunha (Brit.)
40°
Wellington
Gough
Chatham-Inseln (Neuseeland)
Bounty-Inseln
Antipoden-Inseln
Falkland-Inseln (Brit.)
Südgeorgien (Brit.)
Punta Arenas
Südsandwich-Inseln (Brit.)
60°
Südorkney-Inseln (Brit.)
Südlicher Polarkreis
80°
180°
160°
140°
120°
100°
80°
60°
40°
West 20°

LÄNDERLEXIKON

Verzeichnis der internationalen Staatennamen

Hinweis zur Benutzung des Lexikons: Die international gebräuchlichen Namen der einzelnen Staaten der Erde entsprechen oftmals nicht den jeweiligen in der deutschen Sprache verwendeten Namen (z.B. Albanien = Shqipëria). Die nachfolgende Auflistung nennt die deutschen Namen aller Staaten und in der zweiten Spalte die amtlichen, international gebräuchlichen Bezeichnungen, so wie sie beispielsweise im Staatenverzeichnis der UNO Anwendung finden. Das folgende Lexikon richtet sich bei der Reihenfolge der Länder streng alphabetisch nach der Schreibweise der internationalen Staatennamen, unabhängig von Aussprache und Bedeutung. Die Länder sind nach Kontinenten geordnet.

Deutsch	International	Kontinent	Seite
Afghanistan	Afghānistān	Asien	81
Ägypten	Al-Mişr/Egypt	Afrika	85
Albanien	Shqipëria	Europa	80
Algerien	Al-Jazaīr/Algérie	Afrika	85
Andorra	Andorra	Europa	78
Angola	Angola	Afrika	85
Antigua und Barbuda	Antigua and Barbuda	Mittelamerika	88
Äquatorialguinea	Guinea Ecuatorial	Afrika	86
Argentinien	Argentina	Südamerika	90
Armenien	Armenija (Hayastan)	Asien	81
Aserbaidschan	Azerbajdzan	Asien	81
Äthiopien	Ītyopya	Afrika	86
Australien	Australia	Australien/Ozeanien	84
Bahamas	Bahamas	Mittelamerika	88
Bahrain	Al-Bahrain	Asien	81
Bangladesch	Bangladesh	Asien	81
Barbados	Barbados	Mittelamerika	88
Belgien	België/Belgique	Europa	78
Belize	Belize	Mittelamerika	88
Benin	Benin	Afrika	85
Bhutan	Bhutan	Asien	81
Bolivien	Bolivia	Südamerika	90
Bosnien und Herzegowina	Bosna i Hercegovina	Europa	78
Botswana	Botsuana	Afrika	85
Brasilien	Brasil	Südamerika	90
Brunei	Brunei	Asien	81
Bulgarien	Bălgarija	Europa	78
Burkina Faso	Burkina Faso	Afrika	85
Burundi	Burundi	Afrika	85
Chile	Chile	Südamerika	90
China	Zhongguo	Asien	83
Costa Rica	Costa Rica	Mittelamerika	88
Dänemark	Danmark	Europa	78
Deutschland	Deutschland	Europa	78
Dominica	Dominica	Mittelamerika	89
Dominik. Republik	República Dominicana	Mittelamerika	89
Dschibuti	Djibouti	Afrika	86
Ecuador	Ecuador	Südamerika	90
El Salvador	El Salvador	Mittelamerika	89
Elfenbeinküste	Côte d'Ivoire	Afrika	86
Eritrea	Eritrea	Afrika	86
Estland	Eesti	Europa	78
Fidschi	Fiji	Australien/Ozeanien	84
Finnland	Suomi/Finland	Europa	80
Frankreich	France	Europa	78
Gabun	Gabon	Afrika	86
Gambia	Gambia	Afrika	86
Georgien	Gruzija (Sakartvelo)	Asien	81
Ghana	Ghana	Afrika	86
Grenada	Grenada	Mittelamerika	89
Griechenland	Elláda (Hellás)	Europa	78
Guatemala	Guatemala	Mittelamerika	89
Guinea	Guinée	Afrika	86
Guinea-Bissau	Guinea-Bissau	Afrika	86
Guyana	Guyana	Südamerika	90
Haiti	Haïti	Mittelamerika	89
Honduras	Honduras	Mittelamerika	89
Indien	India (Bharat)	Asien	81
Indonesien	Indonesia	Asien	81
Irak	Irāq	Asien	82
Iran	Īrān	Asien	82
Irland	Éire/Ireland	Europa	78
Island	Ísland	Europa	79
Israel	Yisra'el	Asien	83
Italien	Italia	Europa	79
Jamaika	Jamaica	Mittelamerika	89
Japan	Nippon/Nihon	Asien	82
Jemen	Al-Yaman	Asien	81
Jordanien	Urdunn	Asien	83
Kambodscha	Kâmpuchéa	Asien	82
Kamerun	Cameroun/Cameroon	Afrika	85
Kanada	Canada	Nordamerika	88
Kap Verde	Cabo Verde	Afrika	85
Kasachstan	Kazahstan	Asien	82
Katar	Qatar	Asien	83
Kenia	Kenya	Afrika	86
Kirgisistan/Kirgisien	Kyrgyzstan	Asien	82
Kiribati	Kiribati	Australien/Ozeanien	84
Kolumbien	Colombia	Südamerika	90
Komoren	Comores	Afrika	85
Kongo	Congo	Afrika	85
Kongo, Demokratische Republik	Congo, République démocratique	Afrika	85
Korea, Demokratische Volksrepublik	Choson	Asien	81
Kosovo	Kosovo	Europa	79
Kroatien	Hrvatska	Europa	78
Kuba	Cuba	Mittelamerika	89
Kuwait	Al-Kuwait	Asien	81
Laos	Lao	Asien	82
Lesotho	Lesotho	Afrika	86

Verzeichnis der internationalen Staatennamen

Deutsch	International	Kontinent	Seite
Lettland	Latvija	Europa	79
Libanon	Al-Lubnan	Asien	81
Liberia	Liberia	Afrika	86
Libyen	Libīyā	Afrika	86
Liechtenstein	Liechtenstein	Europa	79
Litauen	Lietuva	Europa	79
Luxemburg	Luxembourg/Lëtzebuerg	Europa	79
Madagaskar	Madagasíkara	Afrika	86
Malawi	Malawi	Afrika	87
Malaysia	Malaysia	Asien	82
Malediven	Maldives (Divehi Rajje)	Asien	82
Mali	Mali	Afrika	87
Malta	Malta	Europa	79
Marokko	Al-Magrib/Maroc	Afrika	85
Marshall-Inseln	Marshall Islands	Australien/Ozeanien	84
Mauretanien	Mauritanie	Afrika	87
Mauritius	Mauritius	Afrika	87
Mazedonien	Makedonija	Europa	79
Mexiko	México	Mittelamerika	89
Mikronesien	Micronesia	Australien/Ozeanien	84
Moldau/Moldawien	Moldova	Europa	79
Monaco	Monaco	Europa	79
Mongolei	Mongol Ard Uls	Asien	82
Montenegro	Crna Gora	Europa	78
Mosambik	Moçambique	Afrika	87
Myanmar (Birma)	Myanmar	Asien	82
Namibia	Namibia	Afrika	87
Nauru	Nauru (Naoero)	Australien/Ozeanien	84
Nepal	Nepal	Asien	82
Neuseeland	New Zealand	Australien/Ozeanien	84
Nicaragua	Nicaragua	Mittelamerika	89
Niederlande	Nederland	Europa	79
Niger	Niger	Afrika	87
Nigeria	Nigeria	Afrika	87
Norwegen	Norge	Europa	79
Oman	Saltanat Uman	Asien	83
Österreich	Österreich	Europa	80
Ost-Timor	Timor Leste	Asien	83
Pakistan	Pakistan	Asien	82
Palau	Palau	Australien/Ozeanien	84
Panama	Panamá	Mittelamerika	89
Papua-Neuguinea	Papua New-Guinea	Australien/Ozeanien	84
Paraguay	Paraguay	Südamerika	90
Peru	Perú	Südamerika	90
Philippinen	Pilipinas	Asien	82
Polen	Polska	Europa	80
Portugal	Portugal	Europa	80
Republik Korea (Süd)	Taehan-Min'guk	Asien	83
Ruanda	Rwanda	Afrika	87
Rumänien	România	Europa	80
Russland	Rossija	Europa	80
Saint Kitts und Nevis	Saint Kitts and Nevis	Mittelamerika	89
Saint Lucia	Saint Lucia	Mittelamerika	89
Saint Vincent und die Grenadinen	Saint Vincent and the Grenadines	Mittelamerika	89
Salomonen	Solomon Islands	Australien/Ozeanien	84
Sambia	Zambia	Afrika	88
Samoa	Sāmoa	Australien/Ozeanien	84
San Marino	San Marino	Europa	80
São Tomé und Príncipe	São Tomé e Príncipe	Afrika	87
Saudi-Arabien	Al-Mamlaka al-Arabiya as-Saudiya	Asien	81
Schweden	Sverige	Europa	80
Schweiz	Suisse/Schweiz/Svizzera	Europa	80
Senegal	Sénégal	Afrika	87
Serbien	Srbija	Europa	80
Seychellen	Seychelles	Afrika	87
Sierra Leone	Sierra Leone	Afrika	87
Simbabwe	Zimbabwe	Afrika	88
Singapur	Singapore	Asien	83
Slowakische Republik	Slovenská Republika	Europa	80
Slowenien	Slovenija	Europa	80
Somalia	Soomaaliya	Afrika	87
Spanien	España	Europa	78
Sri Lanka	Sri Lanka	Asien	83
Südafrika	South Africa/Suid-Afrika	Afrika	88
Sudan	As-Sudan	Afrika	85
Südsudan	South Sudan	Afrika	88
Suriname	Suriname	Südamerika	90
Swasiland	Swaziland (kaNgwane)	Afrika	88
Syrien	Suriya	Asien	83
Tadschikistan	Tajikistan	Asien	83
Taiwan	Taiwan	Asien	83
Tansania	Tanzania	Afrika	88
Thailand	Muang Thai	Asien	82
Togo	Togo	Afrika	88
Tonga	Tonga	Australien/Ozeanien	84
Trinidad und Tobago	Trinidad and Tobago	Mittelamerika	90
Tschad	Tchad	Afrika	88
Tschechische Republik	Česká Republika	Europa	78
Tunesien	Tunisiyah/Tunisie	Afrika	88
Türkei	Türkiye	Europa	80
Turkmenistan	Turkmenistan	Asien	83
Tuvalu	Tuvalu	Australien/Ozeanien	84
Uganda	Uganda	Afrika	88
Ukraine	Ukrajina	Europa	80
Ungarn	Magyarország	Europa	79
Uruguay	Uruguay	Südamerika	90
Usbekistan	Uzbekistan	Asien	83
Vanuatu	Vanuatu	Australien/Ozeanien	84
Vatikanstadt	Città del Vaticano	Europa	78
Venezuela	Venezuela	Südamerika	90
Vereinigte Arabische Emirate	Daulat al-Imārāt al-'Arabiya Al-Muttahida	Asien	81
Vereinigte Staaten von Amerika	United States of Amerika	Nordamerika	90
Vereinigtes Königreich	United Kingdom	Europa	80
Vietnam	Viêt Nam	Asien	83
Weißrussland	Belarus	Europa	78
Westsahara	Al-Saharaw	Afrika	85
Zentralafrik. Republik	République Centrafricaine	Afrika	87
Zypern	Kypros/Kıbrıs	Europa	79

Europa

Andorra
Andorra

Lage: Südwesteuropa
Fläche: 468 km²
Höchster Berg: Coma Pedrosa (2946 m)
Hauptstadt: Andorra la Vella
Staatsform: parlamentarische Monarchie
Verwaltungsgliederung: 7 Gemeinden
Bevölkerung: 78 300
Bev.-Zusammensetzung: Spanier (26 %), Andorraner (46 %), Portugiesen (13 %), Franzosen (5 %), andere (6 %)
Sprachen: Katalanisch (amtl.), Spanisch, Französisch
Religion: Katholiken (95 %)
BIP/Einw.: 43 800 US$
Währung: 1 Euro = 100 Cents

Belarus
Weißrussland

Lage: Osteuropa
Fläche: 207 600 km²
Wichtige Gewässer: Dnjepr, Pripjat
Hauptstadt: Minsk
Staatsform: Republik
Verwaltungsgliederung: 6 Regionen, 1 Bezirk (Hauptstadt)
Bevölkerung: 9,5 Mio.
Bev.-Zusammensetzung: Weißrussen (84 %), Russen (8 %), Polen (3 %), Ukrainer (2 %), andere (3 %)
Sprachen: Weißrussisch (amtl.), Russisch
Religion: Russisch-Orthodoxe (50 %), Katholiken (20 %)
BIP/Einw.: 5600 US$
Währung: 1 Weißrussischer Rubel = 100 Kopeken

België/Belgique
Belgien

Lage: Westeuropa
Fläche: 30 528 km²
Wichtige Gewässer: Schelde, Maas
Hauptstadt: Brussel/Bruxelles/Brüssel
Staatsform: parlamentarische Monarchie
Verwaltungsgliederung: 3 Regionen, 10 Provinzen
Bevölkerung: 11,3 Mio.
Bev.-Zusammensetzung: Flamen (58 %), Wallonen (32 %)
Sprachen: Niederländisch, Französisch, Deutsch
Religion: Katholiken (72 %)
BIP/Einw.: 46 300 US$
Währung: 1 Euro = 100 Cents

Bosna i Hercegovina
Bosnien und Herzegowina

Lage: Südosteuropa
Fläche: 51 197 km²
Hauptstadt: Sarajevo
Staatsform: Republik
Bevölkerung: 3,8 Mio.
Sprachen: Bosnisch, Kroatisch, Serbisch
Religion: Muslime (51 %), Serbisch-Orthodoxe (31 %), Katholiken (15 %)
BIP/Einw.: 4600 US$
Währung: 1 Konvertible Mark = 0,511 Euro

Bălgarija
Bulgarien

Lage: Südosteuropa
Fläche: 110 879 km²
Höchster Berg: Musala (2925 m)
Wichtige Gewässer: Donau, Iskar, Marica
Hauptstadt: Sofija/Sofia
Staatsform: Republik
Verwaltungsgliederung: 28 Bezirke
Bevölkerung: 7,1 Mio.
Bev.-Zusammensetzung: Bulgaren (85 %), Türken (8 %), Roma (5 %), Makedonier (2 %)
Sprache: Bulgarisch
Religion: Orthodoxe (60 %), Muslime (8 %)
BIP/Einw.: 7 900 US$
Währung: 1 Lew = 100 Stotinki

Česká Republika
Tschechische Republik

Lage: Zentraleuropa
Fläche: 78 867 km²
Wichtige Gewässer: Moldau, Elbe
Hauptstadt: Praha/Prag
Staatsform: Republik
Verwaltungsgliederung: 14 Bezirke
Bevölkerung: 10,7 Mio.
Bev.-Zusammensetzung: Tschechen (96 %), Ukrainer (1 %)
Sprache: Tschechisch
Religion: Katholiken (10 %), Protestanten (1 %), Konfessionslose (35 %)
BIP/Einw.: 21 300 US$
Währung: 1 Tschechische Krone = 100 Haleru

Città del Vaticano
Vatikanstadt

Lage: Rom (Italien/Südeuropa)
Fläche: 0,44 km²
Hauptstadt: Città del Vaticano/Vatikanstadt
Staatsform: Wahlmonarchie
Bevölkerung: 1000
Sprachen: Latein, Italienisch
Religion: Katholiken (100 %)
Währung: 1 Euro = 100 Cents

Crna Gora
Montenegro

Lage: Südosteuropa
Fläche: 13 812 km²
Hauptstadt: Podgorica
Staatsform: Republik
Bevölkerung: 650 000
Bev.-Zusammensetzung: Serben und Montenegriner (74 %), Bosnier (9 %), Albaner (5 %)
Sprachen: Montenegrinisch, Albanisch
Religion: Orthodoxe Christen (72 %), Muslime (19 %)
BIP/Einw.: 7100 US$
Währung: 1 Euro = 100 Cents

Danmark
Dänemark

Lage: Nordeuropa
Fläche: 43 094 km²; Grönland: 2,166 Mio. km², Färöer: 1393 km²
Wichtige Gewässer: Gudenå
Hauptstadt: København/Kopenhagen
Staatsform: parlamentarische Monarchie
Verwaltungsgliederung: 5 Reg.
Außengebiete: Färöer, Grönland
Bevölkerung: 6 Mio.
Sprache: Dänisch
Religion: Lutheraner (80 %)
BIP/Einw.: 56 300 US$
Währung: 1 Dänische Krone = 100 Øre

Deutschland
Deutschland

Lage: Zentraleuropa
Fläche: 357 022 km²
Höchster Berg: Zugspitze (2962 m)
Wichtige Gewässer Müritz, Elbe, Oder, Rhein, Donau, Chiemsee, Bodensee
Hauptstadt: Berlin
Staatsform: parlamentarische Bundesrepublik
Verwaltungsgliederung: 16 Bundesländer
Bevölkerung: 82,6 Mio.
Bev.-Zusammensetzung: Deutsche (92 %), Ausländer (9 %)
Sprache: Deutsch
Religion: Katholiken (29 %), Protestanten (27 %), Muslime (5 %)
BIP/Einw.: 52 100 US$
Währung: 1 Euro = 100 Cents

Eesti
Estland

Lage: Nordosteuropa
Fläche: 45 228 km²
Hauptstadt: Tallinn / Reval
Staatsform: parlamentarische Republik
Verwaltungsgliederung: 15 Landkreise
Bevölkerung: 1,3 Mio.
Bev.-Zusammensetzung: Esten (70 %), Russen (25 %), Ukrainer (2 %), Weißrussen (1 %), Finnen (0,6 %)
Sprachen: Estnisch (amtl.), Russisch
Religion: Lutheraner (10 %), Russisch-Orthodoxe (16 %)
BIP/Einw.: 19 700 US$
Währung: 1 Euro = 100 Cents

Éire/Ireland
Irland

Lage: Westeuropa
Fläche: 70 282 km²
Wichtige Gewässer: Shannon
Hauptstadt: Baile Atha Cliath/Dublin
Staatsform: parlamentarische Republik
Verwaltungsgliederung: 28 Grafschaften, 3 Städte
Bevölkerung: 5 Mio.
Sprachen: Irisch, Englisch
Religion: Katholiken (85 %), Anglikaner (3 %)
BIP/Einw.: 68 600 US$
Währung: 1 Euro = 100 Cents

Elláda (Hellás)
Griechenland

Lage: Südosteuropa
Fläche: 132 000 km²
Höchster Berg: Olymp (2917 m)
Hauptstadt: Athínai/Athen
Staatsform: parlamentarische Republik
Verwaltungsgliederung: 13 Regionen
Bevölkerung: 10,8 Mio.
Bev.-Zusammensetzung: Griechen (93 %)
Sprache: Neugriechisch
Religion: Griechisch-Orthodoxe (98 %), Muslime (1 %)
BIP/Einw.: 19 900 US$
Währung: 1 Euro = 100 Cents

España
Spanien

Lage: Südwesteuropa
Fläche: 505 370 km²
Höchster Berg: Pico del Teide (3718 m)
Wichtige Gewässer: Guadiana, Ebro, Guadalquivir
Hauptstadt: Madrid
Staatsform: parlamentarische Monarchie
Verwaltungsgliederung: 17 autonome Regionen, 2 aut. Städte
Bevölkerung: 48 Mio.
Bev.-Zusammensetzung: Spanier (74 %), Katalanen (17 %), Galizier (7 %), Basken (2 %)
Sprachen: Spanisch (Kastilisch), Katalanisch, Galizisch, Baskisch
Religion: Katholiken (68 %)
BIP/Einw.: 28 200 US$
Währung: 1 Euro = 100 Cents

France
Frankreich

Lage: Westeuropa
Fläche: 551 500 km²
Höchster Berg: Mont Blanc (4810 m)
Wichtige Gewässer: Loire, Rhône, Seine, Garonne
Hauptstadt: Paris
Staatsform: parlamentarische Republik
Verwaltungsgliederung: 18 Regionen, 96 Départements, 9 abhängige Territorien
Außengebiete: Französisch-Guyana, Guadeloupe, Martinique, Réunion, Mayotte, Saint-Pierre und Miquelon, Französisch-Polynesien, Neukaledonien, Wallis und Futuna
Bevölkerung: 66,6 Mio.
Bev.-Zusammensetzung: Franzosen (94 %), Nordafrikaner (2 %)
Sprache: Französisch
Religion: Katholiken (66 %), Muslime (7 %), Protestanten (4 %)
BIP/Einw.: 39 700 US$
Währung: 1 Euro = 100 Cents

Hrvatska
Kroatien

Lage: Südosteuropa
Fläche: 56 594 km²
Hauptstadt: Zagreb
Staatsform: Republik
Verwaltungsgliederung: 20 Regionen, 2 Bezirke
Bevölkerung: 4,2 Mio.
Bev.-Zusammensetzung: Kroaten (90 %), Serben (4 %)
Sprache: Kroatisch
Religion: Katholiken (86 %), Orthodoxe (4 %), Muslime (1,5 %)
BIP/Einw.: 14 600 US$
Währung: 1 Kuna = 100 Lipa

Ísland
Island

Lage: Nordeuropa
Fläche: 103 000 km²
Höchster Berg: Hvannadalsknúkur (2119 m)
Wichtige Gewässer: Myvatn-See
Hauptstadt: Reykjavik
Staatsform: Republik
Verwaltungsgliederung: 8 Regionen
Bevölkerung: 340 110
Bev.-Zusammensetzung: Isländer (94 %), Dänen (1 %)
Sprache: Isländisch (amtl.), Englisch
Religion: Protestanten (80 %), Katholiken (4 %)
BIP/Einw.: 60 000 US$
Währung: 1 Isländische Krone = 100 Aurar

Italia
Italien

Lage: Südeuropa
Fläche: 301 340 km²
Höchster Berg: Monte Bianco (4810 m)
Wichtige Gewässer: Po, Etsch, Tiber, Arno, Gardasee, Lago Maggiore, Comer See
Hauptstadt: Roma/Rom
Staatsform: Republik
Verwaltungsgliederung: 15 Regionen, 5 autonome Regionen
Bevölkerung: 60 Mio.
Bev.-Zusammensetzung: Italiener (94 %), Sarden (3 %), Rätoromanen (1 %)
Sprache: Italienisch
Religion: Katholiken (80 %)
BIP/Einw.: 31 600 US$
Währung: 1 Euro = 100 Cents

Kosovo
Kosovo

Lage: Südosteuropa
Fläche: 10 877 km²
Höchster Berg: Gjeravica (2656 m)
Hauptstadt: Pristina
Staatsform: Republik
Verwaltungsgliederung: 7 Bezirke, 38 Großgemeinden
Bevölkerung: 1,8 Mio.
Bev.-Zusammensetzung: Albaner (95 %), Serben (1,5 %)
Sprachen: Albanisch, Serbisch
Religion: Muslime (96 %), Katholiken (2 %)
BIP/Einw.: 3700 US$
Währung: 1 Euro = 100 Cents

Kypros/Kıbrıs
Zypern

Lage: Mittelmeer/Südosteuropa
Fläche: 9251 km²
Höchster Berg: Troodos (1951 m)
Hauptstadt: Levkosia/Lefkosa/Nikosia
Staatsform: Präsidialrepublik
Verwaltungsgliederung: 6 Distrikte
Bevölkerung: 1,2 Mio.
Bev.-Zusammensetzung: Griechen (77 %), Türken (18 %)
Sprachen: Griechisch, Türkisch, Englisch
Religion: Orthodoxe (78 %), Muslime (18 %)
BIP/Einw.: 24 700 US$
Währung: 1 Euro = 100 Cents

Latvija
Lettland

Lage: Nordosteuropa
Fläche: 64 589 km²
Hauptstadt: Riga
Staatsform: Republik
Verwaltungsgliederung: 33 Bezirke
Bevölkerung: 2 Mio.
Bev.-Zusammensetzung: Letten (62 %), Russen (26 %), Weißrussen (3 %), Ukrainer (2,3 %), Polen (2 %), Litauer (1,2 %)
Sprachen: Lettisch (amtl.), Russisch
Religion: Lutheraner (20 %), Russisch-Orthodoxe (15 %), andere Christen (1 %)
BIP/Einw.: 15 400 US$
Währung: 1 Euro = 100 Cents

Liechtenstein
Liechtenstein

Lage: Zentraleuropa
Fläche: 160 km²
Höchster Berg: Grauspitze (2599 m)
Hauptstadt: Vaduz
Staatsform: parlamentarische Monarchie
Verwaltungsgliederung: 11 Gemeinden
Bevölkerung: 38 300
Bev.-Zusammensetzung: Liechtensteiner (66 %), Schweizer (28 %), Deutsche (4 %)
Sprache: Deutsch
Religion: Katholiken (78 %), Protestanten (8 %)
BIP/Einw.: 139 100 US$
Währung: 1 Schweizer Franken = 100 Rappen

Lietuva
Litauen

Lage: Nordosteuropa
Fläche: 65 300 km²
Hauptstadt: Vilnius/Wilna
Staatsform: parlament. Republik
Verwaltungsgliederung: 10 Bezirke
Bevölkerung: 2,8 Mio.
Bev.-Zusammensetzung: Litauer (87 %), Polen (6 %), Russen (5 %), Weißrussen (1 %)
Sprachen: Litauisch (amtl.), Russisch
Religion: Katholiken (77 %)
BIP/Einw.: 16 440 US$
Währung: 1 Euro = 100 Cents

Luxembourg/ Lëtzebuerg
Luxemburg

Lage: Zentraleuropa
Fläche: 2586 km²
Höchster Berg: Eisling (562 m)
Wichtige Gewässer: Alzette, Sauer, Mosel
Hauptstadt: Luxembourg/ Lëtzebuerg/Luxemburg
Staatsform: konstitut. Monarchie
Verwaltungsgliederung: 12 Kantone
Bevölkerung: 594 100
Bev.-Zusammensetzung: Luxemburger (53 %), Portugiesen (16 %), Franzosen (7 %), Italiener (4 %), Belgier (3 %), Deutsche (2 %)
Sprachen: Lëtzebuergisch, Französisch, Deutsch
Religion: Katholiken (70 %), Protestanten (4 %)
BIP/Einw.: 107 700 US$
Währung: 1 Euro = 100 Cents

Magyarország
Ungarn

Lage: Zentraleuropa
Fläche: 93 028 km²
Wichtige Gewässer: Donau, Plattensee
Hauptstadt: Budapest
Staatsform: parlamentarische Republik
Verwaltungsgliederung: 19 Bezirke
Bevölkerung: 9,9 Mio.
Bev.-Zusammensetzung: Ungarn (86%), Roma (3 %)
Sprache: Ungarisch
Religion: Katholiken (37 %), Calvinisten (12 %), Lutheraner (2 %), Juden (0,1 %)
BIP/Einw.: 13 500 US$
Währung: 1 Forint = 100 Filler

Makedonija
Mazedonien

Lage: Südosteuropa
Fläche: 25 713 km²
Hauptstadt: Skopje
Staatsform: Republik
Verwaltungsgliederung: 8 Regionen, 80 Gemeinden
Bevölkerung: 2,1 Mio.
Bev.-Zusammensetzung: Mazedonier (64 %), Albaner (25 %), Türken (4 %), Roma (3 %), Serben (2 %)
Sprachen: Mazedonisch (amtl.), Albanisch, Türkisch, Serbisch
Religion: Mazedonisch-Orthodoxe (70 %), Muslime (25 %)
BIP/Einw.: 5500 US$
Währung: 1 Mazedonischer Denar = 100 Deni

Malta
Malta

Lage: Südeuropa
Fläche: 316 km²
Hauptstadt: Valletta
Staatsform: Republik
Verwaltungsgliederung: 3 Regionen, 68 Gemeinden
Bevölkerung: 416 340
Bev.-Zusammensetzung: Malteser (96 %), Briten (2 %)
Sprachen: Maltesisch (arabisches Kreol), Englisch; Italiensich als Umgangssprache
Religion: Katholiken (97 %), Anglikaner (3 %)
BIP/Einw.: 27 800 US$
Währung: 1 Euro = 100 Cents

Moldova
Moldau/Moldawien

Lage: Südosteuropa
Fläche: 33 850 km²
Hauptstadt: Chisinau
Staatsform: Republik
Verwaltungsgliederung: 5 Munizipien, 32 Kreise
Bevölkerung: 3,5 Mio.
Bev.-Zusammensetzung: Moldawier (75 %), Rumänen (7 %), Gagausen (5 %), Russen (4 %), Bulgaren (2 %)
Sprachen: Moldawisch (amtl.), Russisch
Religion: Orthodoxe (90 %)
BIP/Einw.: 3300 US$
Währung: 1 Moldau-Leu = 100 Bani

Monaco
Monaco

Lage: Westeuropa
Fläche: 2 km²
Hauptstadt: Monaco-Ville/Monaco-Stadt
Staatsform: konstitutionelle Monarchie
Bevölkerung: 30 650
Bev.-Zusammensetzung: Monegassen (32 %), Franzosen (20 %), Italiener (15 %), Briten (5 %)
Sprachen: Französisch (amtl.), Monegassisch, Italienisch
Religion: Katholiken (90 %), Protestanten (6 %), Juden (1 %)
BIP/Einw.: 89 100 US$
Währung: 1 Euro = 100 Cents

Nederland
Niederlande

Lage: Westeuropa
Fläche: 41 543 km²
Wichtige Gewässer: Rhein, Ijsselmeer
Hauptstadt: Amsterdam (Regierungssitz: Den Haag)
Staatsform: parlament. Monarchie
Verwaltungsgliederung: 12 Provinzen, 3 Überseeregionen
Bevölkerung: 17,1 Mio.
Bev.-Zusammensetzung: Niederländer (81 %), Türken (2 %), Marokkaner (2 %)
Sprache: Niederländisch, Friesisch
Religion: Katholiken (24 %), Protestanten (16 %), Muslime (5 %)
BIP/Einw.: 48 600 US$
Währung: 1 Euro = 100 Cents

Norge
Norwegen

Lage: Nordeuropa
Fläche: 323 802 km²
Höchster Berg: Galdhoppigen (2469m)
Hauptstadt: Oslo
Staatsform: parlament. Monarchie
Verwaltungsgliederung: 19 Bezirke
Außengebiete: Svalbard, Jan Mayen, Bouvetinsel, Peter-L.-Insel
Bevölkerung: 5,3 Mio.
Bev.-Zusammensetzung: Norweger (82 %), Samen/Lappen (1 %)
Sprachen: Norwegisch, Samisch (Lappisch)
Religion: Lutheraner (73 %)
BIP/Einw.: 81 400 US$
Währung: 1 Norwegische Krone = 100 Øre

Österreich
Österreich

Lage: Zentraleuropa
Fläche: 83 871 km²
Höchster Berg: Großglockner (3797 m)
Wichtige Gewässer: Donau, Neusiedler See
Hauptstadt: Wien
Staatsform: Bundesrepublik
Verwaltungsgliederung: 9 Bundesländer
Bevölkerung: 8,8 Mio.
Sprache: Deutsch
Religion: Katholiken (60 %), Protestanten (3,5 %), Muslime (8 %)
BIP/Einw.: 43 000 US$
Währung: 1 Euro = 100 Cents

Polska
Polen

Lage: Zentraleuropa
Fläche: 312 685 km²
Wichtige Gewässer: Weichsel, Oder
Hauptstadt: Warszawa/Warschau
Staatsform: Republik
Verwaltungsgliederung: 16 Woiwodschaften
Bevölkerung: 38,5 Mio.
Sprache: Polnisch
Religion: Katholiken (88 %), Orthodoxe (1 %)
BIP/Einw.: 15 000 US$
Währung: 1 Zloty = 100 Groszy

Portugal
Portugal

Lage: Südwesteuropa
Fläche: 92 km²
Höchster Berg: Ponta do Pico (2351 m)
Wichtige Gewässer: Tejo, Douro, Guadiana
Hauptstadt: Lisboa/Lissabon
Staatsform: Republik
Verwaltungsgliederung: 18 Bezirke, 2 autonome Regionen
Bevölkerung: 10,8 Mio.
Sprache: Portugiesisch
Religion: Katholiken (80 %), Protestanten (1 %)
BIP/Einw.: 20 600 US$
Währung: 1 Euro = 100 Cents

România
Rumänien

Lage: Südosteuropa
Fläche: 238 391 km²
Höchster Berg: Moldoveanu (2544 m)
Wichtige Gewässer: Donau
Hauptstadt: Bucuresti/Bukarest
Staatsform: Republik
Verwaltungsgliederung: 41 Bezirke
Bevölkerung: 21,5 Mio.
Bev.-Zusammensetzung: Rumänen (83 %), Ungarn (6 %), Roma (3 %)
Sprachen: Rumänisch (amtl.), Ungarisch
Religion: Orthodoxe (82 %), Protestanten (6 %), Katholiken (4 %)
BIP/Einw.: 10 400 US$
Währung: 1 Leu = 100 Bani

Rossija
Russland

Lage: Osteuropa (und Asien)
Fläche: 17 098 242 km²
Höchster Berg: Elbrus (5642 m)
Wichtige Gewässer: Wolga, Don, Baikalsee, Ladogasee, Onegasee
Hauptstadt: Moskva/Moskau
Staatsform: föderative Präsidialrepublik
Verwaltungsgliederung: 7 Bezirke Mit 89 Territorien der Föderation
Bevölkerung: 147 Mio.
Bev.-Zusammensetzung: Russen (78 %), Tataren (4 %), Ukrainer (1 %)
Sprachen: Russisch (amtl.), über 100 weitere Sprachen
Religion: Russisch-Orthodoxe (75%), Muslime (15%), Juden (2%), Protestanten (2%), Katholiken (1%)
BIP/Einw.: 11 700 US$ /
Währung: 1 Rubel = 100 Kopeken

San Marino
San Marino

Lage: Südeuropa
Fläche: 61 km²
Höchster Berg: Monte Titano (743 m)
Hauptstadt: San Marino Città
Staatsform: Republik
Verwaltungsgliederung: 9 Castelli
Bevölkerung: 33 600
Bev.-Zusammensetzung: Sanmarinesen (80 %), Italiener (18 %)
Sprachen: Italienisch (amtl.), Romagnol
Religion: Katholiken (90 %)
BIP/Einw.: 47 300 US$
Währung: 1 Euro = 100 Cents

Shqipëria
Albanien

Lage: Südosteuropa
Fläche: 28 748 km²
Höchster Berg: Korab (2764 m)
Hauptstadt: Tiranë/Tirana
Staatsform: Republik
Verwaltungsgliederung: 12 Bezirke
Bevölkerung: 3 Mio
Bev.-Zusammensetzung: Albaner (83 %), Griechen (1 %)
Sprache: Albanisch
Religion: Muslime (70 %), Katholiken (10 %), Orthodoxe Christen (20 %)
BIP/Einw.: 4700 US$
Währung: 1 Lek = 100 Qindarka

Slovenija
Slowenien

Lage: Zentraleuropa
Fläche: 20 273 km²
Hauptstadt: Ljubljana
Staatsform: Republik
Bevölkerung: 2 Mio.
Bev.-Zusammensetzung: Slowenen (83 %), Kroaten (2 %), Serben (2 %), Bosnier (1 %)
Sprache: Slowenisch
Religion: Katholiken (58 %), Muslime (2,4 %)
BIP/Einw.: 23 300 US$
Währung: 1 Euro = 100 Cents

Slovenská Republika
Slowakische Republik

Lage: Zentraleuropa
Fläche: 49 035 km²
Höchster Berg: Gelsdorfer Spitze (2655 m)
Hauptstadt: Bratislava
Staatsform: Republik
Bevölkerung: 5,5 Mio.
Bev.-Zusammensetzung: Slowaken (79 %), Ungarn (9 %), Roma (2 %)
Sprachen: Slowakisch (amtl.), Ungarisch, Tschechisch
Religion: Katholiken (62 %), Protestanten (6 %)
BIP/Einw.: 17 500 US$
Währung: 1 Euro = 100 Cents

Srbija
Serbien

Lage: Südosteuropa
Fläche: 77 474 km²
Hauptstadt: Beograd/Belgrad
Staatsform: Republik
Bevölkerung: 7,1 Mio.
Bev.-Zusammensetzung: Serben (83 %), andere (17 %)
Sprachen: Serbisch
Religion: Orthodoxe (85 %), Katholiken (5 %), Muslime (3 %), Protestanten (1 %)
BIP/Einw.: 5600 US$
Währung: 1 Serbischer Dinar = 100 Para

Suisse/Schweiz/Svizzera
Schweiz

Lage: Zentraleuropa
Fläche: 41 277 km²
Höchster Berg: Monte Rosa (4637 m)
Wichtige Gewässer: Rhein, Rhône, Aare
Hauptstadt: Bern
Staatsform: föderale Republik
Verwaltungsgliederung: 26 Kantone
Bevölkerung: 8,2 Mio.
Bev.-Zusammensetzung: Schweizer (65 %), Franzosen (18 %), Italiener (10 %), Deutsche (2 %)
Sprachen: Deutsch, Französisch, Italienisch, Rätoromanisch
Religion: Katholiken (38 %), Protestanten (27 %), Muslime (5 %)
BIP/Einw.: 78 800 US$
Währung: 1 Schweizer Franken = 100 Rappen (Centimes)

Suomi/Finland
Finnland

Lage: Nordeuropa
Fläche: 338 145 km²
Hauptstadt: Helsingfors/Helsinki
Staatsform: Republik
Verwaltungsgliederung: 5 Provinzen, 1 autonome Region
Bevölkerung: 5,5 Mio.
Bev.-Zusammensetzung: Finnen (93 %), Schweden (6 %), Russen (1 %)
Sprachen: Finnisch (amtl.), Schwedisch, Russisch, Samisch (Lappisch)
Religion: Lutheraner (73 %), Orthodoxe (1 %)
BIP/Einw.: 45 700 US$
Währung: 1 Euro = 100 Cents

Sverige
Schweden

Lage: Nordeuropa
Fläche: 450 295 km²
Wichtige Gewässer: Vänersee, Vättersee, Mälorensee
Hauptstadt: Stockholm
Staatsform: konstitutionelle Monarchie
Verwaltungsgliederung: 21 Bezirke
Bevölkerung: 10 Mio.
Bev.-Zusammensetzung: Schweden (91 %), Finnen (3 %), Samen/Lappen (2 %)
Sprachen: Schwedisch (amtl.), Finnisch, Samisch/Lappisch
Religion: Evangelisch-Lutherische Staatskirche (65 %)
BIP/Einw.: 53 300 US$
Währung: 1 Schwedische Krone = 100 Öre

Türkiye
Türkei

Lage: Südosteuropa/Vorderasien
Fläche: 783 562 km²
Höchster Berg: Ararat (5165 m)
Hauptstadt: Ankara
Staatsform: Republik
Verwaltungsgliederung: 81 Provinzen
Bevölkerung: 80,8 Mio.
Bev.-Zusammensetzung: Türken (70 %), Kurden (19 %)
Sprachen: Türkisch (amtl.), Kurdisch
Religion: Sunniten (99 %), Aleviten (0,5 %)
BIP/Einw.: 10 400 US$
Währung: 1 türk. Lira = 100 Kurus

Ukrajina
Ukraine

Lage: Osteuropa
Fläche: 603 550 km²
Wichtige Gewässer: Polesje, Dnjepr
Hauptstadt: Kyyiv/Kiew
Staatsform: Republik
Verwaltungsgliederung: 25 Regionen, autonome Krimrepublik
Bevölkerung: 44 Mio.
Bev.-Zusammensetzung: Ukrainer (78 %), Russen (17 %)
Sprachen: Ukrainisch (amtl.), Russisch
Religion: Orthodoxe (70 %), Katholiken (10 %), Juden (1 %)
BIP/Einw.: 2500 US$
Währung: 1 Griwna = 100 Kopijken

United Kingdom
Vereinigtes Königreich

Lage: Westeuropa (Großbritannien und Nordirland)
Fläche: 243 610 km²
Höchster Berg: Ben Nevis (1343 m)
Wichtige Gewässer: Themse, Severn
Hauptstadt: London
Staatsform: konstitutionelle Monarchie im Commonwealth
Verwaltungsgliederung: 92 Grafschaften und Regionen, 85 grafschaftsfreie Städte
Außengebiete: Kanalinseln, Insel Man, Auguilla, Bermuda, Britische Jungferninseln, Falkland-Inseln, Gibraltar, Kaimaninseln, Montserrat, Pitcairninseln, St. Helena, Turks- und Caicosinseln, Süd-Georgien und südliche Sandwichinseln
Bevölkerung: 64,6 Mio.
Bev.-Zusammensetzung: Engländer (80 %), Schotten (10 %), Iren (4 %), Waliser (2 %), Inder (1 %)
Sprachen: Englisch (amtl.), Walisisch, Gälisch
Religion: Christen (Anglikaner, Katholiken, Presbyterianer, Methodisten) (59 %), Muslime (4 %), Hindus (1 %)
BIP/Einw.: 38 800 US$
Währung: 1 Pfund Sterling = 100 Pence

ASIEN

Afghānistān
Afghanistan

Lage: Westasien
Fläche: 652 230 km²
Höchster Berg:
Tirich Mir (7699 m)
Hauptstadt: Kabol/Kabul
Staatsform: Islamische Republik
Verwaltungsgliederung:
34 Provinzen
Bevölkerung: 34,1 Mio.
Bev.-Zusammensetzung:
Paschtunen (42 %),
Tadschiken (27 %), Hazara (9 %),
Usbeken (9 %)
Sprachen: Paschtu, Dari
Religion:
Sunniten (80 %), Schiiten (19 %)
BIP/Einw.: 601 US$
Währung: 1 Afghani = 100 Puls

Al-Bahrain
Bahrain

Lage: Vorderasien
Fläche: 760 km²
Hauptstadt: Al-Manama
Staatsform: Emirat
Bevölkerung: 1,4 Mio.
Bev.-Zusammensetzung:
Bahrainer (46 %), Araber (45 %),
Afrikaner (1,6 %), Pakistani (2 %),
Europäer (1 %)
Sprache: Arabisch
Religion: Shiiten (70 %)
BIP/Einw.: 24 200 US$
Währung:
1 Bahrain-Dinar = 1000 Fils

Al-Kuwait
Kuwait

Lage: Vorderasien
Fläche: 17 818 km²
Hauptstadt:
Al-Kuwait/Kuwait-Stadt
Staatsform: Emirat
Verwaltungsgliederung:
6 Provinzen
Bevölkerung: 2,9 Mio.
Bev.-Zusammensetzung:
Kuwaiter (31 %), Araber (28 %),
Asiaten (38 %), Afrikaner (2 %)
Sprachen: Arabisch
Religion:
Sunniten (65 %), Shiiten (35 %)
BIP/Einw.: 29 900 US$
Währung: 1 Kuwait-Dinar =
100 Dirham = 1000 Fils

Al-Lubnan
Libanon

Lage: Vorderasien
Fläche: 10 400 km²
Höchster Berg:
Libanon (3083 m)
Hauptstadt: Bayrut/Beirut
Staatsform: Republik
Verwaltungsgliederung:
8 Provinzen
Bevölkerung: 6,2 Mio.
Bev.-Zusammensetzung:
Libanesen (95 %), Armenier (4 %)
Sprachen:
Arabisch (amtl.), Französisch
Religion:
Muslime (54 %), Christen (40 %)
BIP/Einw.: 11 400 US$
Währung:
1 Liban. Pfund = 100 Piaster

Al-Mamlaka al-Arabiya as-Saudiya
Saudi-Arabien

Lage: Vorderasien
Fläche: 2 150 000 km²
Höchster Berg: Asir (3133 m)
Hauptstadt: Ar-Riyad/Riadh
Staatsform:
islamische absolute Monarchie
Verwaltungsgliederung:
13 Regionen
Bevölkerung: 33 Mio.
Bev.-Zusammensetzung: Saudi-Araber (90 %), Afro-Asiaten (10 %)
Sprache: Arabisch
Religion: Muslime (95 %)
BIP/Einw.: 22 600 US$
Währung: 1 Saudi Riyal =
20 Qirshes = 100 Hallalas

Al-Yaman
Jemen

Lage: Vorderasien
Fläche: 527 970 km²
Höchster Berg:
Nabi Schuaib (3760 m)
Hauptstadt: Sana
Staatsform: Republik
Verwaltungsgliederung:
17 Provinzen
Bevölkerung: 28 Mio.
Sprachen:
Arabisch (amtl.), Englisch
Religion: Muslime (99 %)
BIP/Einw.: 550 US$
Währung: 1 Jemen-Rial = 100 Fils

Armenija (Hayastan)
Armenien

Lage: Vorderasien
Fläche: 29 800 km²
Hauptstadt: Jerewan/Eriwan
Staatsform: Republik
Verwaltungsgliederung:
11 Bezirke
Bevölkerung: 3 Mio.
Bev.-Zusammensetzung:
Armenier (98 %), Kurden (1 %)
Sprachen:
Armenisch (amtl.), Russisch
Religion:
Armenisch-Apostolische (93 %)
BIP/Einw.: 4000 US$
Währung: 1 Dram = 100 Luma

Azerbajdzan
Aserbaidschan

Lage: Vorderasien
Fläche: 86 600 km²
Hauptstadt: Baki/Baku
Staatsform: Republik
Verwaltungsgliederung:
59 Bezirke, 11 bezirksfreie Städte,
1 autonome Republik
Bevölkerung: 9,5 Mio.
Bev.-Zusammensetzung:
Aserbaidschaner (92 %),
Russen (1 %), Armenier (1 %)
Sprachen: Aseri (amtl.), Türkisch,
Russisch, Lesgisch
Religion:
Schiiten (65 %), Sunniten (35 %)
BIP/Einw.: 5000 US$
Währung: 1 Manat = 100 Gepik

Bangladesh
Bangladesch

Lage: Südasien
Fläche: 144 000 km²
Wichtige Gewässer:
Ganges, Brahmaputra
Hauptstadt: Dhaka
Staatsform: Republik
Verwaltungsgliederung:
6 Provinzen
Bevölkerung: 158 Mio.
Bev.-Zusammensetzung:
Bengalen (98 %), Bihari (1 %),
weitere Minderheiten
Sprachen:
Bengali (amtl.), Urdu, Hindi
Religion:
Muslime (90 %), Hindus (10 %)
BIP/Einw.: 1700 US$
Währung: 1 Taka = 100 Poisha

Bhutan
Bhutan

Lage: Südasien
Fläche: 38 394 km²
Höchster Berg:
Jomo Lhari (7314 m)
Hauptstadt: Thimphu
Staatsform:
konstitutionelle Monarchie
Verwaltungsgliederung:
20 Distrikte
Bevölkerung: 760 000
Bev.-Zusammensetzung:
Bhutaner (50 %), Nepalesen (35 %)
sowie andere Indoarier (15 %)
Sprachen:
Dsongkha (amtl.), tibet. Dialekte
Religion:
Buddhisten (75%), Hindus (22 %)
BIP/Einw.: 2900 S$
Währung:
1 Ngultrum = 100 Chetrum

Brunei
Brunei

Lage: Südostasien
Fläche: 5765 km²
Hauptstadt: Bandar Seri Begawan
Staatsform: Sultanat
Verwaltungsgliederung:
4 Distrikte
Bevölkerung: 444 000
Bev.-Zusammensetzung:
Malaien (66 %), Chinesen (10 %),
Protomalaien (6 %)
Sprachen:
Malaiisch (amtl.), Englisch
Religion: Muslime (79 %),
Christen (9 %), Buddhisten (8 %)
BIP/Einw.: 27 900 US$
Währung:
1 Brunei-Dollar = 100 Cents

Choson
Korea, Demokratische Volksrepublik

Lage: Ostasien
Fläche: 120 538 km²
Hauptstadt: Pyöngyang
Staatsform: Volksdemokratie
Verwaltungsgliederung:
9 Provinzen, 3 Stadtbezirke
Bevölkerung: 25,2 Mio.
Sprachen: Koreanisch, Russisch und
Chinesisch als Handelssprache
Religion: Atheisten (68 %),
sonst v. a. Buddhisten,
Konfuzianer, Volksreligionen
BIP/Einw.: 662 US$
Währung: 1 Won = 100 Chon

Daulat al-Imārāt al-'Arabiya Al-Muttahida
Vereinigte Arabische Emirate

Lage: Vorderasien
Fläche: 83 600 km²
Höchster Berg:
Jabal-Sham (3017 m)
Hauptstadt: Abu Zaby/Abu Dhabi
Staatsform: Föderation
unabhängiger Scheichtümer
Verwaltungsgliederung:
7 Emirate
Bevölkerung: 9,3 Mio.
Bev.-Zusammensetzung: Araber
(70 %), ausländische Arbeitskräfte
Sprache: Arabisch (amtl.)
Religion:
Sunniten (80 %), Schiiten (16 %)
BIP/Einw.: 39 500 US$
Währung: 1 Dirham = 100 Fils

Gruzija (Sakartvelo)
Georgien

Lage: Vorderasien
Fläche: 69 700 km²
Höchster Berg: Kasbek (5033 m)
Hauptstadt: Tbilisi/Tiflis
Staatsform: Republik
Verwaltungsgliederung:
10 Regionen, 2 autonome Gebiete
Bevölkerung: 4,9 Mio.
Bev.-Zusammensetzung:
Georgier (87 %), Azeri (6 %)
Armenier (5 %), Russen (2 %)
Sprachen: Georgisch (amtl.),
Russisch, Armenisch
Religion:
Orthodoxe (84 %), Muslime (10 %)
BIP/Einw.: 4100 US$
Währung: 1 Lari = 100 Tetri

India (Bharat)
Indien

Lage: Südasien
Fläche: 3 287 000 km²
Höchster Berg:
Nanda Devi (7816 m)
Wichtige Gewässer:
Indus, Ganges
Hauptstadt: New Delhi
Staatsform: Republik
Verwaltungsgliederung:
28 Bundesstaaten, 7 Unions-territorien
Bevölkerung: 1,3 Mrd.
Sprachen: Hindi, Englisch
Religion: Hindus (80 %), Muslime
(14 %), Christen (2 %), Sikhs (2 %),
Buddhisten (1 %)
BIP/Einw.: 2 100 US$
Währung:
1 Indische Rupie = 100 Paise

Indonesia
Indonesien

Lage: Südostasien
Fläche: 1 904 569 km²
Hauptstadt: Jakarta
Staatsform: Präsidialrepublik
Verwaltungsgliederung:
31 Provinzen, 3 Sonderbezirke
Bevölkerung: 262 Mio.
Bev.-Zusammensetzung:
Javaner (40 %), Sudanesen (16 %),
Malai (4 %), chin. u. südasiat.
Minderheiten
Sprachen:
Indonesisch (amtl.), Javanisch
Religion:
Muslime (87 %), Christen (7 %),
Hindus (2 %), Buddhisten (1 %)
BIP/Einw.: 4000 US$
Währung: Rupiah

Īrān
Iran

Lage: Vorderasien
Fläche: 1 648 000 km²
Höchster Berg: Demawend (5610 m)
Hauptstadt: Teheran
Staatsform: Islamische Republik
Verwaltungsgliederung: 31 Provinzen
Bevölkerung: 82 Mio.
Bev.-Zusammensetzung: Perser (61 %), Aserbaidschaner (16 %), Kurden (10 %), Luren (6 %), Araber (2 %),Turkmenen (2 %)
Sprachen: Farsi (amtl.), Luri, Kurdisch
Religion: Schiiten (90 %), Sunniten (8 %)
BIP/Einw.: 5085 US$
Währung: 1 Rial = 100 Dinar

Irāq
Irak

Lage: Vorderasien
Fläche: 438 317 km²
Wichtige Gewässer: Euphrat, Tigris
Hauptstadt: Baghdad/Bagdad
Staatsform: Präsidialrepublik
Verwaltungsgliederung: 18 Provinzen
Bevölkerung: 36 Mio.
Bev.-Zusammensetzung: Araber (75 %), Kurden (15 %), Turkmenen, Aramäer
Sprachen: Arabisch, Sorani
Religion: Schiiten (60 %), Sunniten (35 %)
BIP/Einw.: 5600 US$
Währung: 1 Irak-Dinar = 1000 Fils

Kâmpuchéa
Kambodscha

Lage: Südostasien
Fläche: 181 035 km²
Hauptstadt: Phnum Pénh/Phnom Penh
Staatsform: konstitutionelle Monarchie
Verwaltungsgliederung: 24 Provinzen
Bevölkerung: 16,2 Mio.
Bev.-Zusammensetzung: Khmer (90 %), Vietnamesen (5 %), Chinesen (1 %), Thai (1 %)
Sprachen: Khmer (amtl.), Vietnamesisch
Religion: Buddhisten (97 %), Muslime (2 %)
BIP/Einw.: 1500 US$
Währung: 1 Riel = 10 Kak

Kazahstan
Kasachstan

Lage: Vorderasien
Fläche: 2 724 900 km²
Wichtige Gewässer: Aralsee
Hauptstadt: Astana
Staatsform: Republik
Verwaltungsgliederung: 14 Regionen, 2 Stadtbezirke
Bevölkerung: 18,6 Mio.
Bev.-Zusammensetzung: Kasachen (63 %), Russen (24 %), Ukrainer (2 %), Deutsche (1 %)
Sprachen: Kasachisch, Russisch
Religion: Muslime (70 %), Christen (26 %)
BIP/Einw.: 8900 US$
Währung: 1 Tenge = 100 Tiin

Kyrgyzstan
Kirgisistan/Kirgisien

Lage: Vorderasien
Fläche: 199 951 km²
Hauptstadt: Biskek
Staatsform: Präsidialrepublik
Verwaltungsgliederung: 7 Regionen, 2 unabhängige Städte
Bevölkerung: 5,8 Mio.
Bev.-Zusammensetzung: Kirgisen (73 %), Usbeken (15 %), Russen (9 %)
Sprachen: Kirgisisch (amtl.), Russisch
Religion: Muslime (80 %), Russisch-Orthodoxe (8 %)
BIP/Einw.: 1200 US$
Währung: 1 Kirgisistan-Som = 100 Tyin

Lao
Laos

Lage: Südostasien
Fläche: 236 800 km²
Hauptstadt: Viangchan/Vientiane
Staatsform: Volksrepublik
Verwaltungsgliederung: 17 Provinzen und 1 Präfektur (Hauptstadt)
Bevölkerung: 7,1 Mio.
Bev.-Zusammensetzung: ca. 50 verschiedene Volksgruppen (Lao-Lum, Lao-Theung, Lao-Soung u. a.)
Sprachen: Lao (amtl.)
Religion: Buddhisten (65 %), Stammesreligionen (34 %)
BIP/Einw.: 2700 US$
Währung: 1 Kip

Malaysia
Malaysia

Lage: Südostasien
Fläche: 330 000 km²
Hauptstadt: Kuala Lumpur
Staatsform: konstitutionelle Wahlmonarchie im Commonwealth
Verwaltungsgliederung: 13 Bundesstaaten, 3 Bundesterritorien
Bevölkerung: 31,4 Mio.
Bev.-Zusammensetzung: Malaysier (62 %), Chinesen (21 %), Inder und Pakistani (8 %)
Sprachen: Malaiisch (amtl.), Chinesisch, Tamil, Iban, Englisch
Religion: Muslime (61 %), Buddhisten (20 %), chin. Volksreligionen (12 %), Hindus (6 %)
BIP/Einw.: 11 200 US$
Währung: 1 Malaiischer Ringgit = 100 Sen

Maldives (Divehi Rajje)
Malediven

Lage: Südasien
Fläche: 298 km²
Hauptstadt: Malé
Staatsform: Präsidialrepublik im Commonwealth
Verwaltungsgliederung: 21 Atollverwaltungen
Bevölkerung: 393 000
Bev.-Zusammensetzung: Malediver, Südinder, Araber
Sprachen: Divehi (amtl.), Englisch
Religion: Sunniten (99 %)
BIP/Einw.: 9875 US$
Währung: 1 Rufiyaa = 100 Laari

Mongol Ard Uls
Mongolei

Lage: Zentralasien
Fläche: 1 564 000 km²
Höchster Berg: Huyten Orgil (4374 m)
Hauptstadt: Ulaanbatar/Ulan Bator
Staatsform: Republik
Verwaltungsgliederung: 21 Provinzen, 1 Bezirk (Hauptstadt)
Bevölkerung: 3,1 Mio.
Bev.-Zusammensetzung: Mongolen (94 %), Kasachen (4 %), Burjaten (2 %), Daringanga (1 %)
Sprachen: Mongolisch (amtl.), Kasachisch
Religion: Buddhisten (53 %), Muslime (3 %), Christen 2 %)
BIP/Einw.: 4000 US$
Währung: 1 Tugrik = 100 Mongo

Muang Thai
Thailand

Lage: Südostasien
Fläche: 513 120 km²
Hauptstadt: Krung Thep / Bangkok
Staatsform: konstitutionelle Monarchie
Verwaltungsgliederung: 77 Provinzen
Bevölkerung: 67,7 Mio.
Bev.-Zusammensetzung: Thaivölker (97 %, v. a. Siamesen), Chinesischstämmige (12 %), Birmanen (2 %)
Sprachen: Thai (amtl.), Englisch
Religion: Buddhisten (95 %), Muslime (4 %)
BIP/Einw.: 6600 US$
Währung: 1 Baht = 100 Stangs

Myanmar
Myanmar (Birma)

Lage: Südostasien
Fläche: 676 578 km²
Hauptstadt: Naypyidaw
Staatsform: Republik
Verwaltungsgliederung: 7 Staaten, 7 Bezirke
Bevölkerung: 55 Mio.
Bev.-Zusammensetzung: Birmanen (68 %), Shan (9 %), Karen (6 %), Rohingya (5 %), weitere Minderheiten
Sprachen: Birmanisch (amtl.), Lokalsprachen
Religion: Buddhisten (88 %), Christen (6 %), Muslime (4 %)
BIP/Einw.: 1300 US$
Währung: 1 Kyat = 100 Pyas

Nepal
Nepal

Lage: Südasien
Fläche: 147 181 km²
Höchster Berg: Mt. Everest (8850 m)
Hauptstadt: Kathmandu
Staatsform: parlamentarische Republik
Verwaltungsgliederung: 14 Verwaltungszonen
Bevölkerung: 29,5 Mio.
Bev.-Zusammensetzung: Nepalesen (45 %), Maithili (11 %), Bhojpuri (8 %), weitere indoarische und tibetobirmanische Gruppen
Sprachen: Nepali (amtl.), Maithili, Bhojpuri
Religion: Hindus (81 %), Buddhisten (9 %), Muslime (4 %)
BIP/Einw.: 834 US$
Währung: 1 Nepalesische Rupie = 100 Paisa

Nippon/Nihon
Japan

Lage: Ostasien
Fläche: 377 915 km²
Höchster Berg: Fuji (3776 m)
Wichtige Gewässer: Biwasee, Honshu, Kitakami
Hauptstadt: Tokio
Staatsform: parlamentarische Monarchie
Verwaltungsgliederung: 47 Präfekturen
Bevölkerung: 127 Mio.
Bev.-Zusammensetzung: Japaner (99 %), Koreaner (0,5 %)
Sprache: Japanisch
Religion: Shintoisten (80 %) und Buddhisten (67 %), Christen (1,5 %)
BIP/Einw.: 40 800 US$
Währung: 1 Yen = 100 Sen

Pakistan
Pakistan

Lage: Südasien
Fläche: 796 095 km²
Wichtige Gewässer: Indus
Hauptstadt: Islamabad
Staatsform: Islamische Republik
Verwaltungsgliederung: 4 Provinzen, 1 Bezirk (Hauptstadt), 2 Verwaltungsgebiete
Bevölkerung: 207 Mio.
Bev.-Zusammensetzung: Pandschabi (45 %), Paschtunen (15 %), Sindhi (14 %)
Sprachen: Urdu (amtl.), Englisch, Pandschabi, Sindhi
Religion: Muslime (96 %)
BIP/Einw.: 1500 US$
Währung: 1 Pakistanische Rupie = 100 Paisa

Pilipinas
Philippinen

Lage: Südostasien
Fläche: 300 000 km²
Höchster Berg: Mt. Apo (2956 m)
Hauptstadt: Manila
Staatsform: Präsidialrepublik
Verwaltungsgliederung: 13 Regionen, 73 Provinzen
Bevölkerung: 105 Mio.
Bev.-Zusammensetzung: Tagalog (28 %), Cebuano (13 %), Ilokano (9 %), weitere Minderheiten
Sprachen: Filipino (amtl.), Spanisch, Englisch
Religion: Katholiken (83 %), weitere Christen (3 %), Muslime (5 %)
BIP/Einw.: 3 100 US$
Währung: 1 Phillipinischer Peso = 100 Centavos

Qatar
Katar

Lage: Vorderasien
Fläche: 11 586 km^2
Hauptstadt: Ad-Dawhah/Doha
Staatsform:
Emirat (absolute Monarchie)
Verwaltungsgliederung:
9 Bezirke
Bevölkerung: 2,7 Mio.
Bev.-Zusammensetzung:
Araber (40 %), Inder/Pakistani (36 %), Katarer (12 %), Iraner (10 %)
Sprachen: Arabisch (amtl.), Englisch
Religion: Muslime (68 %), Christen (14 %), Hindus (14 %)
BIP/Einw.: 66 202 US$
Währung:
1 Qatar-Riyal = 100 Dirham

Saltanat Uman
Oman

Lage: Vorderasien
Fläche: 309 500 km^2
Höchster Berg:
Jabal-Sham (3017 m)
Hauptstadt: Masqat/Maskat
Staatsform:
Sultanat (absolute Monarchie)
Verwaltungsgliederung:
11 Regionen
Bevölkerung: 4,6 Mio.
Bev.-Zusammensetzung:
Araber (88 %), Perser (3 %), Inder/Pakistani (3 %), Afrikaner (2 %)
Sprachen:
Arabisch (amtl.), Persisch, Urdu
Religion:
Muslime (86 %), Christen (6,5 %), Hindus (5 %)
BIP/Einw.: 19 400 US$
Währung:
1 Rial Omani = 1000 Baizas

Singapore
Singapur

Lage: Südostasien
Fläche: 697 km^2
Hauptstadt: Singapore/Singapur
Staatsform:
Republik im Commonwealth
Bevölkerung: 5,9 Mio.
Bev.-Zusammensetzung:
Chinesen (74 %), Malaien (13 %), Inder/Pakistani/Singhalesen (9 %)
Sprachen: Malaiisch, Englisch, Chinesisch, Tamil (alle amtl.)
Religion: Buddhisten (33 %), Christen (18 %), Muslime (14 %), Daoisten (10 %), Hindus (5 %)
BIP/Einw.: 57 700 US$
Währung:
1 Singapur-Dollar = 100 Cents

Sri Lanka
Sri Lanka

Lage: Südasien
Fläche: 65 610 km^2
Höchster Berg:
Pidurutalagala (2524 m)
Hauptstadt: Colombo
Staatsform: Sozialistische Präsidialrepublik im Commonwealth
Verwaltungsgliederung:
9 Provinzen
Bevölkerung: 22,4 Mio.
Bev.-Zusammensetzung:
Singhalesen (75 %), Tamilen (15 %)
Sprachen: Singhalesisch, Tamilisch
Religion: Buddhisten (70 %), Muslime (10 %), Hindus (13 %), Christen (7 %)
BIP/Einw.: 4400 US$
Währung:
1 Sri-Lanka-Rupie = 100 Cents

Suriya
Syrien

Lage: Vorderasien
Fläche: 185 180 km^2
Wichtige Gewässer: Euphrat
Hauptstadt: Dimashq/Damaskus
Staatsform: Präsidialrepublik
Verwaltungsgliederung:
13 Provinzen, 1 Bezirk (Hauptstadt)
Bevölkerung: 18 Mio.
Bev.-Zusammensetzung:
Syrische Araber (90 %), Kurden (6 %), Armenier (2 %)
Sprachen:
Arabisch, Kurdisch, Armenisch
Religion:
Sunniten (74 %), Alawiten (12 %), Christen (10 %), Muslime (3 %)
BIP/Einw.: 5100 US$
Währung:
1 Syrisches Pfund = 100 Piaster

Taehan-Min'guk
Republik Korea (Süd)

Lage: Ostasien
Fläche: 99 720 km^2
Hauptstadt: Seoul
Staatsform: Präsidialrepublik
Verwaltungsgliederung:
17 Provinzen
Bevölkerung: 52 Mio.
Sprache: Koreanisch
Religion: Christen (27 %), Buddhisten (16 %)
BIP/Einw.: 32 800 US$
Währung: 1 Won = 100 Chon

Taiwan
Taiwan

Lage: Ostasien
Fläche: 35 980 km^2
Hauptstadt: Taipeh
Staatsform: Republik
Verwaltungsgliederung:
16 Landkreise, 5 Stadtkreise, 2 Sonderstadtkreise
Bevölkerung: 23,6 Mio.
Bev.-Zusammensetzung:
chinesischstämmige Taiwanesen (84 %), Chinesen (14 %)
Sprache: Chinesisch
Religion: Buddhisten (35 %), Taoisten (33 %), Christen (4 %)
BIP/Einw.: 24 600 US$
Währung:
1 Neuer Taiwan-Dollar = 100 Cents

Tajikistan
Tadschikistan

Lage: Vorderasien
Fläche: 143 100 km^2
Höchster Berg:
Somoni (7495 m)
Hauptstadt: Duschanbe
Staatsform: Präsidialrepublik
Verwaltungsgliederung:
2 Provinzen, 1 Bezirk (Hauptstadt), 1 autonome Republik
Bevölkerung: 8,5 Mio.
Bev.-Zusammensetzung:
Tadschiken (84 %), Usbeken (14 %), Russen (1 %)
Sprachen:
Tadschikisch (amtl.), Russisch
Religion:
Muslime, Russisch-Orthodoxe
BIP/Einw.: 849 US$
Währung:
1 Tadschik. Somoni = 100 Kopeken

Timor Leste
Ost-Timor

Lage: Südostasien
Fläche: 14 874 km^2
Hauptstadt: Dili
Staatsform: Republik
Verwaltungsgliederung:
13 Distrikte
Bevölkerung: 1,3 Mio
Sprachen: Portugiesisch, Tetum und Bahasa, Indonesisch, Englisch
Religion: Katholiken (97 %), Protestanten (2 %), Muslime, Hindu
BIP/Einw.: 2104 US$
Währung: 1 US-Dollar = 100 Cents

Turkmenistan
Turkmenistan

Lage: Vorderasien
Fläche: 488 100 km^2
Hauptstadt: Aschchabad
Staatsform: Präsidialrepublik
Verwaltungsgliederung:
5 Regionen
Bevölkerung: 5,4 Mio.
Bev.-Zusammensetzung:
Turkmenen (85 %), Usbeken (5 %), Russen (4 %), Kasachen (2 %), Tataren (1 %)
Sprache: Turkmenisch
Religion: Muslime (Sunniten 90 %), Östlich-Orthodoxe (9 %)
BIP/Einw.: 7300 US$
Währung: 1 Manat = 100 Tenge

Urdunn
Jordanien

Lage: Vorderasien
Fläche: 89 342 km^2
Wichtige Gewässer:
Jordan, Totes Meer
Hauptstadt: Amman
Staatsform:
konstitutionelle Monarchie
Verwaltungsgliederung:
12 Provinzen
Bevölkerung: 9,5 Mio.
Bev.-Zusammensetzung:
Araber (98 %)
Sprache: Arabisch
Religion: Sunniten (97 %)
BIP/Einw.: 5800 US$
Währung:
1 Jordan-Dinar = 1 000 Fils

Uzbekistan
Usbekistan

Lage: Zentralasien
Fläche: 447 400 km^2
Hauptstadt: Taschkent
Staatsform: Präsidialrepublik
Verwaltungsgliederung:
12 Regionen, 1 autonome Republik
Bevölkerung: 29,8 Mio.
Bev.-Zusammensetzung:
Usbeken (80 %), Russen (5 %), Tadschiken (5 %), Kasachen (3 %), Karakalpaken (3 %)
Sprachen:
Usbekisch (amtl.), Russisch
Religion:
muslime (Sunniten) (88 %)
BIP/Einw.: 1238 US$
Währung:
1 Usbekistan-Sum = 100 Tijin

Viêt Nam
Vietnam

Lage: Südostasien
Fläche: 331 210 km^2
Wichtige Gewässer:
Roter Fluss
Hauptstadt: Ha Noi/Hanoi
Staatsform:
sozialistische Republik
Verwaltungsgliederung:
58 Provinzen, 5 Stadtbezirke
Bevölkerung: 96 Mio.
Bev.-Zusammensetzung:
Vietnamesen (87 %), weitere etwa 54 Nationalitäten
Sprache: Vietnamesisch
Religion:
Buddhisten (8 %), Katholiken (7 %)
BIP/Einw.: 2600 US$
Währung:
1 Dong = 10 Hào = 10 Xu

Yisra'el
Israel

Lage: Vorderasien
Fläche: 20 770 km^2
Wichtige Gewässer: Jordan, Totes Meer, See Genezareth
Hauptstadt:
Yeruschalayim/Jerusalem
Staatsform: Republik
Verwaltungsgliederung:
6 Distrikte, besetzte sowie teilautonome Gebiete
Bevölkerung: 7,8 Mio.
Bev.-Zusammensetzung:
Israelis (74 %), israelische Palästinenser (18 %)
Sprachen: Hebräisch, Arabisch (beide amtl.), Englisch
Religion:
Juden (75 %), Muslime (17 %)
BIP/Einw.: 42 100 US$
Währung:
1 Neuer Schekel = 100 Agorot

Zhongguo
China

Lage: Ostasien
Fläche: 9 596 960 km^2
Höchster Berg:
Shishapangma (8027 m)
Wichtige Gewässer:
Yangzi, Huanghe
Hauptstadt: Beijing/Peking
Staatsform:
sozialistische Volksrepublik
Verwaltungsgliederung:
23 Provinzen, 5 autonome Regionen, 4 Stadtbezirke, 2 Sonderverwaltungsregionen
Bevölkerung: 1,38 Mrd.
Bev.-Zusammensetzung:
Chinesen (92 %), Tibeter, Miao, Zhuang, Hui, Mandschu
Sprachen:
Hochchinesisch (amtl.), Dialekte
Religion: Volksreligion (22 %), Buddhisten (18 %), Christen (5 %), Muslime (2 %)
BIP/Einw.: 10 100 US$
Währung: 1 Yuan = 10 Jiao

AUSTRALIEN/ OZEANIEN

Australia
Australien

Lage: Indischer Ozean/Pazifik
Fläche: 7 741 220 km²
Höchster Berg: Kosciuszko (2228 m)
Hauptstadt: Canberra
Staatsform: parlamentarisch-demokratische Monarchie und Bundesstaat
Verwaltungsgliederung: 6 Bundesstaaten, 2 Territorien
Außengebiete: Weihnachtsinsel, Kokosinseln, Norfolkinsel, Lord-Howe-Insel, »Korallenmeerinseln«, Ashmore- und Cartierinseln
Bevölkerung: 23,2 Mio.
Bev.-Zusammensetzung: Europäischstämmige (92 %), Asiaten (7 %), Aborigines (1 %)
Sprachen: Englisch, Minderheiten
Religion: Katholiken (25 %), Anglikaner (17 %), andere Protestanten (11 %), Orthodoxe (3 %)
BIP/Einw.: 56 100 US$
Währung: 1 Australischer Dollar = 100 Cents

Fiji
Fidschi

Lage: Südpazifik
Fläche: 18 240 km²
Hauptstadt: Suva
Staatsform: Republik
Verwaltungsgliederung: 4 Bezirke, 14 Provinzen
Bevölkerung: 921 000
Bev.-Zusammensetzung: Melanesier / iTaukei (57 %), Inder (38 %), Rotuma (1 %)
Sprachen: Englisch, Fidschianisch, Hindi
Religion: Christen (65 %), Hindus (28 %), Muslime (6 %)
BIP/Einw.: 5700 US$
Währung: 1 Fidschi-Dollar = 100 Cents

Kiribati
Kiribati

Lage: Südpazifik
Fläche: 811 km²
Hauptstadt: Bairiki
Staatsform: Präsidialrepublik
Verwaltungsgliederung: 6 Bezirke
Bevölkerung: 108 100
Bev.-Zusammensetzung: Mikronesier / I-Kiribati (90 %), Polynesier, Chinesen und Europäer
Sprachen: Kiribati, Englisch
Religion: Christen (90 %), Bahai (2 %)
BIP/Einw.: 1700 US$
Währung: 1 Australischer Dollar/Kiribati = 100 Cents

Marshall Islands
Marshall-Inseln

Lage: Pazifik
Fläche: 181 km²
Hauptstadt: Majuro
Staatsform: Republik
Verwaltungsgliederung: 24 Bezirke
Bevölkerung: 74 500
Bev.-Zusammensetzung: Mikronesier (92 %), Amerikaner
Sprachen: Englisch (amtl.), Marschallisch (amtl.)
Religion: Christen (98 %)
BIP/Einw.: 3600 US$
Währung: 1 US-Dollar = 100 Cents

Micronesia
Mikronesien

Lage: Westpazifik
Fläche: 702 km²
Hauptstadt: Palikir
Staatsform: Bundesrepublik
Verwaltungsgliederung: 4 Bundesstaaten
Bevölkerung: 104 200
Bev.-Zusammensetzung: Mikronesier, Polynesier (insgesamt 9 Ethnien)
Sprachen: Englisch (amtl.), 9 Mikro- und polynesische Sprachen
Religion: Christen (93 %)
BIP/Einw.: 3200 US$
Währung: 1 US-Dollar = 100 Cents

Nauru (Naoero)
Nauru

Lage: Südpazifik
Fläche: 21 km²
Hauptstadt: Yaren
Staatsform: Republik im Commonwealth
Verwaltungsgliederung: 14 Bezirke
Bevölkerung: 11 400
Bev.-Zusammensetzung: Nauruer (58 %), Kiribatier/Tuvaluer (26 %), Asiaten, Europäer
Sprachen: Englisch (amtl.), Nauruisch
Religion: Christen (90 %)
BIP/Einw.: 8600 US$
Währung: 1 Australischer Dollar = 100 Cents

New Zealand
Neuseeland

Lage: Südpazifik
Fläche: 267 710 km²
Höchster Berg: Mt. Cook (3764 m)
Hauptstadt: Wellington
Staatsform: parlamentarische Monarchie im Commonwealth
Verwaltungsgliederung: 16 Regionen
Außengebiete: Cookinseln, Niue, Tokelau
Bevölkerung: 4,5 Mio.
Bev.-Zusammensetzung: Europäischstämmige (71 %), Maori (14 %), Polynesier (6 %)
Sprachen: Englisch, Maori
Religion: Christen (44 %), Hindu (2 %), Buddhisten (1,4 %)
BIP/Einw.: 41 600 US$
Währung: 1 Neuseeland-Dollar = 100 Cents

Palau
Palau

Lage: Pazifik
Fläche: 459 km²
Hauptstadt: Ngerulmud
Staatsform: Präsidialrepublik
Verwaltungsgliederung: 16 Bezirke
Bevölkerung: 21 400
Bev.-Zusammensetzung: Palauer (65 %), Asiaten (10 %), weitere Mikronesier (2 %), Chinesen (1,2 %)
Sprachen: Englisch, Palauisch
Religion: Christen (79 %), Naturrelig. (21 %)
BIP/Einw.: 17 000 US$
Währung: 1 US-Dollar = 100 Cents

Papua New-Guinea
Papua-Neuguinea

Lage: Westpazifik
Fläche: 462 840 km²
Höchster Berg: Mt. Wilhelm (4509 m)
Wichtige Gewässer: Sepik
Hauptstadt: Port Moresby
Staatsform: konstitutionelle Monarchie im Commonwealth
Verwaltungsgliederung: 19 Provinzen, 1 Bezirk (Hauptstadt)
Bevölkerung: 6,9 Mio.
Bev.-Zusammensetzung: Papua, Melanesier, Polynesier, Indonesier
Sprachen: Englisch (amtl.), Melanesisches Pidgin, Motu, weitere Papua-Sprachen
Religion: Christen (88 %), Naturreligionen
BIP/Einw.: 2900 US$
Währung: 1 Kina = 100 Toea

Sāmoa
Samoa

Lage: Pazifik
Fläche: 2831 km²
Hauptstadt: Apia
Staatsform: parlamentarische Demokratie im Commonwealth
Verwaltungsgliederung: 11 Bezirke
Bevölkerung: 200 100
Bev.-Zusammensetzung: Polynesier (92 %), Euronesier (7 %)
Sprachen: Samoanisch, Englisch (alle amtl.)
Religion: Protestanten (52 %), Katholiken (19 %), Mormomen (17 %)
BIP/Einw.: 4200 US$
Währung: 1 Tala = 100 Sene

Solomon Islands
Salomonen

Lage: Pazifik
Fläche: 28 896 km²
Hauptstadt: Honiara
Staatsform: parlamentarische Monarchie im Commonwealth
Verwaltungsgliederung: 9 Provinzen, 1 Bezirk (Hauptstadt)
Bevölkerung: 648 000
Bev.-Zusammensetzung: Melanesier (95 %), Polynesier (3 %), Mikronesier (1 %)
Sprachen: Englisch (amtl.), Pidgin-Englisch
Religion: Christen (97 %), Naturreligionen (2 %)
BIP/Einw.: 2100 US$
Währung: 1 Solomon-Islands-Dollar = 100 Cents

Tonga
Tonga

Lage: Pazifik
Fläche: 747 km²
Hauptstadt: Nuku'alofa
Staatsform: konstitutionelle Monarchie im Commonwealth
Verwaltungsgliederung: 5 Einheiten
Bevölkerung: 106 500
Bev.-Zusammensetzung: Tonganer (98 %)
Sprachen: Tonga (amtl.), Englisch
Religion: Christen (80 %)
BIP/Einw.: 4200 US$
Währung: 1 Pa'anga = 100 Seniti

Tuvalu
Tuvalu

Lage: Pazifik
Fläche: 26 km²
Hauptstadt: Funafuti
Staatsform: konstitutionelle Monarchie
Verwaltungsgliederung: 9 Atolle
Bevölkerung: 11 100
Bev.-Zusammensetzung: Polynesier (96 %), Melanesier
Sprachen: Tuvalu, Englisch
Religion: Protestanten (98 %), Adventisten, Bahai
BIP/Einw.: 3600 US$
Währung: 1 Australischer Dollar = 100 Cents

Vanuatu
Vanuatu

Lage: Pazifik
Fläche: 12 189 km²
Hauptstadt: Port Vila
Staatsform: Republik im Commonwealth
Verwaltungsgliederung: 6 Provinzen
Bevölkerung: 282 800
Bev.-Zusammensetzung: Ni-Vanuatu (Melanesier, 98 %), Polynesier/Mikronesier (2 %)
Sprachen: Englisch, Französisch, Bislama
Religion: Christen (80 %), Naturreligionen
BIP/Einw.: 3100 US$
Währung: 1 Vatu = 100 Centimes

AFRIKA

Al-Jazaïr/Algérie
Algerien

Lage: Nordafrika
Fläche: 2 381 741 km²
Hauptstadt: El Djazaïer/Algier
Staatsform: Präsidialrepublik
Verwaltungsgliederung: 48 Bezirke
Bevölkerung: 40,8 Mio.
Bev.-Zusammensetzung: Araber (85 %), Berber (15 %)
Sprache: Arabisch
Religion: Sunniten (99 %)
BIP/Einw.: 4600 US$
Währung: 1 Algerischer Dinar = 100 Centimes

Al-Magrib/Maroc
Marokko

Lage: Nordafrika
Fläche: 446 550 km²
Höchster Berg: Toubkal (4167 m)
Hauptstadt: Rabat
Staatsform: konstitutionelle Monarchie
Verwaltungsgliederung: 11 Regionen
Bevölkerung: 35 Mio.
Bev.-Zusammensetzung: arabische Marokkaner (50 %), Berber (40 %)
Sprachen: Arabisch (amtl.), Französisch, Berberdialekte
Religion: Sunniten (99 %)
BIP/Einw.: 3200 US$
Währung: 1 Dirham = 100 Centimes

Al-Mişr/Egypt
Ägypten

Lage: Nordafrika
Fläche: 1 001 450 km²
Höchster Berg: Djebel Katrina (2637 m)
Wichtige Gewässer: Nil
Hauptstadt: Al-Qahirah/Kairo
Staatsform: Präsidialrepublik
Verwaltungsgliederung: 27 Provinzen
Bevölkerung: 95 Mio.
Bev.-Zusammensetzung: Ägypter (99 %), Araber (<1 %), Sudanesen, Nubier
Sprache: Hocharabisch
Religion: Sunniten (90 %), koptische Christen (10 %)
BIP/Einw.: 2500 US$
Währung: 1 Ägyptisches Pfund = 100 Piaster

Al-Saharaw
Westsahara

Lage: Nordwestafrika
Fläche: 266 000 km²
Staatsform: Republik, von Marokko seit 1979 annektiert
Verwaltungsgliederung: 4 Provinzen
Bevölkerung: 603 000
Bev.-Zusammensetzung: Saharaouis (Araber, z. T. nomadisch lebend), Marokkaner
Sprache: Arabisch, Hassani
Religion: Sunniten (100 %)
BIP/Einw.: 2500 US$
Währung: 1 Marokkanischer Dirham = 100 Centimes

Angola
Angola

Lage: Südwestafrika
Fläche: 1 246 700 km²
Höchster Berg: Moco (2619 m)
Wichtige Gewässer: Cuanza, Cubango
Hauptstadt: Luanda
Staatsform: Präsidialrepublik
Verwaltungsgliederung: 18 Provinzen
Bevölkerung: 29,3 Mio.
Bev.-Zusammensetzung: Bantu (ca. 100 verschiedene Ethnien, >90 %)
Sprachen: Portugiesisch (amtl.), Bantu-Sprachen
Religion: Christen (80 %), Natur-/Volksreligionen
BIP/Einw.: 4400 US$
Währung: 1 Neuer Kwanza = 100 Lwei

As-Sudan
Sudan

Lage: Nordostafrika
Fläche: 1 861 484 km²
Wichtige Gewässer: Weißer Nil
Hauptstadt: Al-Khartum/Khartum
Staatsform: Republik
Verwaltungsgliederung: 18 Bundesstaaten
Bevölkerung: 35,5 Mio.
Bev.-Zusammensetzung: Araber (70 %), afrikanische Ethnien (30 %)
Sprachen: Arabisch (amtl.), Englisch (amtl.), hamitische und nilotische Sprachen
Religion: Muslime (74 %), Naturreligionen (19 %)
BIP/Einw.: 1400 US$
Währung: 1 Sudanesischer Pfund = 100 Piastres

Benin
Benin

Lage: Westafrika
Fläche: 112 622 km²
Wichtige Gewässer: Niger
Hauptstadt: Porto Novo
Staatsform: Präsidialrepublik
Verwaltungsgliederung: 12 Provinzen
Bevölkerung: 11 Mio.
Bev.-Zusammensetzung: Fon (40 %), Adja (15 %), Yoruba (12 %), Bariba (9 %), weitere Ethnien
Sprachen: Französisch (amtl.), Fon, Yoruba und weitere Stammessprachen
Religion: Christen (38 %), Muslime (27 %), Naturreligionen
BIP/Einw.: 830 US$
Währung: 1 CFA-Franc = 100 Centimes

Botsuana
Botswana

Lage: Südafrika
Fläche: 582 000 km²
Hauptstadt: Gaborone
Staatsform: Republik
Verwaltungsgliederung: 10 Distrikte
Bevölkerung: 2,3 Mio.
Bev.-Zusammensetzung: Setswana (78 %), Kalanga (7 %)
Sprachen: Setswana, Englisch (amtl.)
Religion: Christen (80 %), Badimo (4%), Naturreligionen
BIP/Einw.: 7900 US$
Währung: 1 Pula = 100 Thebe

Burkina Faso
Burkina Faso

Lage: Westafrika
Fläche: 274 200 km²
Wichtige Gewässer: Schwarzer Volta
Hauptstadt: Ouagadougou
Staatsform: Republik
Verwaltungsgliederung: 45 Provinzen
Bevölkerung: 18,4 Mio.
Bev.-Zusammensetzung: Mossi (52 %), Mande (17 %), Fulani (8 %), Dagara/Lobi (2 %), Gur (4 %)
Sprachen: Französisch (amtl.), More und weitere Stammessprachen
Religion: Muslime (61 %), Christen (23 %), Naturreligionen
BIP/Einw.: 700 US$
Währung: 1 CFA-Franc = 100 Centimes

Burundi
Burundi

Lage: Ostafrika
Fläche: 27 830 km²
Wichtige Gewässer: Tanganjikasee
Hauptstadt: Bujumbura
Staatsform: Präsidialrepublik
Verwaltungsgliederung: 18 Provinzen
Bevölkerung: 11,5 Mio.
Bev.-Zusammensetzung: Hutu (85 %), Tutsi (14 %), Twa (1 %)
Sprachen: Kirundi, Französisch (beide amtl.), Kisuaheli
Religion: Christen (86 %), Muslime (3 %)
BIP/Einw.: 300 US$
Währung: 1 Burundi-Franc = 100 Centimes

Cabo Verde
Kap Verde

Lage: Westafrika (Atlantik)
Fläche: 4033 km²
Hauptstadt: Praia
Staatsform: Republik
Verwaltungsgliederung: 15 Bezirke
Bevölkerung: 561 000
Bev.-Zusammensetzung: Mulatten (71 %), Afrikaner (28 %), Europäer (1 %)
Sprachen: Portugiesisch (amtl.), Kreolisch
Religion: Christen (80 %), Muslime (2 %)
BIP/Einw.: 3000 US$
Währung: 1 Kap-Verde-Escudo = 100 Centavos

Cameroun/Cameroon
Kamerun

Lage: Zentralafrika
Fläche: 475 440 km²
Hauptstadt: Yaoundé
Staatsform: Präsidialrepublik
Verwaltungsgliederung: 10 Provinzen
Bevölkerung: 23,3 Mio.
Bev.-Zusammensetzung: Bantu (40 %), Semibantu/Adamawa (20 %), Pygmäen, Fulbe, Haussa
Sprachen: Französisch, Englisch (alle amtl.), Bantu-Sprachen
Religion: Christen (40 %), Naturreligionen (40 %), Muslime (20 %)
BIP/Einw.: 1500 US$
Währung: 1 CFA-Franc = 100 Centimes

Comores
Komoren

Lage: Ostafrika (Indischer Ozean)
Fläche: 2235 km²
Hauptstadt: Moroni
Staatsform: islamische Präsidialrepublik
Verwaltungsgliederung: 3 Inseldistrikte
Bevölkerung: 808 100
Bev.-Zusammensetzung: Komorer (Araber, Madagassen, Bantu)
Sprachen: Komorisch, Französisch (alle amtl.), Arabisch
Religion: Muslime (98 %), Christen (2 %)
BIP/Einw.: 1300 US$
Währung: 1 Komorischer Franc = 100 Centimes

Congo
Kongo

Lage: Zentralafrika
Fläche: 342 000 km²
Wichtige Gewässer: Kongo, Ubangi
Hauptstadt: Brazzaville
Staatsform: Präsidialrepublik
Verwaltungsgliederung: 12 Regionen
Bevölkerung: 5 Mio.
Bev.-Zusammensetzung: Kongo (48 %), Sangha (20 %), M'Bochi (12 %), Teke (17 %)
Sprachen: Französisch (amtl.), Bantu-Sprachen
Religion: Christen (70 %), Muslime (2 %), Naturreligionen
BIP/Einw.: 2400 US$
Währung: 1 CFA-Franc = 100 Centimes

Congo, République démocratique
Kongo, Demokratische Republik

Lage: Zentralafrika
Fläche: 2 344 858 km²
Höchster Berg: Mt. Stanley (5109 m)
Hauptstadt: Kinshasa
Staatsform: Präsidialrepublik
Verwaltungsgliederung: 10 Provinzen, 1 Hauptstadtbezirk
Bevölkerung: 78,8 Mio.
Bev.-Zusammensetzung: Bantu (80 %), Sudan-Gruppen (17 %), Niloten (2 %)
Sprachen: Französisch
Religion: Katholiken (50 %), Protestanten (20 %), Muslime (10 %)
BIP/Einw.: 480 US$
Währung: 1 CFA-Franc = 100 Centimes

Côte d'Ivoire
Elfenbeinküste

Lage: Westafrika
Fläche: 322 463 km²
Höchster Berg:
Nimba (1752 m)
Wichtige Gewässer:
Sassandra, Komoé
Hauptstadt: Yamoussoukro
Staatsform: Präsidialrepublik
Verwaltungsgliederung:
49 Departements
Bevölkerung: 24,2 Mio.
Bev.-Zusammensetzung:
Akan (30 %), Mandes (15 %), Kru (9 %)
Sprachen: Französisch (amtl.), Dioula und weitere 60 Dialekte
Religion: Muslime (43 %), Christen (32 %), Naturreligionen (12 %)
BIP/Einw.: 1600 US$
Währung:
1 CFA-Franc = 100 Centimes

Djibouti
Dschibuti

Lage: Nordostafrika
Fläche: 23 200 km²
Hauptstadt: Djibouti
Staatsform: Präsidialrepublik
Verwaltungsgliederung: 6 Bezirke
Bevölkerung: 865 300
Bev.-Zusammensetzung:
Somali (60 %), Afar (35 %), Europäer, Araber
Sprachen: Französisch, Arabisch (alle amtl.), kuschitische Sprachen
Religion:
Muslime (94 %), Christen (6 %)
BIP/Einw.: 2000 US$
Währung:
1 Djibouti-Franc = 100 Centimes

Eritrea
Eritrea

Lage: Nordostafrika
Fläche: 117 600 km²
Hauptstadt: Asmara
Staatsform: Republik
Verwaltungsgliederung:
6 Regionen
Bevölkerung: 6 Mio.
Bev.-Zusammensetzung:
Tigrinja (55 %), Tigrer (30 %), Saho (4 %), Rashaida (2 %), Bilen (2 %)
Sprachen: Arabisch, Tigrinja, Englisch (alle amtl.)
Religion:
Muslime (50 %), Christen (50 %)
BIP/Einw.: 980 US$
Währung: 1 Birr = 100 Cents

Gabon
Gabun

Lage: Zentralafrika
Fläche: 267 667 km²
Höchster Berg: Bengoué (1070 m)
Wichtige Gewässer: Ogooué
Hauptstadt: Libreville
Staatsform: Präsidialrepublik
Verwaltungsgliederung:
9 Provinzen
Bevölkerung: 2 Mio.
Bev.-Zusammensetzung:
Fang (26 %), Punu (24 %), Nzebi (11 %), Teke (8 %), Myene (7 %), Pygmäen (1 %)
Sprachen: Französisch (amtl.), Bantu
Religion: Christen (85 %), Naturreligionen (30 %), Muslime (6 %)
BIP/Einw.: 7600 US$
Währung:
1 CFA-Franc = 100 Centimes

Gambia
Gambia

Lage: Westafrika
Fläche: 11 295 km²
Hauptstadt: Banjul
Staatsform: Republik
Verwaltungsgliederung:
6 Bezirke, 35 Distrikte
Bevölkerung: 2,1 Mio.
Bev.-Zusammensetzung:
Mandingo (42 %), Fulbe (18 %), Wolof (16 %), Djola (10 %), Sarakola (9 %)
Sprachen: Englisch (amtl.), Mandingo, Wolof, weitere lokale Sprachen
Religion: Muslime (96 %), Christen (4 %), Naturreligionen
BIP/Einw.: 480 US$
Währung: 1 Dalasi = 100 Butut

Ghana
Ghana

Lage: Westafrika
Fläche: 238 533 km²
Wichtige Gewässer: Weißer Volta
Hauptstadt: Accra
Staatsform: Präsidialrepublik
Verwaltungsgliederung:
10 Regionen, 170 Bezirke
Bevölkerung: 27,5 Mio.
Bev.-Zusammensetzung:
Aschanti/Fanti (48 %), Mossi (16 %), Ewe (14 %), Ga (7 %), Gurma (6 %), Guan (4 %)
Sprachen: Englisch (amtl.), über 70 weitere Sprachen und Dialekte
Religion: Christen (71 %), Muslime (18 %), Naturreligionen (10 %)
BIP/Einw.: 1700 US$
Währung: 1 Cedi = 100 Pesewas

Guinea-Bissau
Guinea-Bissau

Lage: Westafrika
Fläche: 36 125 km²
Hauptstadt: Bissau
Staatsform: Präsidialrepublik
Verwaltungsgliederung:
3 Provinzen, 8 Regionen, 1 Bezirk (Hauptstadt)
Bevölkerung: 1,85 Mio.
Bev.-Zusammensetzung:
Balanta (30 %), Fulbe (20 %)
Sprachen:
Portugiesisch (amtl.), Kreolisch
Religion: Muslime (50 %), Naturreligionen (40 %), Christen (10%)
BIP/Einw.: 620 US$
Währung:
1 CFA-Franc = 100 Centimes

Guinea Ecuatorial
Äquatorialguinea

Lage: Zentralafrika
Fläche: 28 051 km²
Hauptstadt: Malabo
Staatsform: Republik
Verwaltungsgliederung:
2 Regionen, 7 Provinzen
Bevölkerung: 1,22 Mio.
Bev.-Zusammensetzung: Fang (86 %), Bubi (7 %), Mdowe (4 %)
Sprachen: Spanisch (amtl.), Französisch, Bantu-Sprachen
Religion:
Christen (80 %), Naturreligionen
BIP/Einw.: 12 399 US$
Währung:
1 CFA-Franc = 100 Centimes

Guinée
Guinea

Lage: Westafrika
Fläche: 245 857 km²
Höchster Berg: Tamgué (1538 m)
Wichtige Gewässer: Niger
Hauptstadt: Conakry
Staatsform: Präsidialrepublik
Verwaltungsgliederung:
7 Regionen, 1 Distrikt (Hauptstadt)
Bevölkerung: 12,5 Mio.
Bev.-Zusammensetzung:
Peuhl (35 %), Malinke (25 %), Soussou (20 %)
Sprachen: Französisch (amtl.), Stammessprachen
Religion: Muslime (90 %), Christen (6 %), Naturreligionen
BIP/Einw.: 816 US$
Währung:
1 Guinea-Franc = 100 Cauris

İtyopya
Äthiopien

Lage: Nordostafrika
Fläche: 1 104 300 km²
Höchster Berg:
Ras Dashen (4620 m)
Wichtige Gewässer:
Abay (Blauer Nil), Abaysee
Hauptstadt: Addis Abeba
Staatsform: Bundesrepublik
Verwaltungsgliederung:
9 Regionen, 2 Stadtbezirke
Bevölkerung: 92,7 Mio.
Bev.-Zusammensetzung:
Oromo (34 %), Amharen (27 %), Tigriner (6 %), ca. 70 weitere Ethnien
Sprachen: Amharisch (amtl.), 70 weitere Dialekte
Religion: Christen (62 %), Muslime (34 %), Naturreligionen
BIP/Einw.: 860 US$
Währung: 1 Birr = 100 Cents

Kenya
Kenia

Lage: Ostafrika
Fläche: 580 367 km²
Höchster Berg:
Mt. Kenya (5199 m)
Wichtige Gewässer:
Tana, Victoriasee
Hauptstadt: Nairobi
Staatsform: Präsidialrepublik
Verwaltungsgliederung:
47 Bezirke, 1 Distrikt (Hauptstadt)
Bevölkerung: 48 Mio.
Bev.-Zusammensetzung:
Bantu (65 %), Niloten (30 %), Massai (1,6 %)
Sprachen: Kisuaheli (amtl.), Englisch, Stammessprachen
Religion: Christen (70 %), Muslime (20 %), Naturreligionen (10 %)
BIP/Einw.: 1521 US$
Währung:
1 Kenia-Schilling = 100 Cents

Lesotho
Lesotho

Lage: Südafrika
Fläche: 30 355 km²
Höchster Berg:
Thabana Ntlenyana (3482 m)
Hauptstadt: Maseru
Staatsform:
konstitutionelle Monarchie
Verwaltungsgliederung:
10 Distrikte
Bevölkerung: 2,2 Mio.
Bev.-Zusammensetzung:
Sotho (99 %)
Sprachen: Sesotho, Englisch
Religion: Christen (80 %), Naturreligionen (20 %)
BIP/Einw.: 1057 US$
Währung: 1 Loti = 100 Lisente

Liberia
Liberia

Lage: Westafrika
Fläche: 111 370 km²
Höchster Berg: Wuteve (1380 m)
Hauptstadt: Monrovia
Staatsform: Präsidialrepublik
Verwaltungsgliederung:
11 Bezirke, 4 Territorien
Bevölkerung: 4,6 Mio.
Bev.-Zusammensetzung:
Kpelle (20 %), Bassa (13 %), Grebo (10 %), Gio (8 %), Kru (6 %), Lorma (5 %)
Sprachen: Englisch (amtl.), ca. 20 verschiedene Stammessprachen
Religion: Christen (80 %), Muslime (15 %), Naturreligionen
BIP/Einw.: 513 US$
Währung:
1 Liberianischer Dollar = 100 Cents

Lībīyā
Libyen

Lage: Nordafrika
Fläche: 1 759 540 km²
Höchster Berg: Pic Bette (2285 m)
Hauptstadt: Tarabulus/Tripolis
Staatsform:
Nationaler Übergangsrat
Verwaltungsgliederung:
22 Volksbezirke
Bevölkerung: 6,41 Mio.
Bev.-Zusammensetzung:
Libyer, Minderheiten: Berber, Ägypter, Schwarzafrikaner
Sprachen:
Arabisch (amtl.), Berberdialekte
Religion: Muslime (97 %)
BIP/Einw.: 3739 US$
Währung:
1 Libyscher Dinar = 1000 Dirham

Madagasíkara
Madagaskar

Lage: Südafrika;
Inselgruppe im Indischen Ozean
Fläche: 587 041 km²
Höchster Berg:
Maromokotro (2876 m)
Wichtige Gewässer: Mangoky
Hauptstadt:
Antananarivo/Tananarive
Staatsform: Präsidialrepublik
Verwaltungsgliederung:
28 Regionen
Bevölkerung: 24,9 Mio.
Bev.-Zusammensetzung: Madagassen (Malaien/Negriten 99 %)
Sprachen: Madagassisch, Französisch (beide amtl.), Howa
Religion: Naturreligionen (52 %), Christen (41 %), Muslime (7 %)
BIP/Einw.: 400 US$
Währung: 1 Madagascar-Franc = 100 Centimes

Malawi
Malawi

Lage: Südafrika
Fläche: 118 484 km²
Höchster Berg: Mulanje (3001 m)
Wichtige Gewässer: Malawisee
Hauptstadt: Lilongwe
Staatsform: Präsidialrepublik
Verwaltungsgliederung:
3 Regionen
Bevölkerung: 18,1 Mio.
Bev.-Zusammensetzung:
Bantu (Chichewa, Nyaja, Lomwe, Yao, Sena u. a.; ca. 95 %)
Sprachen: Chichewa, Englisch (beide amtl.), Chitumbuka, weitere Bantusprachen
Religion: Christen (82 %), Muslime (11 %), Naturreligionen (7 %)
BIP/Einw.: 320 US$
Währung:
1 Malawi-Kwacha = 100 Tambala

Mali
Mali

Lage: Westafrika
Fläche: 1 240 192 km²
Wichtige Gewässer: Niger
Hauptstadt: Bamako
Staatsform: Präsidialrepublik
Verwaltungsgliederung:
8 Regionen und Hauptstadtdistrikt
Bevölkerung: 17 Mio.
Bev.-Zusammensetzung:
Mande (50 %: u.a. Bambara, Malinke, Soninke), Peul (17 %), Voltaic (12 %), Songhai (6 %)
Sprachen: Französisch (amtl.), Bambara, weitere Mandé-Sprachen
Religion: Muslime (95 %), Christen (2 %), Animisten (2 %)
BIP/Einw.: 760 US$
Währung:
1 CFA-Franc = 100 Centimes

Mauritanie
Mauretanien

Lage: Westafrika
Fläche: 1 030 700 km²
Wichtige Gewässer: Senegal
Hauptstadt: Nouakchott
Staatsform:
Islamische Präsidialrepublik
Verwaltungsgliederung:
13 Regionen
Bevölkerung: 4 Mio.
Bev.-Zusammensetzung:
schwarze Mauren/Haratin (40 %), arabisch-berbische Mauren (30 %), Schwarz-Afrikaner (30 %)
Sprachen: Arabisch (amtl.), Niger- und Kongosprachen
Religion: Muslime (99 %)
BIP/Einw.: 1172 US$
Währung: 1 Ouguiya = 5 Khoums

Mauritius
Mauritius

Lage: Südostafrika (Indischer Ozean)
Fläche: 2040 km²
Hauptstadt: Port Louis
Staatsform: Republik
Verwaltungsgliederung:
9 Distrikte, 3 Dependenzen
Bevölkerung: 1,3 Mio.
Bev.-Zusammensetzung:
Inder (53 %), Kreolen (43 %)
Sprachen: Englisch (amtl.), Kreolisch, Hindi, Urdu
Religion: Hindus (52 %), Christen (30 %), Muslime (17 %)
BIP/Einw.: 9760 US$
Währung:
1 Mauritius-Rupie = 100 Cents

Moçambique
Mosambik

Lage: Südafrika
Fläche: 799 380 km²
Höchster Berg: Binga (2436 m)
Wichtige Gewässer:
Sambesi, Limpopo
Hauptstadt: Maputo
Staatsform: Republik
Verwaltungsgliederung:
10 Provinzen, Hauptstadt
Bevölkerung: 28,9 Mio.
Bev.-Zusammensetzung:
Makua (47 %), Tsonga (23 %), Malawi (12 %), Schona (11 %), Yao (4 %), Chinesen (2 %)
Sprachen: Portugisisch (amtl.), Bantu-Sprachen
Religion:
Christen (37 %), Muslime (18 %), Naturreligionen (45 %)
BIP/Einw.: 392 US$
Währung:
1 Metical = 100 Centavos

Namibia
Namibia

Lage: Südwestafrika
Fläche: 824 292 km²
Höchster Berg:
Brandberg (2606 m)
Wichtige Gewässer:
Oranje, Okavango, Kunene
Hauptstadt: Windhoek
Staatsform: Präsidialdemokratie
Verwaltungsgliederung:
13 Regionen
Bevölkerung: 2,3 Mio.
Bev.-Zusammensetzung:
Ovambo (50 %), Kavango (9 %), Herero (7 %), Damara (7 %), Nama (5 %), Caprivianer (4 %), Bushmen (3 %), weitere Stämme
Sprachen: 13 Nationalsprachen, Englisch (amtl.), Afrikaans, Deutsch
Religion: Protestanten (80 %), Katholiken (20 %), Naturreligionen
BIP/Einw.: 4630 US$
Währung:
1 Namibia-Dollar = 100 Cents

Niger
Niger

Lage: Westafrika
Fläche: 1 267 000 km²
Höchster Berg:
Mt.Bagzane (2022 m)
Wichtige Gewässer: Niger
Hauptstadt: Niamey
Staatsform:
Semipräsidentielle Rep.
Verwaltungsgliederung:
8 Départements
Bevölkerung: 18,5 Mio.
Bev.-Zusammensetzung:
Haussa (55 %), nilo-saharische Gruppen (Dscherma/Songhai 21 %), Fulbe (<10 %), Tuareg (10 %), Kanouri (4 %)
Sprachen: Französisch (amtl.), Haussa und weitere Stammessprachen
Religion:
Muslime (94 %), Animisten
BIP/Einw.: 410 US$
Währung:
1 CFA-Franc = 100 Centimes

Nigeria
Nigeria

Lage: Westafrika
Fläche: 923 768 km²
Wichtige Gewässer:
Niger, Benue, Tschadsee
Hauptstadt: Abuja
Staatsform:
Bundesrepublik
Verwaltungsgliederung:
36 Bundesstaaten, 1 Hauptstadt-Territorium
Bevölkerung: 188 Mio.
Bev.-Zusammensetzung:
Haussa-Fulani (29 %), Yoruba (21 %), Igbo (18 %), Ijaw (10 %), weitere ca. 250 Ethnien
Sprachen: Englisch (amtl.), Arabisch, Stammessprachen
Religion: Muslime (50 %), Christen (40 %), Naturreligionen (10 %)
BIP/Einw.: 2093 US$
Währung: 1 Naira = 100 Kobo

République Centrafricaine
Zentralafrikanische Republik

Lage: Zentralafrika
Fläche: 622 984 km²
Höchster Berg: Ngaoui (1420 m)
Wichtige Gewässer: Ubangi
Hauptstadt: Bangui
Staatsform: Republik
Verwaltungsgliederung:
16 Präfekturen, Hauptstadt
Bevölkerung: 4,9 Mio.
Bev.-Zusammensetzung:
Gbaya (33 %), Banda (27 %), Mandschia (13 %), Sara (10 %)
Sprachen:
Französisch, Sangho (beide amtl.), Bantu- und Sudansprachen
Religion: Christen (79 %), Animisten (5 %), Muslime (10 %)
BIP/Einw.: 370 US$
Währung:
1 CFA-Franc = 100 Centimes

Rwanda
Ruanda

Lage: Ostafrika
Fläche: 26 338 km²
Höchster Berg:
Karisimbi (4519 m)
Wichtige Gewässer:
Kagera, Kivusee
Hauptstadt: Kigali
Staatsform: Präsidialrepublik
Verwaltungsgliederung:
4 Provinzen, 1 Hauptstadtbezirk
Bevölkerung: 12 Mio.
Bev.-Zusammensetzung:
Hutu/Bahutu und verwandte Stämme (84 %), Tutsi (15 %), Pygmäen (1 %)
Sprachen: Kinyarwanda, Französisch (beide amtl.), Kisuaheli, Englisch
Religion: Katholiken (44 %), Protestanten (38 %), Muslime (3 %), Advenisten (12 %)
BIP/Einw.: 703 US$
Währung:
1 Ruanda-Franc = 100 Centimes

São Tomé e Príncipe
São Tomé und Príncipe

Lage: Westafrika
Fläche: 1001 km²
Höchster Berg:
Pico de São Tomé (2024 m)
Hauptstadt: São Tomé
Staatsform: Präsidiale Demokratie
Verwaltungsgliederung:
Distrikt von São Tomé, Insel Príncipe (Autonomiestatus)
Bevölkerung: 192 000
Bev.-Zusammensetzung:
Schwarzafrikaner, Mulatten, Portugiesen (Minderheit)
Sprachen:
Portugiesisch (amtl.), Kreolisch
Religion: Katholiken (80 %), Protestanten (10 %), Naturreligionen
BIP/Einw.: 1605 US$
Währung:
1 Dobra = 100 Centimos

Sénégal
Senegal

Lage: Westafrika
Fläche: 196 712 km²
Wichtige Gewässer: Senegal
Hauptstadt: Dakar
Staatsform: Präsidialdemokratie
Verwaltungsgliederung:
14 Regionen
Bevölkerung: 15,2 Mio.
Bev.-Zusammensetzung:
Wolof (43 %), Pular (24 %), Sérères (15 %), Diola (4 %), Mandingo (3 %)
Sprachen: Französisch, Wolof
Religion: Muslime (94 %), Christen (5 %), Animisten (1 %)
BIP/Einw.: 960 US$
Währung:
1 CFA-Franc = 100 Centimes

Seychelles
Seychellen

Lage: Ostafrika (Indischer Ozean)
Fläche: 455 km²
Hauptstadt: Victoria
Staatsform:
Republik im Commonwealth
Verwaltungsgliederung:
25 Bezirke
Bevölkerung: 93 000
Bev.-Zusammensetzung:
Kreolen (89 %), Inder (5 %), Madagassen (3 %), Chinesen (2 %), Malaien, Europäischstämmige
Sprachen:
Englisch, Französisch, Kreolisch
Religion: Katholiken (83 %), Protestanten (6 %), Hindus (2 %)
BIP/Einw.: 15 600 US$
Währung:
1 Seychellen-Rupie = 100 Cents

Sierra Leone
Sierra Leone

Lage: Westafrika
Fläche: 71 740 km²
Höchster Berg:
Lomaberge (1948 m)
Hauptstadt: Freetown
Staatsform: Präsidialrepublik
Verwaltungsgliederung:
3 Provinzen, 146 Häuptlingsgebiete
Bevölkerung: 7,1 Mio.
Bev.-Zusammensetzung:
Temne (30 %), Mende (30 %), Limba (8 %), Kuranko (5 %), Europäer, Asiaten, Libanesen
Sprachen:
Englisch (amtl.), Kreolisch
Religion: Muslime (60 %), Naturreligionen (30 %), Christen (10 %)
BIP/Einw.: 696 US$
Währung: 1 Leone = 100 Cents

Soomaaliya
Somalia

Lage: Nordostafrika
Fläche: 637 657 km²
Höchster Berg: Shimbiris (2450 m)
Wichtige Gewässer:
Webi Scebeli, Djuba
Hauptstadt:
Muqdisho/Mogadischu
Staatsform: Republik
Verwaltungsgliederung:
18 Provinzen
Bevölkerung: 15,09 Mio.
Bev.-Zusammensetzung:
Somal-Stämme (85 %), Minderheiten: Bantu, Araber
Sprachen: Somali (amtl.), Arabisch, Englisch, Italienisch
Religion:
Muslime/Sunniten (99 %)
BIP/Einw.: 450 US$
Währung:
1 Somalia-Shilling = 100 Centesimi

South Africa/ Suid-Afrika
Südafrika

Lage: Südafrika
Fläche: 1 219 090 km²
Höchster Berg: Mafadi (3450 m)
Wichtige Gewässer: Oranje, Vaal
Hauptstadt: Pretoria
Staatsform: Republik
Verwaltungsgliederung: 9 Provinzen
Bevölkerung: 54,96 Mio.
Bev.-Zusammensetzung: Schwarzafrikaner (Zulu/Bantu 79 %), Europäischstämmige (9 %), Mulatten (9 %), Asiaten/Inder (3 %)
Sprachen: Englisch, Afrikaans, Zulu, Bantusprachen (alle amtl.)
Religion: Christen (79 %), Muslime (1,5 %), Naturreligionen
BIP/Einw.: 6089 US$
Währung: 1 Rand = 100 Cents

South Sudan
Südsudan

Lage: Nordostafrika
Fläche: 644 330 km²
Wichtige Gewässer: Weißer Nil
Hauptstadt: Juba
Staatsform: Republik
Verwaltungsgliederung: 10 Bundesstaaten
Bevölkerung: 13 Mio.
Bev.-Zusammensetzung: Dinka, Nuer, Schilluk, Azande
Sprachen: Arabisch, Englisch (amtl.), hamitische Sprachen
Religion: Christen, Naturreligionen
BIP/Einw.: 2507 US$
Währung: 1 Sudan. Pfund = 100 Piastres

Swaziland (kaNgwane)
Swasiland

Lage: Südostafrika
Fläche: 17 364 km²
Hauptstadt: Mbabane
Staatsform: konstitutionelle Monarchie
Verwaltungsgliederung: 273 Stammesgebiete; 55 traditionelle Räte
Bevölkerung: 1,3 Mio.
Bev.-Zusammensetzung: Swasi (97 %), Europäer (3 %)
Sprachen: Englisch, Siswati
Religion: Zionisten (40 %), Katholiken (20 %), Muslime (10 %)
BIP/Einw.: 3597 US$
Währung: 1 Lilangeni = 100 Cents

Tanzania
Tansania

Lage: Ostafrika
Fläche: 947 300 km²
Höchster Berg: Kilimandscharo (5895 m)
Wichtige Gewässer: Rufiji, Victoria-, Tangajika-, Rukwasee
Hauptstadt: Dodoma
Staatsform: föd. Präsidialrepublik
Verwaltungsgliederung: 30 Regionen
Bevölkerung: 49,3 Mio.
Bev.-Zusammensetzung: ca. 130 verschiedene Bantu-Gruppen (95 %), Asiaten, Europäer, Araber
Sprache: Kisuaheli, Englisch
Religion: Muslime (40 %), Christen (40 %), Naturreligionen
BIP/Einw.: 1 110 US$
Währung: 1 Tansania-Shilling = 100 Cents

Tchad
Tschad

Lage: Zentralafrika
Fläche: 1 284 000 km²
Höchster Berg: Emi Koussi (3415 m)
Wichtige Gewässer: Chari, Tschadsee
Hauptstadt: N'Djamena
Staatsform: Präsidialrepublik
Verwaltungsgliederung: 23 Regionen
Bevölkerung: 13,2 Mio.
Bev.-Zusammensetzung: Sara (28 %), Araber (14 %), Mayo-Kebbi (12 %), tschadische Gruppen
Sprachen: Französisch, Arabisch
Religion: Muslime (56 %), Christen (22 %), Animisten (22 %)
BIP/Einw.: 1010 US$
Währung: 1 CFA-Franc = 100 Centimes

Togo
Togo

Lage: Westafrika
Fläche: 56 785 km²
Hauptstadt: Lomé
Staatsform: Präsidialrepublik
Verwaltungsgliederung: 5 Regionen
Bevölkerung: 7,7 Mio.
Bev.-Zusammensetzung: Ewe (46 %), Volta (43 %), Haussa, Fulbe
Sprachen: Französisch (amtl.), Kabyè, Ewe
Religion: Animisten (50 %), Christen (29 %), Muslime (20 %)
BIP/Einw.: 798 US$
Währung: 1 CFA-Franc = 100 Centimes

Tunisiyah/Tunisie
Tunesien

Lage: Nordafrika
Fläche: 163 610 km²
Höchster Berg: Tellatlas (1200 m)
Hauptstadt: Tunis
Staatsform: Parl. Demokratie
Verwaltungsgliederung: 24 Provinzen
Bevölkerung: 11,2 Mio.
Bev. Zusammensetzung: Araber/arabisierte Berber (98 %), Berber (1%)
Sprachen: Arabisch (amtl.), Franz.
Religion: Muslime (99 %), Christen, Juden
BIP/Einw.: 3730 US$
Währung: 1 Tunesischer Dinar = 1 000 Millimes

Uganda
Uganda

Lage: Ostafrika
Fläche: 241 550 km²
Höchster Berg: Mt. Stanley (5109 m)
Wichtige Gewässer: Kyogasee
Hauptstadt: Kampala
Staatsform: Präsidialrepublik
Verwaltungsgliederung: 112 Distrikte
Bevölkerung: 34,6 Mio.
Bev.-Zusammensetzung: Bantu (50 %), Niloten (13 %), sudanesische Gruppen (5 %)
Sprachen: Kisuaheli, Englisch (beide amtl.), Luganda
Religion: Katholiken (39,3 %), Protestanten (32 %), Muslime (13,7 %)
BIP/Einw.: 705 US$
Währung: 1 Uganda-Schilling = 100 Cents

Zambia
Sambia

Lage: Südafrika
Fläche: 752 618 km²
Höchster Berg: Mafinga Hills (2301 m)
Wichtige Gewässer: Sambesi
Hauptstadt: Lusaka
Staatsform: Republik
Verwaltungsgliederung: 9 Provinzen
Bevölkerung: 15,7 Mio.
Bev.-Zusammensetzung: Bemba (21 %), Tonga (14 %), Dschewa (8 %), Luvale/Lunda/Kaonde (10 %), Buschmanngruppen
Sprachen: Englisch (amtl.), Bantu-Sprachen
Religion: Christen (90 %), Muslime, Hindus, Naturreligionen
BIP/Einw.: 1170 US$
Währung: 1 Kwacha = 100 Ngwee

Zimbabwe
Simbabwe

Lage: Südafrika
Fläche: 390 580 km²
Höchster Berg: Inyangani (2592 m)
Wichtige Gewässer: Karibastausee, Sambesi
Hauptstadt: Harare
Staatsform: Präsidialrepublik
Verwaltungsgliederung: 8 Provinzen
Bevölkerung: 16,2 Mio.
Bev.-Zusammensetzung: Bantu/Shona (70 %), Ndebele (20 %), Europäischstämmige, Asiaten
Sprachen: Englisch (amtl.), Bantu-Sprachen
Religion: Mischung aus Christentum und Naturreligionen (50 %), Christen (25 %), Muslime (1 %)
BIP/Einw.: 1008 US$
Währung: 1 Zimbabwe-Dollar = 100 Cents

NORD- UND MITTELAMERIKA

Antigua and Barbuda
Antigua und Barbuda

Lage: Mittelamerika (Karibik)
Fläche: 442 km²
Hauptstadt: St. John's
Staatsform: konstitutionelle Monarchie im Commonwealth
Verwaltungsgliederung: 6 Bezirke, 2 Dependenzen
Bevölkerung: 93 000
Bev.-Zusammensetzung: Afrikanischstämmige (91 %), Mulatten (4 %), Europäischstämmige (2 %)
Sprachen: Englisch (amtl.), Kreolen-Englisch
Religion: Christen (91 %)
BIP/Einw.: 14 353 US$
Währung: 1 Eastern Carribean Dollar = 100 Cents

Bahamas
Bahamas

Lage: Mittelamerika (Karibik)
Fläche: 13 880 km²
Hauptstadt: Nassau
Staatsform: parlamentarische Monarchie im Commonwealth
Verwaltungsgliederung: 18 Distrikte
Bevölkerung: 391 200
Bev.-Zusammensetzung: Afrikanischstämmige (91 %), Europäischstämmige (5 %), Mulatten (2 %)
Sprache: Englisch
Religion: Baptisten (35 %), Anglikaner (14 %), Katholiken (12 %), weitere christliche Kirchen (13 %), Naturreligionen
BIP/Einw.: 24 272 US$
Währung: 1 Bahama Dollar = 100 Cents

Barbados
Barbados

Lage: Mittelamerika (Karibik)
Fläche: 431 km²
Höchster Berg: Mt. Hillaby (340 m)
Hauptstadt: Bridgetown
Staatsform: konstitutionelle Monarchie im Commonwealth
Verwaltungsgliederung: 11 Distrikte
Bevölkerung: 285 500
Bev.-Zusammensetzung: Afrikanischstämmige (93 %), Europäischstämmige (3 %), Mulatten (3 %)
Sprachen: Englisch (amtl.), Bajan
Religion: Protestanten (66 %), Katholiken (4 %), weitere christl. Kirchen (5 %), Konfessionslose (20 %)
BIP/Einw.: 16 044 US$
Währung: 1 Barbados-Dollar = 100 Cents

Belize
Belize

Lage: Mittelamerika
Fläche: 22 965 km²
Höchster Berg: Richardson Peak (590 m)
Hauptstadt: Belmopan
Staatsform: parl. Monarchie im Commonwealth
Verwaltungsgliederung: 6 Distrikte
Bevölkerung: 360 000
Bev.-Zusammensetzung: Mestizen (53 %), Kreolen (26 %), Maya (11 %), Garifuna (6 %)
Sprachen: Englisch (amtl.), Kreol-Englisch, Spanisch
Religion: Katholiken (40 %), Protestanten (31,5 %)
BIP/Einw.: 4636 US$
Währung: 1 Belize-Dollar = 100 Cents

Canada
Kanada

Lage: Nordamerika
Fläche: 9 984 670 km²
Höchster Berg: Mt. Logan (5959 m)
Wichtige Gewässer: Mackenzie, Saskatchewan
Hauptstadt: Ottawa
Staatsform: Bundesstaatliche konstitutionelle Monarchie
Verwaltungsgliederung: 10 Provinzen, 3 Verwaltungsgebiete
Bevölkerung: 36,9 Mio.
Bev.-Zusammensetzung: Kanadier (32 %), Engländer (20 %), Franzosen (16 %), Schotten (14 %), Iren (14 %), Deutsche (10 %), Italiener, Asiaten, Indianer
Sprachen: Englisch, Französisch (alle amtl.)
Religion: Christen (67,3 %), Muslime (3,2 %), Hindus (1,5 %), Sikhs (1,4 %)
BIP/Einw.: 44 773 US$
Währung: 1 Kanadischer Dollar = 100 Cents

Costa Rica
Costa Rica

Lage: Mittelamerika
Fläche: 51 100 km²
Höchster Berg: Chirripo (3820 m)
Hauptstadt: San José
Staatsform: Präsidialrepublik
Verwaltungsgliederung: 7 Provinzen
Bevölkerung: 5 Mio.
Bev.-Zusammensetzung: Europäischstämmige u. Kreolen (94 %), Mulatten (7 %), Indianer (2 %), Afrikanischstämmige (1 %)
Sprache: Spanisch (amtl.), Englisch, Kreolisch
Religion: Katholiken (69 %), Evangeliten (14 %)
BIP/Einw.: 11 857 US$
Währung: 1 Costa-Rica-Colón = 100 Centavos

Cuba
Kuba

Lage: Mittelamerika (Karibik)
Fläche: 110 860 km²
Höchster Berg:
Pico Turquino (1974 m)
Hauptstadt: Havanna
Staatsform: sozialistische Republik
Verwaltungsgliederung:
15 Provinzen,
1 Sonderverwaltungsgebiet
Bevölkerung: 11,2 Mio.
Bev.-Zusammensetzung:
Europäischstämmige (64 %),
Mestizen (27 %),
Afrikanischstämmige (9 %)
Sprache: Spanisch
Religion:
Katholiken (85 %), Protestanten,
Jehowas Zeugen, Juden
BIP/Einw.: 10 200 US$
Währung:
1 Kubanischer Peso = 100 Centavos

Dominica
Dominica

Lage: Mittelamerika, Karibik
Fläche: 751 km²
Höchster Berg:
Morne Diablotins (1447 m)
Hauptstadt: Roseau
Staatsform:
Republik im Commonwealth
Verwaltungsgliederung:
10 Bezirke
Bevölkerung: 73 000
Bev.-Zusammensetzung:
Afrikanischstämmige (87 %),
Mulatten und Kreolen (9 %),
Indianer (3 %)
Sprachen:
Englisch (amtl.), Patois, Cocoy
Religion: Katholiken (80 %),
Anglikaner, Methodisten
BIP/Einw.: 7145 US$
Währung:
1 Ostkaribischer Dollar = 100 Cents

El Salvador
El Salvador

Lage: Mittelamerika
Fläche: 21 041 km²
Höchster Berg:
Santa Ana (2381 m)
Wichtige Gewässer: Ilopango-See
Hauptstadt: San Salvador
Staatsform: Präsidialrepublik
Verwaltungsgliederung:
14 Departamentos
Bevölkerung: 6,4 Mio.
Bev.-Zusammensetzung:
Mestizen (86 %), Europäischstämmige (13 %), Indianer (1 %)
Sprachen: Spanisch (amtl.),
indianische Sprachen
Religion: Katholiken (50 %),
Protestanten (21 %),
Jehovas Zeugen (2 %)
BIP/Einw.: 4330 US$
Währung:
1 El-Salvador-Colón = 100 Centavos

Grenada
Grenada

Lage: Mittelamerika (Karibik)
Fläche: 344 km²
Höchster Berg:
Mt. St. Catherine (840 m)
Hauptstadt: St. George's
Staatsform: konstitutionelle
Monarchie im Commonwealth
Bevölkerung: 107 600
Bev.-Zusammensetzung:
Afrikanischstämmige (82 %),
Mulatten (13 %),
Indischstämmige (5 %)
Sprachen: Englisch (amtl.), Patois
Religion: Katholiken (64 %),
Anglikaner (22 %), Methodisten
BIP/Einw.: 9469 US$
Währung:
1 Ostkaribischer Dollar = 100 Cents

Guatemala
Guatemala

Lage: Mittelamerika
Fläche: 108 889 km²
Höchster Berg:
Tajumulco (4220 m)
Hauptstadt: Guatemala-Stadt
Staatsform: Präsidialrepublik
Verwaltungsgliederung:
22 Departamentos
Bevölkerung: 17,5 Mio.
Bev.-Zusammensetzung:
Indianer (Maya, K'iche, Kaqchikel u.a., 40 %), Mestizen (58 %)
Sprachen: Spanisch (amtl.),
Maya-Sprachen
Religion: Katholiken (50 %),
Protestanten (45 %)
BIP/Einw.: 4185 US$
Währung:
1 Quetzal = 100 Centavos

Haïti
Haiti

Lage: Mittelamerika (Karibik)
Fläche: 27 750 km²
Höchster Berg:
Morne de la Selle (2715 m)
Hauptstadt: Port-au-Prince
Staatsform: Präsidialrepublik
Verwaltungsgliederung:
10 Départements
Bevölkerung: 10,5 Mio.
Bev.-Zusammensetzung:
Afrikanischstämmige (95 %),
Mulatten/Europäischstämmige (5 %)
Sprachen:
Französisch (amtl.), Kreolisch
Religion: Katholiken (55 %),
Protestanten (30 %), Naturreligionen und Voodoo
BIP/Einw.: 740 US$
Währung:
1 Gourde = 100 Centimes

Honduras
Honduras

Lage: Mittelamerika
Fläche: 112 492 km²
Höchster Berg:
Cerro Las Minas (2840 m)
Hauptstadt: Tegucigalpa
Staatsform: Präsidialrepublik
Verwaltungsgliederung:
18 Bezirke
Bevölkerung: 9,1 Mio.
Bev.-Zusammensetzung:
Mestizen (90 %), Indianer (7 %),
Afrikanischstämmige (2 %)
Sprachen: Spanisch (amtl.),
Englisch, indianische Sprachen
Religion: Katholiken (50 %),
Protestanten (50 %)
BIP/Einw.: 2573 US$
Währung:
1 Lempira = 100 Centavos

Jamaica
Jamaika

Lage: Mittelamerika (Karibik)
Fläche: 10 991 km²
Höchster Berg:
Blue Mountain Peak (2256 m)
Hauptstadt: Kingston
Staatsform: parlamentarische
Monarchie im Commonwealth
Verwaltungsgliederung:
14 Bezirke
Bevölkerung: 2,73 Mio.
Bev.-Zusammensetzung:
Afrikanischstämmige (92 %),
Mulatten (6 %), Inder (1 %)
Sprachen: Englisch (amtl.), Patois
Religion: Christen (67,5%),
Rastafari (1,1 %), Hindus,
Muslime, Juden
BIP/Einw.: 5120 US$
Währung:
1 Jamaika-Dollar = 100 Cents

México
Mexiko

Lage: Mittelamerika
Fläche: 1 964 375 km²
Höchster Berg:
Citlaltépetl (5636 m)
Wichtige Gewässer: Rio Grande
Hauptstadt: Mexiko-Stadt
Staatsform:
präsidiale Bundesrepublik
Verwaltungsgliederung:
31 Bundesstaaten,
1 Bundesdistrikt (Hauptstadt)
Bevölkerung: 124,6 Mio.
Bev.-Zusammensetzung:
Mestizen (60 %), Indianer (30 %),
Europäischstämmige (9 %)
Sprachen:
Spanisch (amtl.), indigene Sprachen
Religion: Katholiken (83 %),
Protestanten (7,5 %)
BIP/Einw.: 9249 US$
Währung: 1 Mexikanischer Peso = 100 Centavos

Nicaragua
Nicaragua

Lage: Mittelamerika
Fläche: 130 370 km²
Höchster Berg:
Cerro Mogotón (2107 m)
Wichtige Gewässer:
Nicaraguasee, Managuasee
Hauptstadt: Managua
Staatsform: Präsidialrepublik
Verwaltungsgliederung:
15 Provinzen, 2 autonome Regionen
Bevölkerung: 6,3 Mio.
Bev.-Zusammensetzung:
Mestizen (69 %), Europäischstämmige (17 %), Afrikanischstämmige (9 %), Indianer (5 %)
Sprachen: Spanisch (amtl.), Creol
Religion: Katholiken (56 %), Protestanten (34 %), Jehovas Zeugen
BIP/Einw.: 2202 US$
Währung:
1 Córdoba = 100 Centavos

Panamá
Panama

Lage: Mittelamerika
Fläche: 75 420 km²
Höchster Berg: Chiriquí (3475 m)
Wichtige Gewässer: Panamakanal
Hauptstadt: Panama-Stadt
Staatsform: Präsidialrepublik
Verwaltungsgliederung:
9 Provinzen, Panamakanal-Zone
Bevölkerung: 4,09 Mio.
Bev.-Zusammensetzung:
Mestizen (70 %), Mulatten (14 %),
Europäischstämmige/Kreolen (10 %), Indianer (6 %)
Sprachen:
Spanisch (amtl.), Englisch
Religion: Katholiken (86 %),
Protestanten (10 %)
BIP/Einw.: 15 531 US$
Währung:
1 Balboa = 100 Centésimos

República Dominicana
Dominikanische Republik

Lage: Mittelamerika (Karibik)
Fläche: 48 670 km²
Höchster Berg:
Pico Duarte (3175 m)
Hauptstadt: Santo Domingo
Staatsform: Präsidialrepublik
Verwaltungsgliederung:
26 Provinzen, Hauptstadtdistrikt
Bevölkerung: 10,65 Mio.
Bev.-Zusammensetzung:
Mulatten (73 %), Europäischstämmige (16 %), Afrikanischstämmige (11 %)
Sprache: Spanisch
Religion: Katholiken (65 %),
Protestanten (18 %)
BIP/Einw.: 6722 US$
Währung: 1 Dominikanischer Peso = 100 Centavos

Saint Kitts and Nevis
Saint Kitts und Nevis

Lage: Mittelamerika (Karibik)
Fläche: 261 km²
Höchster Berg:
Mt. Liamuiga (1156 m)
Hauptstadt: Basseterre
Staatsform: Föderation/
konstitutionelle Monarchie im Commonwealth
Verwaltungsgliederung:
14 Bezirke
Bevölkerung: 56 000
Bev.-Zusammensetzung: Afrikanischstämmige (86 %), Mulatten (11 %), Europäischstämmige (2 %)
Sprache: Englisch
Religion: Anglikaner (36 %),
Methodisten (32 %),
Katholiken (12 %)
BIP/Einw.: 16 300 US$
Währung:
1 Ostkaribischer Dollar = 100 Cents

Saint Lucia
Saint Lucia

Lage: Mittelamerika (Karibik)
Fläche: 616 km²
Höchster Berg:
Mt. Gimie (958 m)
Hauptstadt: Castries
Staatsform: parlamentarische
Monarchie im Commonwealth
Verwaltungsgliederung:
10 Distrikte, 1 Sonderbezirk
Bevölkerung: 165 595
Bev.-Zusammensetzung:
Afrikanischstämmige (85 %),
Mulatten (11 %), Asiaten/Inder (2 %), Europäischstämmige (1 %)
Sprachen: Englisch (amtl.), Patois
Religion: Katholiken (67,5 %),
weitere christliche Strömungen
BIP/Einw.: 7940 US$
Währung:
1 Ostkaribischer Dollar = 100 Cents

Saint Vincent and the Grenadines
Saint Vincent und die Grenadinen

Lage: Mittelamerika (Karibik)
Fläche: 389 km²
Höchster Berg: Soufrière (1234 m)
Hauptstadt: Kingstown
Staatsform: konstitutionelle
Monarchie im Commonwealth
Verwaltungsgliederung:
6 Bezirke
Bevölkerung: 117 200
Bev.-Zusammensetzung:
Afrikanischstämmige (66 %), Mulatten (19 %), Inder (6 %),
Europäischstämmige (4 %),
Indianer (2 %)
Sprache: Englisch
Religion: Protestanten (80 %),
Katholiken (11 %)
BIP/Einw.: 7 038 US$
Währung:
1 Ostkaribischer Dollar = 100 Cents

Trinidad and Tobago
Trinidad und Tobago

Lage: Mittelamerika (Karibik)
Fläche: 5 128 km²
Hauptstadt: Port of Spain
Staatsform:
Parlamentarische Demokratie
Verwaltungsgliederung:
9 Regionen, Tobago (autonom)
Bevölkerung: 1,4 Mio.
Bev.-Zusammensetzung:
Inder (35,4 %), Afrikanischstämmige (34,2 %), Mulatten
Sprache: Englisch
Religion:
Freikirchen (28 %), Katholiken (21 %), Hindus (18 %), Muslime (5 %), Jehowas Zeugen (2 %)
BIP/Einw.: 15 377 US$
Währung: 1 Trinidad-und-Tobago-Dollar = 100 Cents

United States of Amerika
Vereinigte Staaten von Amerika

Lage: Nordamerika
Fläche: 9 826 675 km²
Höchster Berg:
Mt. McKinley (6194 m)
Wichtige Gewässer: Mississippi/Missouri, Yukon, Ohio, Arkansas, Colorado, Yellowstone, Rio Grande, Michigansee, Huronsee, Oberer See, Ontariosee, Eriesee
Hauptstadt: Washington D. C.
Staatsform:
präsidiale Bundesrepublik
Verwaltungsgliederung:
50 Bundesstaaten, 1 Distrikt
Außengebiete: Nördliche Marianen, Puerto Rico, Amerikanische Jungferninseln, Amerikanisch-Samoa, Guam, 8 Inseln im Pazifik, 2 Inseln in der Karibik
Bevölkerung: 319 Mio.
Bev.-Zusammensetzung:
Europäischstämmige (80 %), Hispanics (15 %), Afrikanischstämmige (13 %), Asiaten (4 %), Indianer/Eskimos (1 %)
Sprachen: Englisch (amtl.), Spanisch, indianische Sprachen
Religion: Protestanten (37 %), Katholiken (23 %), Juden (2 %), Mormonen (2 %), Muslime (1 %)
BIP/Einw.: 57 608 US$
Währung: 1 US-Dollar = 100 Cents

SÜDAMERIKA

Argentina
Argentinien

Lage: S-Südamerika
Fläche: 2 780 400 km²
Höchster Berg:
Aconcagua (6962 m)
Wichtige Gewässer:
Colorado, Rio Negro/Paraná
Hauptstadt: Buenos Aires
Staatsform: Bundesrepublik
Verwaltungsgliederung:
22 Provinzen, 1 Bundesdistrikt, 1 Nationalterritorium
Bevölkerung: 43,6 Mio.
Bev.-Zusammensetzung:
Europäischstämmige (97 %), mestizen und Indianer (3 %)
Sprache: Spanisch
Religion: Katholiken (74 %), Protestanten (10 %), Juden (1 %)
BIP/Einw.: 14 090 US$
Währung: 1 Argentinischer Peso = 100 Centavos

Bolivia
Bolivien

Lage: Zentral-Südamerika
Fläche: 1 098 581 km²
Höchster Berg:
Nevado Sajama (6542 m)
Wichtige Gewässer:
Titicacasee, Poopósee
Hauptstadt: Sucre
Staatsform: präsidiale Republik
Verwaltungsgliederung:
9 Departamentos
Bevölkerung: 11 Mio.
Bev.-Zusammensetzung:
Quechua (30 %), Mestizen (30 %), Aymara (25 %), Europäischstämmige (15 %)
Sprachen: Spanisch, Quechua, Aymará (alle amtl.)
Religion: Katholiken (78 %), Protestanten (5 %), Naturreligionen
BIP/Einw.: 3105 US$
Währung:
1 Boliviano = 100 Centavos

Brasil
Brasilien

Lage: O-Südamerika
Fläche: 8 514 977 km²
Höchster Berg:
Pico da Neblina (2994 m)
Wichtige Gewässer:
Amazonas, Paraná, Madeira
Hauptstadt: Brasilia
Staatsform: föderative Republik
Verwaltungsgliederung:
26 Bundesstaaten, 1 Bundesdistrikt (Hauptstadt)
Bevölkerung: 207,1 Mio.
Bev.-Zusammensetzung:
Europäischstämmige (48 %), Mulatten (43 %), Afrikanischstämmige (8 %), Asiaten (1 %)
Sprachen: Portugiesisch (amtl.), regionale Indianersprachen
Religion: Katholiken (68 %), Protestanten
BIP/Einw.: 8649 US$
Währung: 1 Real = 100 Centavos

Chile
Chile

Lage: W-Südamerika
Fläche: 756 102 km²
Höchster Berg:
Nev. Ojos del Salado (6893 m)
Hauptstadt: Santiago de Chile
Staatsform: Präsidialrepublik
Verwaltungsgliederung:
15 Regionen
Bevölkerung: 18 Mio.
Bev.-Zusammensetzung:
Mestizen/Europäischstämmige (89 %), Mapuche-Indianer (9 %), Aymara
Sprache: Spanisch
Religion: Katholiken (64 %), Protestanten (17 %)
BIP/Einw.: 14 315 US$
Währung:
1 Chil.Peso=100 Centavos

Colombia
Kolumbien

Lage: NW-Südamerika
Fläche: 1 138 910 km²
Höchster Berg:
Pico Cristóbal Colón (5775 m)
Wichtige Gewässer: Putumayo
Hauptstadt: Bogotá
Staatsform: Präsidialrepublik
Verwaltungsgliederung:
32 Departamentos, Hauptstadtdistrikt
Bevölkerung: 49,4 Mio.
Bev.-Zusammensetzung:
Mestizen (49 %), Europäischstämmige (20 %), Mulatten (14 %), Afrikanischstämmige (4 %), Zambos
Sprache: Spanisch
Religion: Katholiken (80 %)
BIP/Einw.: 5897 US$
Währung: 1 Kolumbianischer Peso = 100 Centavos

Ecuador
Ecuador

Lage: NW-Südamerika
Fläche: 238 561 km²
Höchster Berg:
Chimborazo (6267 m)
Hauptstadt: Quito
Staatsform: Präsidialrepublik
Verwaltungsgliederung:
22 Provinzen Mit Galápagos und »Zonas no delimitadas«
Bevölkerung: 16,8 Mio.
Bev.-Zusammensetzung:
Mestizen (65 %), Montubio (8 %), Afrikanischstämmige (7 %), Indianer (25 %), Europäischstämmige (7 %)
Sprachen: Spanisch (amtl.), indianische Dialekte
Religion: Katholiken (85 %)
BIP/Einw.: 5966 US$
Währung: 1 Sucre = 100 Centavos

Guyana
Guyana

Lage: N-Südamerika
Fläche: 214 970 km²
Höchster Berg:
Mt. Roraima (2810 m)
Wichtige Gewässer: Essequibo
Hauptstadt: Georgetown
Staatsform: Präsidialrepublik im Commonwealth
Verwaltungsgliederung:
10 Regionen
Bevölkerung: 772 000
Bev.-Zusammensetzung:
Inder (49,5 %), Afrikanischstämmige (35,6 %), Mulatten/Mestizen (17 %), Indianer (6,8 %)
Sprachen: Englisch (amtl.), indianische Sprachen, Kreol, Hindi, Urdu
Religion: Christen (42 %), Hindus (34 %), Muslime (10 %)
BIP/Einw.: 4444 US$
Währung:
1 Guyana-Dollar = 100 Cents

Paraguay
Paraguay

Lage: Zentral-Südamerika
Fläche: 406 752 km²
Wichtige Gewässer: Paraguay
Hauptstadt: Asunción
Staatsform: Präsidialrepublik
Verwaltungsgliederung:
17 Departamentos
Bevölkerung: 6,9 Mio.
Bev.-Zusammensetzung:
Mestizen und Indianer (95 %), Europäischstämmige (2 %), Kreolen
Sprachen:
Spanisch, Guaraní (beide amtl.)
Religion: Katholiken (90 %), Protestanten (6 %)
BIP/Einw.: 4078 US$
Währung:
1 Guarani = 100 Céntimos

Perú
Peru

Lage: W-Südamerika
Fläche: 1 285 216 km²
Höchster Berg:
Huascarán (6768 m)
Wichtige Gewässer: Titicacasee
Hauptstadt: Lima
Staatsform: Republik
Verwaltungsgliederung:
25 Regionen
Bevölkerung: 31,83 Mio.
Bev.-Zusammensetzung:
Indianer (45 %), Mestizen (37 %), Europäischstämmige (15 %), Afrikanischstämmige, Japaner, Chinesen
Sprachen: Spanisch, Quechua (beide amtl.), Aymará
Religion:
Katholiken (81 %), Protestanten (12 %), Naturreligionen
BIP/Einw.: 21 657 US$
Währung:
1 Nuevo Sol = 100 Céntimos

Suriname
Suriname

Lage: N-Südamerika
Fläche: 163 820 km²
Höchster Berg: Julianatop (1280 m)
Wichtige Gewässer:
Van Blommestein-Meer
Hauptstadt: Paramaribo
Staatsform: Präsidialrepublik
Verwaltungsgliederung:
9 Distrikte, Hauptstadtdistrikt
Bevölkerung: 550 400
Bev.-Zusammensetzung:
Indischstämmige (34 %), Kreolen (34 %), Javaner (18 %), Afrikanischstämmige (10 %), Indianer (2 %), Chinesen
Sprachen: Niederländisch (amtl.), Hindi, Javanisch, Englisch, Sranang-Tongo
Religion: Hindus (25 %), Christen (48 %), Muslime (20 %), Naturreligionen (5 %)
BIP/Einw.: 6484 US$
Währung:
1 Suriname-Gulden = 100 Cents

Uruguay
Uruguay

Lage: SO-Südamerika
Fläche: 176 215 km²
Wichtige Gewässer:
Rio de la Plata, Uruguay, Río Negro
Hauptstadt: Montevideo
Staatsform: Präsidialrepublik
Verwaltungsgliederung:
19 Departamentos
Bevölkerung: 3,44 Mio.
Bev.-Zusammensetzung:
Europäischstämmige (88 %), Mestizen (8 %), Afrikanischstämmige (4 %), Indianer
Sprache: Spanisch
Religion: Katholiken (41 %), weitere Christen (8 %), Juden (1 %)
BIP/Einw.: 18 074 US$
Währung:
1 Peso Uruguayo = 100 Centésimos

Venezuela
Venezuela

Lage: N-Südamerika
Fläche: 912 050 km²
Höchster Berg:
Pico Bolivar (4981 m)
Wichtige Gewässer: Orinoco
Hauptstadt: Caracas
Staatsform:
präsidiale Bundesrepublik
Verwaltungsgliederung:
22 Bundesstaaten, 1 Hauptstadtdistrikt
Bevölkerung: 31 Mio.
Bev.-Zusammensetzung:
Mestizen und Mulatten (50 %), Europäischstämmige (42 %), Afrikanischstämmige (3 %), Indianer (3 %)
Sprache: Spanisch, indigene Sprachen
Religion: Katholiken (96 %), Protestanten (2 %)
BIP/Einw.: 9258 US$
Währung: 1 Bolívar = 100 Céntimos

UNO
United Nations Organization
Organisation der Vereinten Nationen
Gründung: 1945
Mitglieder: 193 Staaten
Sitz: New York
1942 schlossen sich unter dem Eindruck des Zweiten Weltkriegs 26 Staaten zusammen. Am 24.10.1945 verabschiedeten 45 Nationen die »Charta der Vereinten Nationen«; in der Folge wandelte sich das einstige Kriegsbündnis zu einem weltumspannenden Forum, das den Völkerbund von 1919 ersetzte. Ziele des Bündnisses sind die Erhaltung des Weltfriedens und der internationalen Sicherheit, die Förderung von Menschenrechten und Grundfreiheiten »ohne Unterschied der Rasse, des Geschlechts, der Sprache und der Religion«. Die friedliche Schlichtung von Konflikten steht im Vordergrund. Die Generalversammlung (UNGA), in der jedes Mitglied mit einer Stimme vertreten ist, tagt einmal jährlich. Ständige Mitglieder des Sicherheitsrats sind China, Frankreich, Großbritannien, Russland und die USA; zehn weitere Mitglieder werden auf zwei Jahre gewählt. Der Sicherheitsrat handelt im Namen aller Mitglieder, er erteilt und verlängert das Mandat der UN-Streitkräfte.

UNESCO
United Nations Educational, Scientific and Cultural Organization
UN-Organisation für Erziehung, Wissenschaft und Kultur
Gründung: 1946
Mitglieder: 195 Staaten, 9 assoziierte Mitglieder
Sitz: Paris
Die Sonderorganisation der UNO fördert die Zusammenarbeit der Mitgliedsstaaten in kulturellen Belangen und führt die stetig erweiterte »Liste des Weltkultur- und Naturerbes«. Besondere Unterstützung erfahren außerdem Bildungs- und Erziehungsprogramme in den Entwicklungsländern.

UNHCR
United Nations High Commissioner for Refugees
Hoher Flüchtlingshochkommissar der Vereinten Nationen
Gründung: 1949
Sitz: Genf
Hilfe für rassisch, religiös oder politisch verfolgte Menschen. Regelmäßige Untersuchungen der Flüchtlingsströme in der ganzen Welt und Organisation von Hilfsaktionen.

UNICEF
United Nations International Children's Fund
Internationales Kinderhilfswerk der Vereinten Nationen
Gründung: 1946
Sitz: New York
Sichert in rund 150 Staaten die Ernährung und medizinische Versorgung bedürftiger Kinder und Mütter und wird größtenteils durch private Spenden finanziert. Fordert ein Verbot der Rekrutierung von »Kindersoldaten«.

WHO
World Health Organization
Weltgesundheitsorganisation
Gründung: 1948
Mitglieder: 194 Staaten
Sitz: Genf
Die WHO unterhält einen weltweiten Seuchenwarndienst und engagiert sich für den Ausbau medizinischer Forschung und Versorgung, zum Beispiel in der Aids-Bekämpfung (UNAIDS-Programm).

APEC
Asia-Pacific Economic Corporation
Asiatisch-pazifische wirtschaftliche Zusammenarbeit
Gründung: 1989
Mitglieder: 21 Anrainerstaaten des Pazifiks
Sitz: Singapur
Das Ziel der Gemeinschaft ist die Schaffung einer Freihandelszone im pazifischen Raum.

Arabische Liga
Gründung: 1945
Mitglieder: 21 arabische Staaten Afrikas und Asiens sowie die PLO als Vertretung Palästinas
Sitz: Kairo
Die Vereinigung arabischer Staaten fördert die Zusammenarbeit in Kultur, Wirtschaft, Politik und Wissenschaft und vertritt gemeinsame außenpolitische Interessen.

ASEAN
Association of South East Asian Nations
Vereinigung südostasiatischer Nationen
Gründung: 1967
Mitglieder: Brunei, Indonesien, Malaysia, Philippinen, Kambodscha, Myanmar, Singapur, Thailand, Vietnam, Laos, Beobachter: Papua-Neuguinea, Osttimor
Sitz: Jakarta
Förderung von Wirtschaftswachstum, sozialem Fortschritt und politischer Stabilität. Eine Freihandelszone ist seit 2003 in Kraft. 2009 wurde der Beschluss gefasst, einen gemeinsamen Wirtschaftsraum nach dem Vorbild der EU zu bilden.

BRICS
Gründung: 2006
Mitglieder: Brasilien, Russland, Indien, China, Südafrika
Sitz: ohne
Die BRICS-Staaten repräsentieren ca. 40% der Weltbevölkerung und erwirtschaften rund ein Viertel des globalen BIP und das mit steigender Tendenz. Ziel dieser aufstrebenden Industrie-Schwellenländer ist es sich unabhängiger von den führenden Industrienationen zu machen. 2014 wurde dazu von diesen Ländern die New Development Bank gegründet. Sie versteht sich als Alternative zur Weltbank und zum IWF.

CFA
Communauté Financière Africaine
Afrikanische Währungsunion
Mitglieder: 14 west- und zentralafrikanische Staaten
Sitz: ohne
Währungsverband ehemaliger französischer Kolonialstaaten in Afrika. Gültige Währung ist der CFA-Franc der west- und der zentralafrikanischen Zentralbank.

Commonwealth of Nations
Gründung: 1931
Mitglieder: 53 Staaten
Sitz: London
Förderung der politischen, wirtschaftlichen und kulturellen Zusammenarbeit sowie Sicherung der Demokratie in den Mitgliedsländern des ehemaligen British Empire. Die Gründung des Commonwealth 1931 leitete den Prozess der Entkolonisierung ein. Alle Kolonien erlangten bis 1984 Unabhängigkeit, blieben jedoch mit Großbritannien assoziiert.

EFTA
European Free Trade Association Association
Europäische Freihandelsvereinigung
Gründung: 1960
Mitglieder: Island, Liechtenstein, Norwegen, Schweiz
Sitz: Genf
Förderung des Freihandels zwischen den Mitgliedsländern und assoziierten Drittländern.

ER
Europarat
Gründung: 1949
Mitglieder: 47 Staaten
Sitz: Straßburg
Die Organisation beinahe aller europäischen Staaten auf völkerrechtlicher Grundlage wurde auf private Initiative hin in London gegründet. Das Ziel dieses Bündnisses ist die Förderung der Zusammenarbeit, die Erhaltung gemeinsamen kulturellen Erbes, die Durchsetzung der Menschenrechte (»Europäische Menschenrechtskonvention« von 1950) und der Interessen von Minderheiten sowie die Stärkung der jungen osteuropäischen Demokratien.

EU
Europäische Union
Gründung: 1993
Mitglieder: Belgien, Bulgarien, Dänemark, Deutschland, Estland, Finnland, Frankreich, Griechenland, Großbritannien, Irland, Italien, Kroatien, Lettland, Litauen, Luxemburg, Malta, Niederlande, Österreich, Polen, Portugal, Rumänien, Schweden, Slowakei, Slowenien, Spanien, Tschechische Republik, Ungarn und Zypern.
Sitze: Straßburg, Brüssel, Luxemburg
Der Vorläufer der EU entstand aus der Montanunion, die 1957 durch die Europäische Wirtschaftsgemeinschaft (EWG) erweitert wurde. 1967 fusionierten diese Organe mit der Europäischen Atomgemeinschaft (EURATOM) zur EG, die 1993 in EU umbenannt wurde. Der Zusammenschluss sucht eine gemeinsame Außen- und Sicherheitspolitik und fördert die Zusammenarbeit in Belangen der Innen- und Rechtspolitik der Mitgliedsstaaten.

FTAA
Free Trade Area of the Americas
Gesamtamerikanische Freihandelszone
Das 1994 geschlossene Abkommen soll die nord- und südamerikanischen Freihandelszonen (NAFTA und Mercosur) verbinden und sieht unter Einbeziehung aller Staaten Nord-, Mittel- und Südamerikas (ohne Kuba) den bislang größten zwischenstaatlichen Binnenmarkt der Welt vor.

GUS
Gemeinschaft unabhängiger Staaten
Gründung: 1991
Mitglieder: Armenien, Ukraine, Aserbaidschan, Russland, Kasachstan, Kirgisistan, Moldawien, Tadschikistan, Turkmenistan, Usbekistan, Weißrussland
Sitz: Minsk
Bündnis aus elf ehemaligen Sowjet-Republiken unter dem Vorsitz Russlands. Zusammenarbeit in politischen, kulturellen, militärischen und wirtschaftlichen Belangen. Ziel war eine gemeinsame Außen- und Wirtschaftspolitik. Die GUS hat inzwischen allerdings kaum mehr politische Bedeutung.

IKRK
Internationales Komitee vom Roten Kreuz
Gründung: 1863 als »Komitee der Fünf«
Mitglieder: max. 25 Schweizer
Sitz: Genf
Das Hilfswerk, 1880 aus dem »Komitee der Fünf« zur Unterstützung verwundeter Soldaten hervorgegangen, ist ein privater Verein zur Förderung des humanitären Völkerrechts und Dachverband der Internationalen Bewegung vom Roten Kreuz und Roten Halbmond.

IWF
Internationaler Währungsfond
Gründung: 1945
Mitglieder: 188 Staaten
Sitz: Washington D.C.
Ziele des IWF sind u.a. die Förderung der Zusammenarbeit in der Währungspolitik, Ausweitung und ausgewogenes Wachstum der Weltwirtschaft zu fördern sowie die Stabilität der Wechselkurse zu achten. Darüber hinaus kann der IWF Kredite an Staaten vergeben, die unter wirtschaftlichen Problemen leiden. Das Stimmrecht der Mitgliedstaaten ist an ihrem Kapitalanteil gekoppelt.
Größte Anteilseigner sind die USA, gefolgt von Japan und Deutschland.

NATO
North Atlantic Treaty Organization
Organisation des Nordatlantikvertrags
Gründung: 1949
Mitglieder: 28
Sitz: Brüssel
Der von den USA gegen die Bedrohung durch den Warschauer Pakt initiierte militärische Beistandspakt verfolgt seit Anfang der 1990er-Jahre eine Zusammenarbeit mit ehemaligen Ostblockstaaten im Rahmen der »NATO-Partnerschaft für den Frieden«. Eines der Ziele in dieser Neuausrichtung des Bündnisses ist die Koppelung der Mitgliedschaften in EU und NATO.

OECD
Organization for Economic Cooperation and Development
Organisation für wirtschaftliche Zusammenarbeit und Entwicklung
Gründung: 1961
Mitglieder: 34 Staaten
Sitz: Paris
Nachfolgeorganisation des 1948 gegründeten Europäischen Wirtschaftsrats zum Wiederaufbau Europas (OEEC). Ziel ist die wirtschaftliche Entwicklung sowie die Hebung und Sicherung des Lebensstandards der Bevölkerung in den Mitgliedsländern.

OPEC
Organization of Petroleum Exporting Countries
Organisation Erdöl exportierender Länder
Gründung: 1960
Mitglieder: 14 Staaten
Sitz: Wien
Erdöl-Kartellorganisation im Interesse der Mitgliedsländer, deren Wirtschaft in hohem Maße vom Erdölexport abhängt.

OSZE
Organization for Security and Cooperation in Europe
Organisation für Sicherheit und Zusammenarbeit in Europa
Gründung: 1975 (KSZE), seit 1995 OSZE
Mitglieder: 57 Staaten
Sitz: Wien
Mit Unterzeichnung der Schlussakte in Helsinki begann die Arbeit der Konferenz zur Friedenssicherung in Europa.

WTO
World Trade Organization
Welthandelsorganisation
Gründung: 1995
Mitglieder: 161 Staaten und die EU-Kommission
Sitz: Genf
Löste das Welthandels-Abkommen GATT von 1947 ab und überwacht seitdem multilaterale Verträge über den Austausch von Dienstleistungen oder Waren sowie die Abkommen über Patente und andere Eigentumsrechte. Die WTO sorgt auch für ein effektives Streitschlichtungsverfahren bei Handelskonflikten.

FASZINIERENDE ERDE

Der blaue Planet

Die Erde entstand vor etwa 4,6 Mrd. Jahren aus einer Gas- und Staubwolke. Wissenschaftler haben drei Möglichkeiten, sich ein aussagekräftiges Bild von ihrer Zusammensetzung zu verschaffen: die Beobachtung der zugänglichen Zonen (Atmosphäre, Hydrosphäre sowie die obere Erdkruste), die Untersuchung von neuem vulkanischem Material und älterem Tiefengestein sowie die Untersuchung von Meteoriten und den physikalischen Eigenschaften der Erde.

Die größten Körper im Sonnensystem

(Äquatordurchmesser)

1	**Sonne**	1.392.000 km
2	**Jupiter**	142.984 km
3	**Saturn**	120.536 km
4	**Uranus**	51.118 km
5	**Neptun**	49.528 km
6	**Erde**	12.756 km
7	**Venus**	12.104 km
8	**Mars**	6.805 km
9	**Ganymed** (Jupitermond)	5.262 km
10	**Titan** (Saturnmond)	5.150 km

Diese Illustration zeigt die Sonne mit ihren acht Planeten Merkur, Venus, Erde, Mars, Jupiter, Saturn, Uranus, Neptun). Der Kleinplanet Pluto (ganz rechts) gehört zu den über 70.000 Objekten mit über 100 km Durchmesser, die den Kuipergürtel bilden, den äußersten Rand des Sonnensystems.

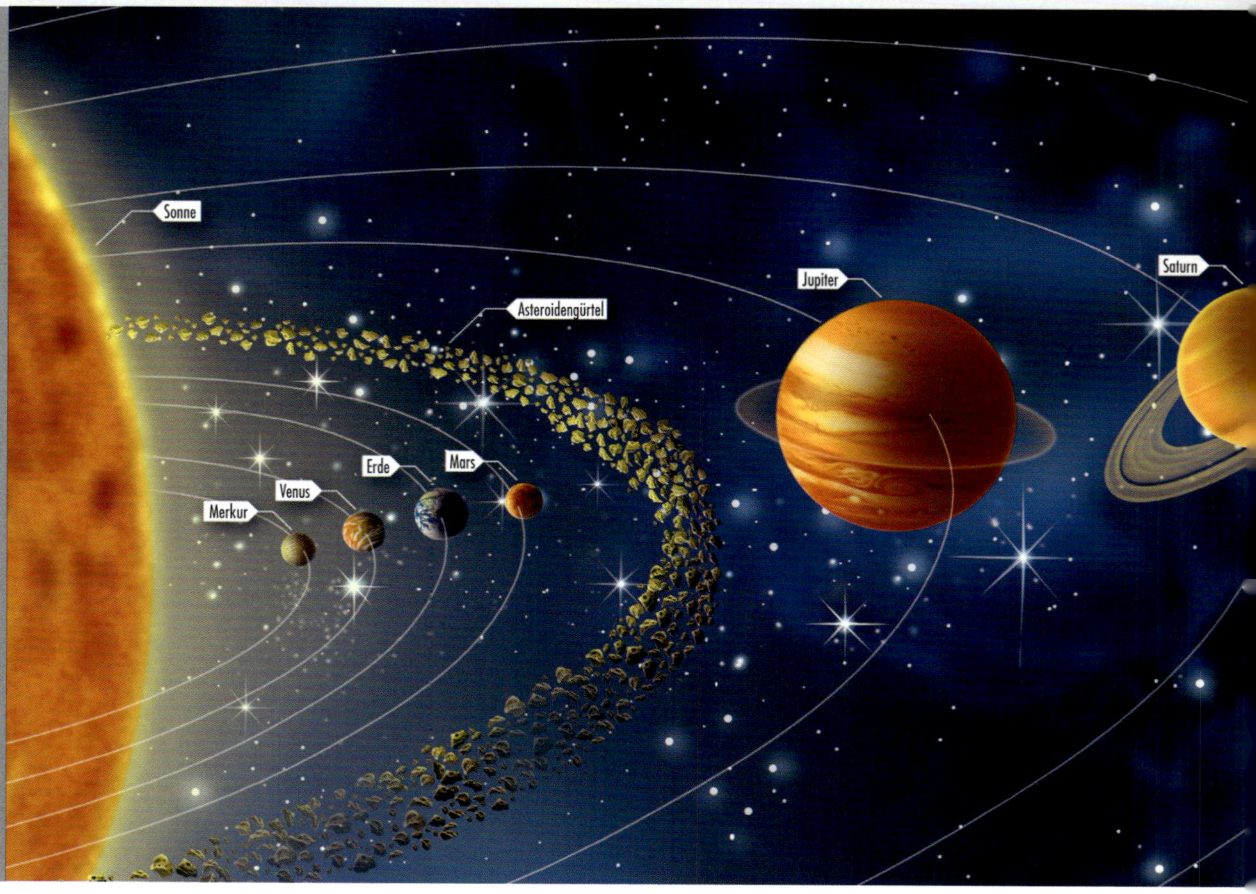

Grand Canyon, USA: Die sehr gut erkennbare Abfolge der unterschiedlichen Gesteinsschichten in den Felswänden dokumentiert die verschiedenen Perioden der Erdzeitalter.

ERDOBERFLÄCHE

Die Oberfläche der Erde besteht zu 71 % aus Wasser, zu 29 % aus fester Landmasse. Die Durchschnittshöhe der Landerhebungen beträgt 790 m, die mittlere Ozeantiefe liegt bei etwa 3.900 m unter dem Meeresspiegel.

ERDKRUSTE

Aufgrund ihrer relativ einfachen Zugänglichkeit ist die äußerste Schicht der Erde, die Erdkruste, die am eingehendsten erforschte Zone. Sie besteht aus leichterem Gestein, das während der Erdentstehung zur Oberfläche emporgestiegen und dort erstarrt ist.

Die weltweit bedeutendste Fundstelle für Dinosaurierfossilien liegt im Südosten von Alberta, in den kanadischen »Badlands«.

Die Erdkruste teilt sich in die äußere Sialschicht und in die tiefer gelegene Simaschicht. Im ozeanischen Bereich reicht die Erdkruste bis in 8 km Tiefe hinab, während sie unter den Kontinenten eine Stärke von 40 km aufweist. Mit zunehmender Tiefe steigt die Temperatur in der Erdkruste bis auf 800 °C an.

ERDMANTEL

Der Erdmantel ist die umfangreichste Schale unseres Planeten. Auch er ist zweigeteilt, in den Oberen und den Unteren Erdmantel. Der Erdmantel besteht aus dichtem, heißem, teilweise geschmolzenem Gestein und reicht bis in 2.900 km Tiefe.

UNIVERSUM UND SONNENSYSTEM – unermesslich, unbegreiflich

Das Universum ist *der* Superlativ schlechthin. Rund 15 Mrd. Jahre sollen seit dem Urknall vergangen sein. Sein Radius misst 18 Mrd. Lichtjahre. Mehr als 100 Mrd. Sternensysteme soll das Weltall enthalten. Unser Sonnensystem besteht aus acht Planeten, bisher drei Zwergplaneten, Dutzenden von Monden, etwa 50.000 Planetoiden, einer Vielzahl von Kometen und Meteoriden sowie der Materie des Zodiakallichts. Als Ausdehnungsbereich unseres Sonnensystems gilt die Reichweite des Sonnenwindes, eine Zone, die etwa 5 Mrd. km weit in den Weltraum reicht.

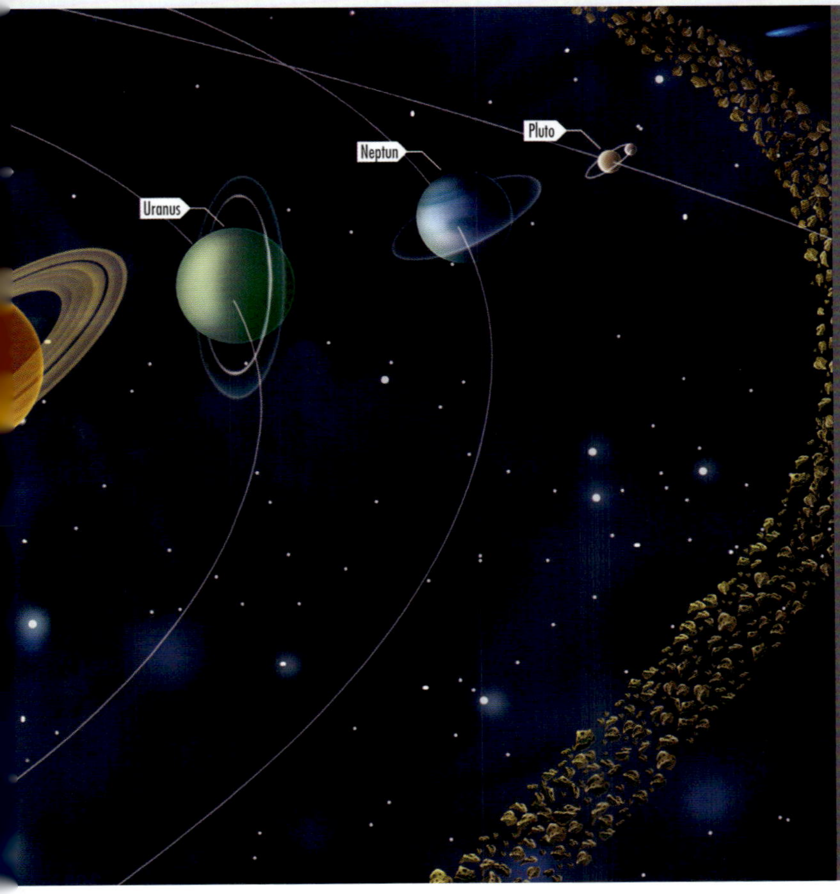

Die größten Monde des Sonnensystems
(Äquatordurchmesser)

❶ **Ganymed** (Jupiter)	5.262 km
❷ **Titan** (Saturn)	5.150 km
❸ **Kallisto** (Jupiter)	4.821 km
❹ **Io** (Jupiter)	3.643 km
❺ **Mond** (Erde)	3.476 km
❻ **Europa** (Jupiter)	3.122 km
❼ **Triton** (Neptun)	2.707 km
❽ **Titania** (Uranus)	1.578 km
❾ **Rhea** (Saturn)	1.528 km
❿ **Oberon** (Uranus)	1.523 km

Satelliten sind Himmelskörper, die einen Planeten oder Zwergplaneten umkreisen, selbst aber keine weiteren Trabanten haben – man spricht in diesem Fall auch von Monden. Die Planeten des Sonnensystems haben nach bisherigem Kenntnisstand 167 natürliche Satelliten.

Das Bild rechts zeigt den Jupitermond Io, den innersten und drittgrößten von vier weiteren, vor seinem Mutterplaneten.

DER HEISSE KERN

Während Erdkruste und Erdmantel gut erforscht sind, weiß man über den Erdkern noch relativ wenig. Er setzt sich zusammen aus dem ca. 2.200 km mächtigen flüssigen Äußeren Kern und dem etwa 1.200 km tiefen, sich bis zum Mittelpunkt der Erde erstreckenden Inneren Kern. Der Innere Kern ist fest, da der Druck in dieser Tiefe gewaltig und die Temperatur zum Schmelzen zu gering ist. Beide Kernschichten bestehen wohl hauptsächlich aus geschmolzenem Eisen, vielleicht mit Beimengungen von Schwefel und Nickel. In seinem Inneren erreicht der Erdkern Temperaturen von bis zu 5.000° C. Im Lauf der 4,6 Mrd. Jahren dauernden Erdgeschichte ist der Innere Kern bis auf einen Radius von etwa 1.200 km angewachsen. Zusammen mit der Erdrotation erzeugt der flüssige Teil des Erdkerns das Magnetfeld der Erde.

Ist die Erde eine Kugel?

Schon vor rund 2.300 Jahren waren Gelehrte wie Aristoteles (384 bis 322 v. Chr.) davon überzeugt, dass die Erde die Form einer Kugel hat. Schiffe etwa, die am Horizont verschwanden, oder der stets runde Schatten der Erde, der sich bei einer Mondfinsternis über den Mond schiebt, waren deutliche Zeichen dafür. Auch wenn heute stets von der »Erdkugel« oder dem »Erdball« die Rede ist, so entspricht unser blauer Planet dieser idealtypischen Kugelform eben doch nicht ganz, sondern nur fast. Zu den Polen hin ist die Erde leicht abgeflacht und am Äquator leicht ausgewölbt. Aufgrund ihrer viele Millionen von Jahren lang andauernden Entstehungs- und Entwicklungsgeschichte weist sie einen schalenförmigen Aufbau (Erdkruste, Erdmantel, Erdkern) auf. Diese Erdschichten sind durch sogenannte Diskontinuitäten (Grenzflächen) voneinander getrennt.

Die geologischen Zeitalter

Die Geschichte unserer Erde von ihrer Entstehung bis zum heutigen Tag ist in hierarchisch gegliederte Perioden unterteilt. Grundlage dieser Systematik ist die chronologische Entwicklung vor allem von tierischem Leben auf der Erde, dessen Überreste und Spuren sich vielfach in Gesteinsschichten als Fossilien erhalten haben. Nach Namen und Alter dieser Gesteinseinheiten – wie etwa Silur, Karbon und Jura – werden die entsprechenden Erdperioden benannt.

Verschiebungen der Erdkruste vor rund 60 Mio. Jahren und Erosion durch Wasser schufen die sogenannten Hoodoos, Gesteinsformationen des Bryce Canyon in Utah, USA.

DINOSAURIER – die größten Landtiere, die jemals auf der Erde lebten

Rund 150 Mio. Jahre lang bevölkerten Dinosaurier die Erde (zum Vergleich: menschenähnliche Lebewesen gibt es »erst« seit etwa 4,5 Mio. Jahren). In diesem Zeitraum waren sie die dominierende Tierart auf der Erde und in den verschiedensten Lebensräumen zu finden – selbst in der Antarktis. Ihre größten Vertreter wurden über 30 m (Sauropseidon proteles) lang und mehr als 50 t (Brachiosaurus) schwer; damit waren sie die größten jemals auf der Erde lebenden Landtiere. Rätselhaft ist bis heute, warum die Dinosaurier zum Ende der Kreidezeit, vor 66 Mio. Jahren, ausstarben.

VOM PRÄKAMBRIUM ZUR ERDNEUZEIT

Das **Präkambrium** reicht bis zur Entstehung der Erde vor 4,6 Mrd. Jahren zurück und umfasst die Zeitalter vor dem Kambrium, insgesamt rund 4 Mrd. Jahre. Im **Archaikum** (3,6–2,5 Mrd. Jahre) bilden sich die ersten primitiven Teile der Erdkruste. Ein Großteil der Erdoberfläche besteht aus vulkanischem Gestein. Erstmals entsteht Leben auf der Erde, die ältesten bekannten Fossilien stammen aus dieser Zeit. Während des **Proterozoikums** (2,5 Mrd.–570 Mio. Jahre) formieren sich die ersten Kontinente sowie weitläufige Flachmeerregionen an den Kontinentalrändern. Große Mengen von Sauerstoff bilden sich in der Atmosphäre. Im **Jungproterozoikum** schließen sich die Kontinente zum ersten Superkontinent, Rodinia, zusammen. Es kommt zu einer Differenzierung des Klimas. Mit dem **Paläozoikum** (570–245 Mio. Jahre) bricht ein neues, biologisch bedeutendes Erdzeitalter an, das Erdaltertum. Dieses wird in sechs Abschnitte eingeteilt: Kambrium (570–500 Mio. Jahre), Ordovizium (500–440 Mio. Jahre), Silur (440–410 Mio. Jahre), Devon (410–360 Mio. Jahre), Karbon (360–290 Mio. Jahre), Perm (290–250 Mio. Jahre). Mit dem **Mesozoikum** (250–65 Mio. Jahre) beginnt ein neues Zeitalter der Erdgeschichte, das sich in Trias, Jura und Kreide aufteilt. Die Erdneuzeit, das **Neozoikum** bzw. **Känozoikum**, dauert bereits rund 65 Mio. Jahre an: Sie umfasst das Tertiär mit Alt- und Jungtertiär sowie das Quartär mit Pleistozän und Holozän. 2004 wurde diese Einteilung revidiert; man spricht jetzt auch vom Paläogen (früher: Alttertiär) und Neogen (früher: Jungtertiär und Quartär).

DIE ERDE – der bislang einzige bekannte Himmelskörper, auf dem sich Leben entwickelt hat

Die Erde ist der bisher einzige bekannte Himmelskörper, auf dem sich Leben entwickelt hat. Nur hier brachte das feine Zusammenspiel zahlreicher verschiedener Faktoren eine Pflanzen- und Tierwelt hervor, die sich im Lauf der Evolution den unterschiedlichsten Umgebungen angepasst hat. Seit rund 4 Mrd. Jahren gibt es Leben auf der Erde. Bei den ersten Lebensformen handelte es sich um einzellige Mikroorganismen wie Bakterien, Archaeen und Eukaryoten. Durch Evolution, also die Veränderung der in den Genen kodierten Erbinformationen mittels Mutation und natürlicher Selektion, entwickelten sich aus einfachsten Lebensformen immer komplexere, besser angepasste Lebewesen. Auf diese Weise differenzierten sich im Lauf der verschiedenen Erdzeitalter Fische, Amphibien, Reptilien, Insekten und Säugetiere oder Algen, Sporen- und Blütenpflanzen, Nackt- und Bedecktsamer aus. Erst ganz am Ende dieser Entwicklung trat der Mensch auf den Plan. Vom Homo habilis über den Homo erectus durchmaß er im Eilschritt die Evolution, um sich schließlich als moderner Homo sapiens die Erde untertan zu machen.

Alaska (unten): Wo das Eis Land freigibt, blüht in kürzester Zeit eine reiche Vegetation. Rechts von oben: Leben in der Luft (Weißkopfseeadler), auf dem Land (Weißschwanzhirschkalb), im Wasser (Buckelwal).

Hätten Sie's gewusst?

Auf der Südinsel der beiden Hauptinseln Neuseelands erhebt sich der 3.754 m hohe **Aoraki** (Mount Cook). Das hochalpine, vergletscherte Gebirge eignet sich wie kaum ein anderes zu Forschungen über das Paläoklima. Durch die hohe tektonische Aktivität werden oft Bergstürze in die Gletschertäler hinein verursacht. Dort können dann in den glazialen Sedimenten Bohrungen vorgenommen werden, die geomorphologische Interpretationen zulassen.

Endogene Kräfte der Erde

Mythen beantworteten einst die Frage, warum Berge Feuer spucken. Für die Griechen war es Hephaistos, der Gott des Feuers; die Römer nannten diesen Gott Vulcanus. Heute wissen wir, dass es die durch Brüche und Risse in der Erdkruste entstandenen, auf dem glutflüssigen Inneren der Erde schwimmenden und sich kontinuierlich gegeneinander verschiebenden Kontinentalplatten sind, die Vulkane entstehen lassen, Gebirge auffalten und Gräben aufreißen.

Die stärksten gemessenen Erdbeben

1. **Chile (Valdivia)**
   1960 (22.05.) 9,5
2. **Alaska (»Karfreitagsbeben«)**
   1964 (27.03.) 9,2
3. **Seebeben im Indischen Ozean vor Sumatra**
   2004 (26.12.) 9,1
4. **Japan (Tohoku)**
   2011 (11.03.) 9,0
5. **Russland (Kamtschatka)**
   1952 (04.11.) 9,0
6. **Chile (Maule)**
   2010 (27.02.) 8,8
7. **Erdbeben vor Ecuador**
   1906 (31.01.) 8,8
8. **Alaska (Rat Islands)**
   1957 (09.03.) 8,8
9. **Nordsumatra**
   2005 (28.03.) 8,6
10. **China/Indien (Assam-Tibet)**
    1950 (15.08.) 8,6

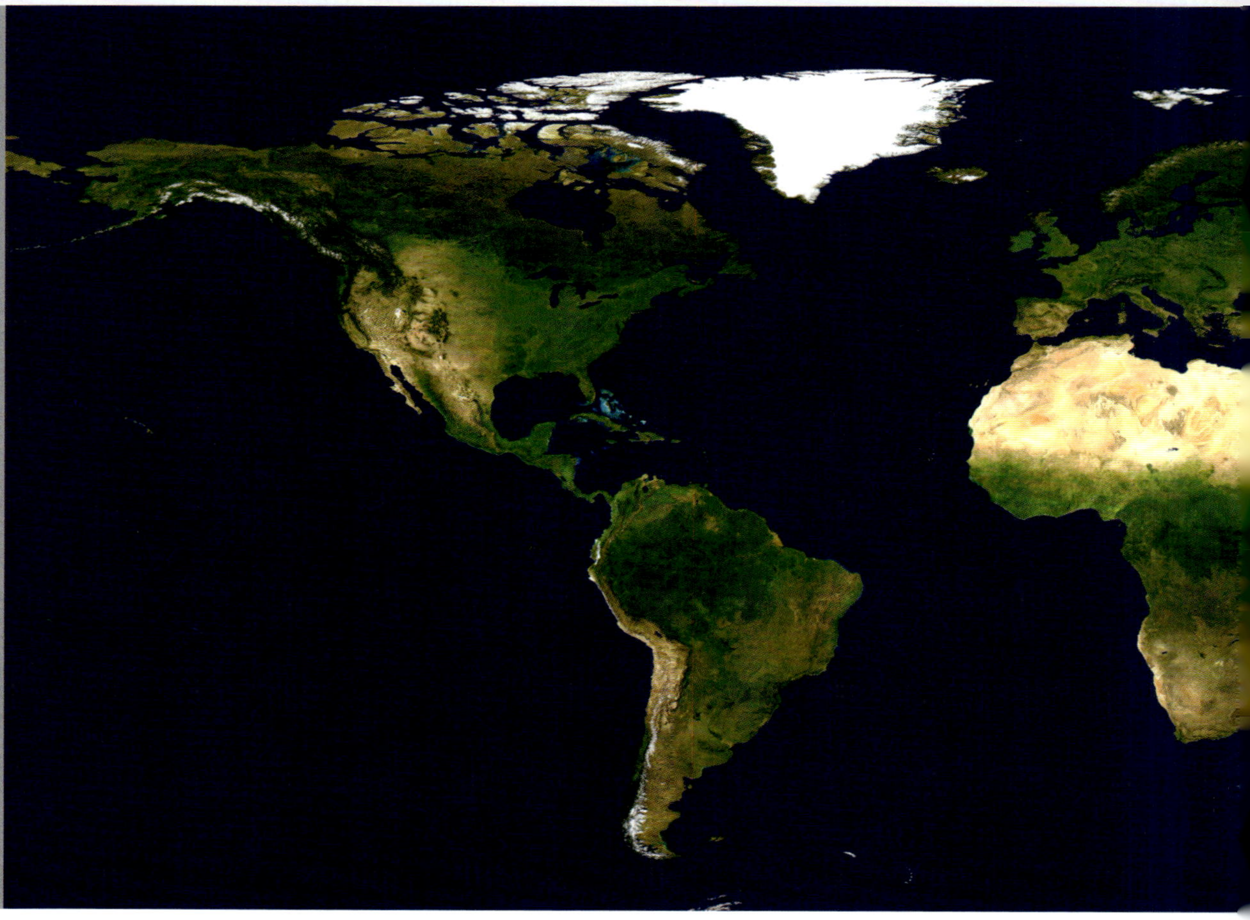

Tief im Inneren des Planeten Erde entstehen die Kräfte, die seine Oberflächengestalt maßgeblich beeinflussen.

SAN-ANDREAS-VERWERFUNG – »The Big One« und die große Gefahr

Am 18. April 1906 kam es in San Francisco zu einer der schlimmsten Naturkatastrophen in der Geschichte der USA: »The Big One«, ein gewaltiges Erdbeben, in dessen Verlauf 3.000 Menschen getötet wurden. Ursache für diese Katastrophe war eine nach dem San Andreas Lake südlich von San Francisco benannte Verwerfungszone, bei der sich die Nordamerikanische und die Pazifische Platte jährlich um rund 5 cm verschieben. Diese tektonische Aktivität ist auch der Grund dafür, dass heute die Wahrscheinlichkeit für ein neuen großes Erdbebens in Kalifornien bei 99,7 % liegt. Angesichts der enormen Bevölkerungsdichte in dieser Region – in der Häuser und Schnellstraßen, ja sogar Atomkraftwerke dicht bei den tektonischen Spalten stehen – bedeutet dies eines der größten Gefahrenpotenziale der Erde.

Seismologen sagen für Kalifornien innerhalb der nächsten 30 Jahre ein verheerendes Erdbeben voraus. Am größten ist die Gefahr im südlichen Segment der mehr als 1.000 km langen San-Andreas-Verwerfung.

PLATTENTEKTONIK

Die Gesamtheit aller geologischen Erscheinungen kann mit der von dem deutschen Geowissenschaftler und Polarforscher Alfred Wegener (1880–1930) entwickelten Theorie der Kontinentaldrift erklärt werden. Wegener waren die Passgenauigkeit der Ostküste Südamerikas und der Westküste Afrikas sowie paläontologische und biologische Parallelen zwischen beiden Kontinenten aufgefallen. Er zog daraus den Schluss, dass einen Urkontinent Pangäa gab, der zerbrochen war und dessen Teile sich seitdem in einem stetigen dynamischen Prozess voneinander weg oder aufeinander zu bewegen. Heute unterscheidet die Forschung sieben größere Platten (Antarktische, Pazifische, Afrikanische, Eurasische, Indoaustralische, Nord- und Südamerikanische) – sowie eine Vielzahl von kleineren Platten (etwa die Anatoli-

PAZIFISCHER RING – »the Ring of Fire«

Da rund um den Pazifik Plattengrenzen verlaufen, befinden sich hier besonders viele aktive Vulkane: Der Pazifische Feuerring erstreckt sich von Neuseeland und den Fidschiinseln im Süden über Neuguinea und die Philippinen bis nach Japan und zu den Aleuten im Norden; im Osten verläuft er entlang der Westküste Amerikas bis nach Patagonien. Zu diesem »Feuerring« gehört auch der Mount St. Helens im US-Bundesstaat Washington (links), der am 18. Mai 1980 in einer gewaltigen Eruption seine Schneekappe wegsprengte und nur noch 2.550 statt 2.950 m hoch ist.

GREAT RIFT VALLEY – der größte Grabenbruch der Erde

Das Great Rift Valley bzw. der Große Afrikanische Grabenbruch zieht sich von Syrien insgesamt rund 6.000 km gen Süden bis Mosambik. Verursacht wurde der Grabenbruch durch die Dehnung des Erdmantels, vulkanische Aktivitäten und die Bewegungen der Afrikanischen und Arabischen Kontinentalplatten im Lauf der letzten 35 Mio. Jahre. In weiteren Jahrmillionen wird der Grabenbruch wohl das östliche Afrika vom Rest des Kontinents abgespalten haben. Entlang dem Rift Valley entstanden durch die tektonischen Aktivitäten zahlreiche Vulkane: etwa das Mount-Kenya-Massiv, der Kilimandscharo und der Mount Meru. Der nach wie vor aktive Ol Doinyo Lengai in Tansania ist der einzige Karbonatitvulkan der Erde.

Von oben nach unten: das Rift Valley in Kenia, Natronse e in Tansania, heiße Quelle in der Danakildepresssion in Äthiopien.

sche, die Arabische und die Somaliplatte, die Philippinische, die Kokosplatte, die Nazcaplatte oder die Karibische Platte).

LITHO- UND ASTHENOSPHÄRE

In den äußeren Schalen unseres Planeten, Erdkruste und Erdmantel, lassen sich zwei Schichten voneinander unterscheiden, die bei der Ausformung der Erdoberfläche eine maßgebliche Rolle spielen. Die feste, starre Lithosphäre umfasst dabei neben der Erdkruste auch die direkt darunter liegenden, erstarrten Teile des äußeren Erdmantels. Sie schwimmt auf dem plastischen, zähflüssigen Bereich des Mantels, der Asthenosphäre genannt wird und aus geschmolzenen Gesteinen besteht. Diese sind naturgemäß sehr heiß und stehen unter extrem hohem Druck. Als Ursache für die Eigenbewegung der Kontinentalplatten gelten die Strömungsbewegungen des heißen Materials, das vom Erdkern in Richtung Oberfläche strömt, dabei abkühlt und wieder absinkt.

PLATTENGRENZEN

An den Rändern der großen Kontinentalplatten treten die mechanischen Bewegungen der Platten in Wechselwirkung zueinander. So entstehen gewaltige Faltengebirge, wenn Platten aufeinander zu driften; wo Plattengrenzen einander überlappen, kommt es zur Bildung von Vulkanen. Wo die Platten auseinanderdriften, reißen Gräben auf. Diese haben in der Regel die Form eines Gebirgskamms im Meer. Man spricht dann von den mittelozeanischen Rücken. »Transformstörungen« nennt man diejenigen Zonen, in denen die Erdoberfläche durch die Kraft zweier aneinander vorbeiziehender Platten unter Spannung gesetzt wird. Die Reibung der Platten gegeneinander lässt nur eine ruckartige Gleitbewegung zu, die sich dann in Erdbeben äußert.

VULKANISMUS UND ERDBEBEN

An den Plattenrändern lebt es sich gefährlich: Hier, wo die tektonischen Kräfte die Platten am stärksten verformen, sind deren Auswirkungen besonders intensiv zu spüren. Vulkane lassen Inseln explodieren oder ersticken weite Landschaften unter Lava, Feuer, Asche und Rauch. Erdbeben können ganze Landstriche verwüsten oder Gebirge in sich zusammenfallen lassen.

Am 20. März 2010 stieß der Eyjafjallajökull eine gewaltige Aschewolke in die Atmosphäre, die Richtung Nord- und Mitteleuropa zog und mehrere Tage den europäischen Flugverkehr lahmlegte.

Exogene Kräfte der Erde

Die stete Bewegung von Wind und Wasser – als Flusslauf, Gletscher, Meeresbrandung oder Grundwasser – formt kontinuierlich seit Jahrmillionen durch Erosion die Gestalt der natürlichen Landschaften der Erde, ihrer beeindruckendsten Küstenszenerien und Cañons, ihrer faszinierendsten Berge und Wüsten. Diese exogenen Kräfte werden von der Wärmeenergie der Sonneneinstrahlung angetrieben. Sie bestimmt den dynamischen Kreislauf von Atmosphäre und Ozeanen.

Die Satellitenaufnahme (großes Bild; links das Morsumer Kliff auf der Wattseite im Osten von Sylt) zeigt Nord- und Ostfriesland mit der Deutschen Bucht. Die hellblauen Farbtöne zwischen den Inseln und dem Festland sind die feinen Sedimentumlagerungen des Wattenmeeres, die von dunkleren Wasserrinnen, den Prielen und Flussmündungen, unterbrochen werden. Nahezu weiß erscheinen die Sandbänke, Strände und Dünen auf der der Nordsee zugewandten Seite der Inseln.

Das Wattenmeer der Nordsee reicht vom Hafenort Den Helder im Nordwesten der Niederlande bis nach Esbjerg im Westen Dänemarks. Dieses etwa 450 km lange und bis zu 40 km breite Gebiet ist **das größte Wattenmeer der Erde**. Mit durchschnittlich 100 m Tiefe ist es sehr flach. Der Meeresboden hat zur offenen See hin über Kilometer hinweg kaum Gefälle und ist bei Ebbe trocken. Der heutige Zustand dieser weitgehend naturbelassenen, zum überwiegenden Teil unter Naturschutz stehenden Großlandschaft erinnert kaum noch an die einstige Lebensvielfalt in dieser Region. So fanden Meeresforscher des Alfred-Wegener-Instituts für Polar- und Meeresforschung in Bremerhaven heraus, dass noch vor 2.000 Jahren neben großen, exotischen Vögeln auch Auerochsen, Wölfe und Elche die sumpfigen Marschen in den Mündungsgebieten von Elbe, Weser, Ems und Rhein besiedelten. Zudem durchpflügten damals noch Grauwale, Große Tümmler, Walrosse und viele Nagelrochen die Nordsee vor der Wattenküste.

ULURU (Ayers Rock) – der heilige Berg der Aborigines

Eine weite Wüstenebene kennzeichnet das trockene Herz des australischen Kontinents. Rund 348 m ragt hier der Uluru über seine Umgebung auf – 3,6 km ist er lang und 2,4 km breit. Sein Umfang beträgt 9 km, seine Fläche 3,3 km^2. Bis vor Kurzem hielt man ihn für den größten einzelnen Felsbrocken der Erde, einen Monolithen. Inzwischen weiß man jedoch , dass er als Inselberg Teil eines noch viel größeren, uralten Gebirges ist, das unter einer dicken Sedimentschicht verborgen liegt und zu dem auch die benachbarten Kata Tjuta (Mt. Olga) gehören.

GLETSCHER

Wasser ist auch in den kalten Regionen der Erde ein wichtiger Faktor der Landschaftsgestaltung. Bei den Gletschern (rechts oben der Perito-Moreno-Gletscher, Argentinien) lassen sich zwei Typen unterscheiden: zum einen das Inlandeis in Grönland und der Antarktis, zum anderen die Talgletscher, die sich in den Höhenlagen der Gebirge bilden. Die zahlreichen Landschaften, die während der letzten Eiszeiten in Europa, Asien und Nordamerika entstanden sind, verdeutlichen die ungeheure Kraft, die sich in der Bewegung des Gletschereises verbirgt.

FLÜSSE

Flüsse (rechts Mitte der 2.333 km lange Colorado River, USA) sind wohl die vielfältigsten Landschaftsgestalter unter den exogenen Kräften: Sie tragen anstehendes Gestein ab, schwemmen Sedimente in ihrem Delta an und schneiden tiefe Kerben in das Untergrundgestein.

WIND

Die großen Meeresströmungen, die Stürme und die Kraft der Gezeiten gestalten nicht nur das Profil der Meeresböden, sondern durch die Wellen auch die Form der Meeresufer am Rand der Kontinente. Ähnliche Erosionskräfte wie die Flüsse entwickeln Winde durch mitgeführten Staub und Sand. Sie spielen vor allem in den Wüsten (rechts unten die ganz nahe an den Atlantik heranreichenden Küstendünen der Namib, Namibia) eine wichtige Rolle.

Hätten Sie's gewusst?

Meteoriteneinschläge (oben: Meteor Crater in Arizona) sind ein Sonderfall: Sie verändern zwar die Oberflächengestalt der Erdkruste, sind aber doch »äußere« Einwirkungen, die sich anders als die exogenen Prozesse nicht in den Ozeanen und in der Atmosphäre der Erde abspielen. Die Einschläge großer Meteoriten haben im Lauf der Erdgeschichte das Bild weiter Landschaften und ganzer Kontinente innerhalb von Sekunden verändert.

Ozeane

Ozeane bedecken rund 71 % unseres Planeten und bilden mit rund 361.000.000 km² eine zusammenhängende Wasserfläche, die die Erde aus dem Weltall als »Blauen Planeten« erscheinen lässt. Dieses Weltmeer wird von den Kontinenten in drei Ozeane unterteilt: den Atlantik zwischen Europa, Afrika und Amerika, den Pazifik zwischen Amerika, Asien, Australien sowie dem antarktischen Festland und den Indischen Ozean zwischen Afrika, Asien und Australien.

Die größten Ozeane nach Fläche und mittlerer Tiefe

1 Pazifischer Ozean
Fläche 181.340.000 km²
Mittlere Tiefe 4.188 m

2 Atlantischer Ozean
Fläche 106.400.000 km²
Mittlere Tiefe 3.339 m

3 Indischer Ozean
Fläche 73.556.000 km²
Mittlere Tiefe 3.400 m

4 Südpolarmeer
Fläche 20.327.000 km²
Mittlere Tiefe 4.500 m

5 Nordpolarmeer
Fläche 14.090.000 km²
Mittlere Tiefe 1.500 m

Das Great Barrier Reef setzt sich aus rund 2.500 Einzelriffen und 500 Koralleninseln zusammen. Über eine Länge von gut 2.000 km folgt es in einem Abstand von 15 bis 200 km zum Festland der nordöstlichen Küstenlinie Australiens.

»Ozeanien« nennt man die Inselwelt des Pazifiks – hier die zu den Karolinen gehörende mikronesische Inselgruppe Palau. Alle Landmassen der Erde hätten bequem in diesem riesigen Ozean Platz.

PAZIFISCHER OZEAN

Der größte Ozean der Erde, auch »Stiller Ozean« genannt, nimmt ohne Nebenmeere 166,24 Mio. km², mit Nebenmeeren 181,34 Mio. km² ein und bedeckt damit mehr als ein Drittel der Erdoberfläche. Die älteste Meereskruste (100–135 Mio. Jahre) liegt im Westpazifik. Mit einer durchschnittlichen Tiefe von 4.188 m ist der Pazifik auch der tiefste Ozean. Die größte Tiefe erreicht er mit 11.034 m im Marianengraben, der sich über 2.500 km entlang der Ostküste der Philippinen erstreckt. 2012 drang David Cameron hier mit seinem U-Boot »Deepsea Challenger« bis in eine Tiefe von 10.898 m vor. Nach Jacques Piccard und Don Walsh (10.916 m) ist der »Titanic«-Regisseur erst der dritte Mensch, der in solche enormen Tiefen vorstoßen konnte. Tiefseegräben sind eine charakteristische Erscheinung des Pazifischen Ozeans und umsäumen ihn im Osten, Norden und Westen. Zweittiefster Graben ist der 10.882 m tiefe Tongagraben, die übrigen Gräben erreichen Tiefen von 6.000 bis 8.000 m.

Gigant der Meere: Der (bis 18 m lange, bis 13 t schwere) Walhai ist der größte Fisch der Erde.

ATLANTISCHER OZEAN

Der zweitgrößte Ozean der Erde nimmt ohne Nebenmeere eine Fläche von 84,11 Mio. km² ein, mit Nebenmeeren umfasst er 106,4 Mio. km². Er entstand vor 195 bis 135 Mio. Jahren im heutigen Zentrum des Nordatlantiks, als sich Nordamerika im Laufe von Jahrmillionen von der verbundenen Landmasse Afrikas und Südamerikas löste.

INDISCHER OZEAN

Mit seinen Nebenmeeren Persischer Golf und Rotes Meer bedeckt der Indische Ozean eine Fläche von 74,12 Mio. km², ohne Nebenmeere umfasst er etwa 73,5 Mio. km². Damit nimmt der drittgrößte Ozean der Erde rund 20% der Weltmeere ein. Seine Entstehung begann vor rund 200 Mio. Jahren, als der Urkontinent Pangäa aufbrach. Australien und Antarktika trennten sich dabei von Afrika und trieben nach Südosten. Später löste sich Indien vom antarktischen Kontinent und driftete nach Norden, wo es vor etwa 30 Mio. Jahren auf Eurasien traf.

KORALLEN – die kleinsten Baumeister der Erde

Korallen (links eine Margaritenkoralle, Goniopora lobata) sind festsitzende, koloniebildende Nesseltiere, die sich von Mikroplankton ernähren, das sie aus dem strömenden Meereswasser mit ihren Tentakeln herausfiltern. Steinkorallen bilden durch Kalkeinlagerungen Skelette. Abgestorbenes Skelettmaterial wird immer wieder von lebenden Korallen überwuchert, was zum Aufbau komplexer, ökologisch höchst wertvoller Riffe führt: Korallenriffe nehmen zwar nur 0,015 % der Ozeanflächen ein, bilden aber einen Lebensraum, der über 25 % des marinen Lebens anzieht.

GREAT BARRIER REEF – das größte natürliche Bauwerk der Erde

Das vor der Küste des australischen Bundesstaates Queensland gelegene Riff ist größer als die Chinesische Mauer und das einzige »lebende« – aus lebenden Organismen zusammengesetzte – Bauwerk der Erde, das auch vom All aus erkennbar ist. Die Ursprünge des seit 1981 zum UNESCO-Welterbe zählenden Riffs reichen mehrere Mio. Jahre zurück in eine Zeit, als durch die Kontinentaldrift die Nordküste Australiens in tropische Breiten gelangte, sodass zunächst kleine Riffe entstehen konnten. Die großflächige Entwicklung ist sehr viel jünger und geht auf die letzten 500.000 Jahre zurück. Die letzte Wachstumsphase dieses Naturwunders dauert nun schon seit rund 8.000 Jahren an.

Zur Fauna des Great Barrier Reefs gehören auch Anemonen-, Pfauen-Kaiser- und Diagonal-Süßlippenfische (von oben).

SÜDPOLARMEER

Erst im Jahr 2000 beschloss die Internationale Hydrografische Organisation, den Bereich südlich des 60. Breitengrades – bis dahin Teile des Atlantischen, Pazifischen und Indischen Ozeans – zum »Südpolarmeer« zusammenzufassen. Mit 20,32 Mio. km² ist dies der zweitkleinste Ozean der Erde. Er umgibt vollständig den fünftgrößten und kältesten Kontinent Antarktika.

NORDPOLARMEER

Eisbedeckt und lebensfeindlich präsentiert sich das Nordpolarmeer, das mit 14,09 Mio. km² kleinste der fünf Weltmeere. Fast ganz vom Festland Nordasiens, Nordamerikas und Europas umgeben, ist sein nördlichster Teil eine 2 bis 4 m starke Eiskappe, an deren Außenrändern unter dem Einfluss von Wind und Wellen bizarre Packeislandschaften entstehen.

Hätten Sie's gewusst?

El Niño – span.: das (Christ-)Kind – ist ein etwa alle vier Jahre auftretendes Klimaphänomen, das eindrucksvoll die Wechselwirkung zwischen Luft und Meer demonstriert. Periodische Abschwächungen der Westwinde, die den südlichen Arm des Südpazifikwirbels vorantreiben, verändern die Oberflächenströmungen des Meeres. Im östlichen Pazifik (vor den Westküsten Amerikas) erwärmt sich das Wasser, der westliche Pazifik (vor Südostasien und Australien) kühlt ab. Als Folge der Unterdrückung des kalten, nährstoffreichen Auftriebswassers vor der peruanischen Küste bricht die Phytoplanktonproduktion in dieser Region fast ganz zusammen. Fischbestände gehen stark zurück, und Seevögel, die sich davon ernähren, sterben. Zugleich kann im Westpazifik der Meeresspiegel bis auf 14 cm unter den Normalwert sinken, im östlichen Teil bis zu 50 cm darüber steigen. Auch die Regenfälle in Australien und Südostasien werden von El Niño beeinflusst. Im folgenden Sommer dreht das gegensätzliche »Kaltwasserereignis« La Niña die Verhältnisse dann wieder um.

Kontinente

Der Begriff »Kontinent« bedeutet »zusammenhängendes Land« (lat.: »terra continens«). Wer Europa und Asien, deren Trennung rein historisch-kulturelle Gründe hat, sowie Nord- und Südamerika jeweils als geografische Einheit betrachtet, der kommt auf fünf Kontinente: Eurasien, Afrika, Amerika, Australien/Ozeanien und Antarktika. Andere sprechen von sechs bzw. sieben Kontinenten: Europa, Asien, Afrika, Nordamerika, Südamerika, Australien/Ozeanien und Antarktika.

Kontinente (Fläche)

❶	**Asien**	44,4 Mio. km²
❷	**Afrika**	30,3 Mio. km²
❸	**Nordamerika**	24,9 Mio. km²
❹	**Südamerika**	17,8 Mio. km²
❺	**Antarktis**	13,2 Mio. km²
❻	**Europa**	10,5 Mio. km²
❼	**Australien/ Ozeanien**	8,5 Mio. km²

Kontinente (Küstenlänge)

❶	**Nordamerika**	75.600 km
❷	**Asien**	69.000 km
❸	**Europa**	37.900 km
❹	**Afrika**	30.500 km
❺	**Südamerika**	28.700 km
❻	**Australien/ Ozeanien**	25.000 km
❼	**Antarktika**	18.000 km

Die Landfläche der Erde – knapp 30 % der Gesamtfläche – wird in Kontinente eingeteilt, die durch Meere mehr oder weniger vollständig voneinander getrennt sind. Die längste Küstenlinie hat der nordamerikanische Kontinent (großes Bild: Canyonlands National Park).

ANTARKTIS UND SÜDPOL – der südlichste Punkt der Erde

Die Antarktis, auch als Südpolargebiet bezeichnet, erstreckt sich fast vollständig jenseits des südlichen Polarkreises. Der geografische Südpol (links) ist der südlichste Punkt der Erde am Südende der Erdachse. Er liegt im Inneren des Kontinents Antarktika auf exakt 90° südlicher Breite 2.804 m hoch über dem Meeresspiegel, die Eisdecke ist hier rund 2.700 m dick. Im Winter bekommt der Südpol überhaupt kein Tageslicht, im Sommer scheint die Sonne ständig. Der Norweger Roald Amundsen (1872–1928) erreichte am 14. Dezember 1911 als Erster den Südpol.

EUROPA

Genau betrachtet ist Europa der westliche Ausläufer des Großkontinents Eurasien. Ural, Kaukasus und Schwarzes Meer bilden eine einigermaßen deutliche naturräumliche Grenze zu Asien. Die Landschaften Nordeuropas wurden vor allem während der Eiszeiten geformt. Daran schließt sich Mitteleuropa mit seinem Tiefland, den Mittelgebirgen sowie den Alpen und den Karpaten an. Alpen und Pyrenäen sind die natürlichen Grenzen Westeuropas. Am Nordrand des Mittelmeers liegen die südeuropäischen Halbinseln. Ob der Mont Blanc in den Alpen oder der Elbrus im Kaukasus der höchste Berg Europas ist, hängt davon ab, wie man die innereurasische Grenze definiert. Anders als bei den anderen Kontinenten gibt es hier keine eine eindeutige marine Grenze.

ASIEN

Asien ist der größte Kontinent der Erde. Seine Fläche reicht von der Arabischen Halbinsel über die sibirischen Tiefländer oder die Achttausender des Himalaya bis zu den tropischen Karstlandschaften und Regenwäldern Südostasiens. Viele Großlandschaften sind durch Plattentektonik bedingt – so der Himalaya, der sich vor rund 25 Mio. Jahren auffaltete, als der indische Subkontinent auf den eurasischen Großkontinent stieß.

AFRIKA

Mittelmeer und Rotes Meer trennen Afrika von den Nachbarkontinenten Europa und Asien. Da der Großteil des Kontinents sich zwischen den Wendekreisen befindet, gibt es nur zwei Klimazonen: Tropen und Subtropen.

NORD- UND SÜDAMERIKA

Der Doppelkontinent auf der Nordhalbkugel der Erde erstreckt sich von der Gletscherwelt Alaskas bis zur Karibik und umfasst einschließlich Grönlands, Mexikos, der Staaten der mittelamerikanischen Landbrücke und der Karibischen Inseln eine Fläche von 42,7 Mio. km².

AUSTRALIEN/OZEANIEN

Der kleinste der Kontinente besteht außer aus dem »Inselkontinent« Australien aus wenigen größeren – wie etwa Neuguinea oder der Doppelinsel Neuseeland – und rund 7.000 kleineren Inseln, die über den Pazifik verstreut liegen. Die Inseln im Pazifik unterteilen sich in Melanesien, Mikronesien und Polynesien.

Geografische Rekorde Europas

1 Höchstes Gebirge	
Kaukasus, Elbrus	5.642 m
Alpen, Montblanc	4.810 m
2 Tiefster Punkt	
Kaspisches Meer	-28 m
3 Längster Fluss	
Wolga	3.534 km

Geografische Rekorde Asiens

1 Höchstes Gebirge	
Himalaya, Mount Everest	8.850 m
2 Tiefster Punkt	
Totes Meer	-420 m
3 Längster Fluss	
Jangtsekiang	6.380 km

Geografische Rekorde Afrikas

1 Höchstes Gebirge	
Kilimandscharo, Kibo	5.895 m
2 Tiefster Punkt	
Assalsee	-153 m
3 Längster Fluss	
Nil	6.671 km

Geografische Rekorde Australiens/Ozeaniens

1 Höchstes Gebirge	
Sudirman Range, Puncak Jaya (Indonesien)	4.884 m
2 Tiefster Punkt	
Lake Eyre (Australien)	-17 m
3 Längster Fluss	
Darling mit Murray River	3.672 km

Geografische Rekorde Amerikas (Nord-, Mittel-, Süd-)

1 Höchstes Gebirge	
Anden, Aconcagua	6.963 m
2 Tiefster Punkt	
Laguna del Carbón	-105 m
3 Längster Fluss	
Amazonas	6.448 km

Von oben: das Matterhorn in der Schweiz (Europa), der Jangtsekiang in China (Asien), Köcherbäume in der südnamibischen Wüste (Namibia, Afrika), die Twelve Apostles an der Great Ocean Road (Australien), der Torres del Peine National Park in Chile.

Halbinseln und Inseln

Als Halbinsel bezeichnet man Landmassen, die fast ganz von Wasser umgeben sind, aber eine natürliche Verbindung mit dem Festland haben. Viele Halbinseln sind nur höher gelegene Abschnitte der Erdkruste, die über das Meer hinausragen, während die Umgebung von Wasser überflutet ist. Sofern die Breite deutlich größer ist als die Länge, spricht man nicht mehr von einer Halbinsel. Am Beispiel Großbritanniens und Irlands kann man sehen, dass es auch auf Inseln Halbinseln gibt.

GRÖNLAND – die größte Insel der Erde

Grönland ist rund 2.650 km lang, hat eine maximale Breite von etwa 1.000 km und eine Fläche von 2.166.086 km². Der dicke Eispanzer mit einer Mächtigkeit von bis zu 3.000 m Höhe, der rund 80 Prozent der Fläche Grönlands bedeckt, ist ein Relikt der letzten Eiszeit (das Bild links zeigt die Gewässer um Kap Farvel, das für Treibeis und viele Stürme berüchtigt ist. Die um das Jahr 875 von dem Wikinger Gunnbjorn entdeckte größte Insel der Erde gehört im geologischen Verständnis zum arktischen Nordamerika; politisch ist sie ein autonomer Bestandteil Dänemarks.

Großes Bild: Für viele ist das der Inbegriff von Trauminseln: türkisfarbenes Meer, weiße Sandstrände, grüne Wälder. Beim Blick aus dem All erklärt sich auch der aus dem Spanischen abgeleitete Namen der Bahamas: »Baja mar« (»flaches Meer«).

Ganz rechts von oben nach unten: Neufundland, die zum Kanadisch-Arktischen Archipel gehörende Insel Baffin, Großbritannien (hier mit der Felsküste in Dorset und Devon, Neuguinea (hier mit dem 1.730 m hohen Mount Bagana auf Bougainville), Madagaskar.

Die größten Inseln der Erde

Atlantischer Ozean

1 Grönland	2.166.086 km²
2 Großbritannien	748.168 km²
3 Neufundland	108.860 km²

Pazifischer Ozean

1 Neuguinea	785.753 km²
2 Borneo	748.168 km²
3 Honshu	230.316 km²

Indischer Ozean

1 Madagaskar	587.042 km²
2 Sumatra	443.066 km²
3 Java	138.794 km²

Die größten Halbinseln der Erde

1 **Arabische Halbinsel** Asien	3.000.000 km²
2 **Horn von Afrika** Afrika	2.000.000 km²
3 **Skandinavien** Europa	770.000 km²
4 **Valdés-Halbinsel** Südamerika	340.000 km²
5 **Labrador-Halbinsel** Nord- und Mittelamerika	275.000 km²
6 **Kap-York-Halbinsel** Australien	137.000 km²

ARABISCHE HALBINSEL – die größte Halbinsel der Erde

Die Arabische Halbinsel (oben eine Satellitenaufnahme) ist nicht nur mit knapp 3 Mio. km² die größte Halbinsel unserer Erde, sondern mit etwa 70 Mio. Einwohnern auf diesem riesigen Terrain auch eine der am dünnsten besiedelten Regionen der Welt. Sie grenzt im Norden an Jordanien und den Irak, im Osten an den Persischen Golf wie an den Golf von Oman, im Süden ans Arabische Meer und an den Golf von Aden, im Westen ans Rote Meer.

Gebirge

Schon immer erlagen die Menschen der Schönheit der majestätischen Bergwelt. Viele Völker sehen die unerreichbaren Gipfel bis heute als Sitz der Götter und Wohnstatt von Geistern an. Noch bis weit ins 20. Jahrhundert hinein waren die Achttausender der höchsten Gebirgsmassive der Erde, Himalaya und Karakorum, unbezwungen. Erst 1953 erklommen Edmund Hillary und Tenzing Norgay den Mount Everest, den »Thron der Götter« und höchsten Berg der Erde.

Die höchsten Gebirge der Erde

1. **Himalaya,** Asien, Mount Everest 8.850 m
2. **Karakorum,** Asien, K2 8.611 m
3. **Kunlun Shan,** Asien, Muztag 7.724 m
4. **Pamir,** Asien, Kongur Shan 7.719 m
5. **Hindukusch,** Asien, Tirich Mir 7.707 m
6. **Tian Shan,** Asien, Jengish Chokusu 7.439 m
7. **Transhimalaya,** Asien, Ningchin Kangsha 7.206 m
8. **Anden,** Südamerika, Aconcagua 6.963 m
9. **Alaska Range,** Nordamerika, Mount McKinley 6.194 m
10. **St. Elias Mountains,** Nordamerika, Mount Logan 5.959 m
11. **Kilimandscharo,** Afrika, Kibo 5.895 m
12. **S. Nevada,** Südamerika Pico Cristóbal Colón 5.775 m

Oben: Der Montblanc mit der gleichnamigen Gebirgsgruppe bei Sonnenaufgang vom Lac des Chéserys aus gesehen.
Unten: Die Anden, im Spanischen »Cordillera de los Andes«, sind das längste Kettengebirge der Erde.

ALPEN – das höchste Gebirge im Inneren Europas

Das höchste Gebirge im Inneren Europas reicht im Süden bis an den Apennin, erstreckt sich in weitem Bogen nach Westen und Norden bis zum Genfer See und von dort ostwärts bis zur Donau bei Wien, ist etwa 1.200 km lang, rund 150 km breit und bedeckt eine Fläche von rund 220.000 km². Überragt wird das gleich sieben Staaten – Deutschland, Österreich, Slowenien, Italien, Schweiz, Liechtenstein und Frankreich – miteinander verbindende Gebirge vom Montblanc (4.810 m) als dem höchsten Gipfel.

ALASKA RANGE – das höchste Gebirge Nordamerikas

Die Alaska Range bildet die Fortsetzung der nordamerikanischen Kordilleren und ist die höchste Region der Hochgebirgskette. Die Fortsetzung der Alaska Range auf der Alaska-Halbinsel ist die vulkanreiche Aleutian Range, die sich in den Inseln der Aleuten auflöst. Alle anderen Gipfel der Alaska Range überragt der Mount McKinley, der mit 6.194 m höchste Berg der USA. »Denali« nannten ihn die Indianer,

Wunderbare Bergwelt: In der Alaska Range spiegelt sich der schneebedeckte, 6.194 m hohe Mount McKinley im Wonder Lake.

ANDEN – das längste Gebirge der Erde

Die Anden, im Spanischen »Cordillera de los Andes« genannt, sind mit einer Länge von über 7.500 km das längste Kettengebirge der Welt. Es erstreckt sich entlang der gesamten Pazifikküste vom Karibischen Meer im Norden bis zum Kap Hoorn an Südamerikas Südspitze. Fast immer verlaufen mehrere »Teilkordilleren« parallel zueinander. Im Dreiländereck von Peru, Bolivien und Chile erreicht das Gebirge eine Breite von über 700 km. Der Aconcagua ist mit seinen 6.963 m Höhe der höchste Berg der Anden und der Südhalbkugel.

HIMALAYA – das höchste Gebirge der Erde

Das steil aufragende Gebirgssystem, in dessen Zentrum sich die höchsten Gipfel der Erde konzentrieren (links/rechts: Mount-Everest-Massiv), ist seit Jahrhunderten Bestandteil der Mythen und Legenden der Völker, die in seinem Schatten leben. »Schneewohnung« lautet die Übersetzung seines altindischen Namens. Genau genommen besteht der Himalaya aus vier Gebirgsketten, die sich parallel zueinander erstrecken und von der Siwalikette im Süden über den Vorderen Himalaya bis zum Großen Himalaya reichen. Letzteren trennt ein gewaltiges Längstal, das vom Brahmaputra durchflossen wird, vom nördlichsten Zug: dem immer noch bis auf 7.000 m Meereshöhe aufsteigenden Transhimalaya. Funde fossiler Meerestiere belegen, dass das höchste Gebirge der Erde im Erdaltertum einmal die Sedimentschicht eines Meeresbodens war.

den »Hohen«, und so heißt auch der ihn umgebende Nationalpark.

KILIMANDSCHARO – das höchste Gebirge Afrikas

Der vulkanische Gebirgsstock Kilimandscharo (Suaheli für »Berg der bösen Geister«) ist das höchste Bergmassiv Afrikas. Es ist aus den drei Vulkanen Schira (4.300 m), Mawensi (5.355 m) und Kibo zusammengewachsen. Letzterer erreicht in seinem Gipfel Uhuru Peak eine Höhe von 5.895 m und besitzt als einziger Berg einen Krater mit einem Durchmesser von 2 km, in dessen Tiefen vulkanische Aktivität zu verzeichnen ist.

MAOKE-BERGLAND – das höchste Gebirge Ozeaniens

Die jungen Faltengebirgsketten, die Neuguinea der Länge nach durchziehen, vereinigen sich im Südosten zur Owen Stanley Range, die eine Halbinsel bildet und sich in den östlichen Inselgruppen fortsetzt. Im Westen läuft das Gebirge im mit dichtem Regenwald bewachsenen Maoke-Bergland aus. Das von Gletschern bedeckte Zentralgebirge erreicht im Puncak Jaya (4.884 m) seine größte Höhe.

MOUNT VINSON – das höchste Gebirge der Antarktis

Als Teil der Ellsworth Mountains erhebt sich das westantarktische Mount-Vinson-Massiv – ein 25 km langes, 15 km breites Plateau auf über 3.500 m Höhe, etwa 1.200 km vom geografischen Südpol gelegen. Höchste Erhebung des Massivs wie des ganzen Kontinents ist der namengebende Mount Vinson, dessen Höhenangaben zwischen 4.986 m (GPS), 5.130 m (trigonometrische Vermessung) und 5.460 m (barometrische Höhenmessung) schwanken.

NANGA PARBAT – die höchste Felswand

Der 8.126 Meter hohe, auch »Diamir« (»König der Berge«) genannte Nanga Parbat ist der neunthöchste Berg der Erde und der höchste des Westhimalaya. Er liegt in dem von Pakistan kontrollierten Teil Kaschmirs. Seine Südseite, die Rupalflanke, ist mit 4.600 m die höchste Gebirgswand der Erde.

TRANGO TOWERS – die höchsten Felsnadeln

Die Trangotürme liegen im Karakorum-Gebirge nördlich des Baltoro-Gletschers (754 km^2), eines der größten Gletschers außerhalb der Polargebiete.
Der Great Trango Tower ist 6.287 m, seine fast senkrechte Ostwand 1.600 m hoch – und damit eine der höchsten Steilwände der Erde.

Mount Everest

Der höchste Berg der Erde wird von den Nepalesen »Sagarmatha«, »Himmelskönig«, genannt. Tibeter nennen ihn »Chomolungma«, »Göttinmutter der Erde«. Mit den drei Achttausendern Mount Everest, Lhotse und Cho Oyu sowie weiteren Sieben- und Sechstausendern ist dieses 1.148 km² große Gebiet, das seit dem Jahr 1976 als Sagarmantha-Nationalpark geschützt wird, die höchste Gebirgsregion der Erde.

DIE ERSTBESTEIGUNG – Edmund Hillary und Tenzing Norgay

Im Frühjahr 1953 versuchten mehrere Gruppen einer britischen Expedition, den Gipfel des höchsten Bergs der Erde, das »Dach der Welt«, zu erklimmen. Der neuseeländische Bergsteiger Edmund Hillary und sein nepalesischer Sherpa Tenzing Norgay erreichten am 29. Mai als Erste den Gipfel des Mount Everest, nachdem eine Gruppe vor ihnen rund 100 m vor dem ersehnten Ziel hatte umkehren müssen. Seit der Erstbesteigung durch Hillary und Norgay haben viele hundert Menschen den Berg bezwungen; mehr als 200 starben am höchsten Berg der Erde.

Der Mount Everest entstand, als vor rund 50 Mio. Jahren der indische Subkontinent auf die Eurasische Platte prallte. Da die tektonische Bewegung noch nicht abgeschlossen ist, wächst der Berg jedes Jahr weiter um rund drei Zentimeter. Die Gebirgsregion zu Füßen des Mount Everest ist ein beliebtes Trekkinggebiet. Um das ökologische Gleichgewicht in Nepal und vor allem in der Region am Fuß des Mount Everest zu stabilisieren, bestimmte man das Gebiet 1976 zum Nationalpark. Drei Jahre später wurde das Areal zum UNESCO-Welterbe erklärt.

IM SAGARMATHA-NATIONALPARK

Mit den drei Achttausendern Mount Everest, Lhotse und Cho Oyu sowie weiteren Sieben- und Sechstausendern ist dieses Gebiet die höchste Gebirgsregion der Erde. Aber nicht allein die Höhe der Berge ist verantwortlich für den gewaltigen Eindruck. Der Nupse etwa imponiert weniger durch seine stattlichen 7.879 m als durch seine 3.000 m hohe Südwand. Der Ngozumpagletscher ist mit 20 km der längste Gletscher Nepals. Nur für kurze Zeit sind die Südhänge der Berggiganten im Sommer schneefrei. Dann blühen in Höhen von bis zu 6.000 m unterschiedliche Nelkenarten, Enziane und Kreuzblütler. In den noch höheren Zonen halten sich nur extrem anspruchslose Bodenpilze. In tiefer gelegenen Regionen gedeihen Hochgebirgspflanzen wie Edelweiß, Zwergschwertlilien und Sträucher. Die Laub- und Nadelwälder reichen in Höhen von bis zu 4.000 m. Etwa 30 Säugetierarten bevölkern den Nationalpark. Der Himalayatahr bevorzugt die Felsregionen und ist in seinem Bestand nicht mehr gefährdet, ebenso der Moschushirsch, der gern auf dem Speisezettel des selten gewordenen Schneeleoparden steht. Zudem haben sich Himalayafuchs, Himalayawiesel und Himalayaschwarzbär sowie Wolf und Kleiner Panda im Nationalpark angesiedelt. Die Lüfte beherrschen Raubvögel wie Steinadler, Bart- und Schneegeier. Nur den Schneemenschen Yeti sucht man hier wohl vergeblich …

Das Satellitenbild zeigt einen kleinen Teil des höchsten Gebirges der Welt: Hufeisenförmig umschließt eine Kette Sieben- und Achttausender einige fast schneefreie Täler, die alle im nepalesischen Nationalpark Sagarmatha liegen. Hier ragen die berühmten Achttausender auf, darunter im Bild Cho Oyu (8. 201 m), Mount Everest (8.850 m), Lhotse (8.516 m) und Makalu (8.463 m). Riesige Gletscherzungen ziehen sich bis weit ins Tal hinein. Die Gletscherflüsse münden in den Dudh Kosi, der gen Süden zum Sunkoshi fließt.

Die 14 höchsten Berge der Erde (mit Erstbesteigungen)

Alle über 8.000 Meter hohen Berge dieser Erde befinden sich in Asien: neun davon im Himalaya, fünf im angrenzenden Karakorum. Sie verteilen sich dabei auf die Länder China (mit Tibet), Indien, Nepal und Pakistan.

1. **Mount Everest**
   Nepal, China — 8.850 m
   Hillary, Norgay — 1953
2. **K2**
   Pakistan — 8.611 m
   Compagnoni, Lacedelli — 1954
3. **Kangchenjunga**
   Nepal, Indien — 8.586 m
   Band, Brown — 1955
4. **Lhotse**
   Nepal — 8.516 m
   Luchsinger, Reiss — 1956
5. **Makalu**
   Nepal — 8.463 m
   Terray, Couzy — 1955
6. **Cho Oyu**
   Nepal — 8.201 m
   Tichy, Jöchler, P. Dawa Lama — 1954
7. **Dhaulagiri**
   Nepal — 8.167 m
   Diemberger, Na. Dorje, Forrer, Schelbert, Diener, Ny. Dorje — 1960
8. **Mansalu**
   Nepal — 8.163 m
   Norbu, Imanishi — 1956
9. **Nanga Parbat**
   Pakistan — 8.126 m
   Buhl — 1953
10. **Annapurna I**
    Nepal — 8.091 m
    Lachenal, Herzog — 1950
11. **Gasherbrum I (Hidden Peak)**
    Pakistan, China — 8.068 m
    Schoening, Kauffman — 1958
12. **Broad Peak**
    Pakistan, China — 8.047 m
    Buhl, Diemberger, Schmuck, Wintersteller — 1957
13. **Gasherbrum II**
    Pakistan, China — 8.035 m
    Moravec, Larch, Willenpart — 1956
14. **Shisha Pangma**
    China — 8.013 m
    Chin. Exped. Hsu Ching — 1964

Von oben nach unten: K2, Makalu, Manaslu, Broad Peak, Shisha Pangma.

Hochebenen

In Asien liegt nicht nur der höchste Berg der Welt, sondern auch das höchste Plateau: das Tibetische Hochland. Steppen und Wüsten prägen das innerasiatische Hochland Hanhai, Wüsten, Salzwüsten, Basaltgebirge, Vulkankegel und abflusslose Beckenlandschaften kennzeichnen das Hochland von Iran. Die gesamte Region ist Teil des alpidischen Gebirgsgürtels, der sich durch Europa und Asien zieht. Das gilt auch für den westlichsten Teil Asiens, das Hochland von Anatolien.

WILDYAK – das größte Hochgebirgstier der Erde

Der Wildyak (»Bos mutus«) kann eine Länge von 3,25 m und eine Schulterhöhe von 2 m bei einem Gewicht von fast 1.000 kg erreichen. Diese Rinderart ist hervorragend an die kargen, sehr kalten Hochebenen Zentralasiens angepasst. Wildyaks leben in Höhen zwischen 4.000 und 6.000 m. Ihr Bestand ist gefährdet, wahrscheinlich gibt es nur noch an die 10.000 Tiere in China, Indien, Nepal und Bhutan. Von ihnen zu unterscheiden sind die als Haustiere gehaltenen, kleineren Yaks oder Grunzochsen (»Bos grunniens«), die im asiatischen Hochland weit verbreitet sind.

TIBETISCHES HOCHLAND – das höchstgelegene Hochland der Erde

Das Tibetische Hochland wird auf einer mittleren Höhe von 4.500 m rundum von Sieben- und Achttausendern umrahmt. Seine Fläche von 2 Mio. km^2 prägen hauptsächlich unwirtliche Geröllwüsten.

ÄTHIOPISCHES HOCHLAND – das höchstgelegene Hochland Afrikas

Der tief eingesenkte Äthiopische Graben, die Fortsetzung des Ostafrikanischen Grabens, teilt das in seiner höchsten Erhebung 4.533 m hohe Äthiopische Hochland (auch: »Hochland von Abessinien«) in einen westlichen und einen östlichen Teil.

KIMBERLEYPLATEAU – das höchstgelegene Hochland Australiens

Das Kimberleyplateau erstreckt sich rund 800 km entlang der Küste der Timorsee. Höchste Erhebung des nur dünn besiedelten Plateaus ist der 936 m hohe Mount Ord.

COLORADOPLATEAU, COLUMBIA-PLATEAU, GREAT BASIN – die höchstgelegenen Hochländer Nordamerikas

Ein System von zahlreichen Becken wird von den Nordamerikanischen Kordilleren im Westen der USA eingeschlossen. Man unterscheidet drei große Regionen: das Columbiaplateau, das Great Basin und das Coloradoplateau.

ALTIPLANO – das höchstgelegene Hochland Südamerikas

Der Altiplano ist eine rund 700 km lange und etwa 200 km breite, zwischen 3.600 und 4.200 m hohe, abflusslose Hochebene, die sich zwischen West- und Ostkordilleren erstreckt.

Die Flächen im Tibetischen Hochland tragen eine schüttere Pflanzendecke (oben). Eine Ebene des Coloradoplateau an der Südgrenze von Utah ist das Monument Valley in den USA.

Rechts von oben: Der Ras Dashen ist der höchste Berg im Äthiopischen Hochland. Die King Leopold Ranges liegen im australischen Kimberleyplateaus. Der norwegische Nationalpark Dovrefjell-Sunndalsfjella vereint weite Vidda-Hochflächen und das vergletscherte Hochgebirge der Snøhetta. Im Altiplano weiden Lamas am Lago Chungara.

Täler und Canyons

Täler sind lang gezogene, etwa durch die Erosionstätigkeit von Flüssen entstandene Hohlräume in der Landschaft. Man unterscheidet zwischen Engtälern mit V- oder U-förmigem Querschnitt und schmalem Talboden, Durchbruchstälern, die sich durch ein Gebirge schneiden, sowie Trockentälern, die nur nach starkem Regen Wasser führen. Canyons gehören meist zu den Engtälern: Sie bilden mit die eindrucksvollsten Landschaftsformationen der Erde.

Die tiefsten Täler und Schluchten der Erde

1. **Kali Gandaki** Nepal 5.600 m
2. **Yarlung Zangbo** China, Tibet 5.382 m
3. **Hutiaoschlucht** China 3.900 m
4. **Cañón del Cotahuasi** Peru 3.354 m
5. **Cañón del Colca** Peru 3.269 m
6. **Hells Canyon** USA 2.438 m
7. **Great Gorge** USA (Alaska) 2.400 m
8. **Tekezeschlucht** Äthiopien 2.000 m
9. **Barranca del Cobre** Mexiko 1.870 m
10. **Grand Canyon** USA 1.600 m

In den Colorado River Canyons verästeln sich tiefe Abgründe – nach einem Plan, den einst Wasser und Gefälle vorgegeben haben.

Westlich von Castellane fließt das kleine Flüsschen Verdon zwischen himmelhoch erscheinenden Felswänden, die an manchen Stellen am Boden der Schlucht keine 6 m auseinander stehen.

GRAND CANYON DU VERDON – die größte Schlucht Europas

Die größte Schlucht der Alpen liegt ganz im Südwesten, in den provenzalischen Vorbergen, wo man sich dem Meer schon viel näher wähnt als den Gipfeln: Rund 25 km lang und bis zu 700 m tief ist der Grand Canyon du Verdon. Die Kalkplateaus, durch die sich der Verdon seinen Weg gebahnt hat, wurden vor 200 bis 80 Mio. Jahren durch Meeresablagerungen gebildet. Seine teils senkrechten Wandabstürze gelten als Kletterdorado, auf dem Fluss tummeln sich die Kanuten. Genießen lässt sich das einmalige Landschaftsszenarium von der »Route panoramique« aus, die rund um den Canyon verläuft. Unten lässt es sich gut wandern, auf dem vom französischen Touringclub angelegten »Sentier Martel«. Dieser führt vom Chalet de la Maline zum Point Sublime: sechs Stunden zu Fuß, zwischen Felswänden, die den Himmel fast schon zu berühren scheinen.

Die Qutang-Schlucht ist mit 8 km die kürzeste und die engste der drei Schluchten des Jangtse-Flusses.

DIE DREI SCHLUCHTEN DES JANGTSEKIANG – das größte Schluchtensystem Asiens

Der Jangtsekiang, auch »Chang Jiang« (»langer Fluss«) genannt, entspringt im Hochland von Tibet und mündet nach 6.400 km bei Shanghai ins Meer. Im Sichuanbecken ver-

KALI GANDAKI – die tiefste Schlucht der Erde

Die tiefsten Täler finden sich dort, wo auch die höchsten Berge der Erde aufragen: in Nepal und in Tibet. So verläuft die tiefste Schlucht der Erde, die seit Jahrhunderten als Handelsroute genutzte Kali-Gandaki-Schlucht in Nepal, im Himalayagebirge zwischen den Achttausendern Dhaulagiri im Westen und Annapurna im Osten. Zwischen diesen beiden Bergen fließt der an der Grenze zu Tibet entspringende Fluss Kali Gandaki in einem Tal auf einer Höhe zwischen 1.300 und 2.600 m über dem Meeresspiegel und liegt damit 5.500 bis 6.800 m unterhalb der Gipfel.

COLORADO RIVER CANYONS – das größte Schluchtensystem der Erde

Das flächenmäßig größte Schluchtensystem der Erde befindet sich auf dem Coloradoplateau im Südwesten der USA. Die gigantischen Schluchten, die hauptsächlich der Colorado River, aber auch andere Flüsse in Millionen von Jahren in den Stein gegraben hat, bieten einen eindrucksvollen Einblick in die Erdgeschichte. Nicht von ungefähr meinte der Naturforscher John Muir über das grandiose Panorama des Grand Canyon, des spektakulärsten Abschnitts dieses Systems, dies sei »die großartigste von Gottes irdischen Stätten«. Im Grand Canyon National Park windet sich der Colorado River über 450 km durch eine 5,5 bis 30 km breite, bis zu 1.600 m tiefe Schlucht. Vermutlich begann sich der Fluss vor rund 6 Mio. Jahren seinen Weg durch das faszinierende Felspanorama zu suchen.

einigt er sich mit anderen Flüssen, wird breiter, reißender und durchfließt dort, wo er aus dem Dabagebirge herausbricht, die berühmten drei Schluchten. Diese drei Flusstäler sind insgesamt 204 km lang, haben ein Gefälle von 120 m und sind von steilen, 500 bis 1.000 m hohen Felswänden gesäumt. Die kürzeste und schmalste der drei Schluchten ist die landschaftlich besonders reizvolle Qutangschlucht. An der 44 km langen Wuxiaschlucht, der »Hexenschlucht«, erheben sich die »Zwölf Schwestern«: der Legende nach die zu Stein erstarrte Göttin Jao Ji und ihre elf Schwestern, die zuvor böse Flussdrachen besiegt hatten und fortan als Felsen die Schiffe flussabwärts geleiten. Die längste der drei Schluchten ist die 66 km lange Xilingschlucht. An ihrer engsten Stelle ist sie nur 80 m breit. Hier befindet sich eine der größten Talsperren der Erde: die ökologisch höchst umstrittene Drei-Schluchten-Talsperre.

CANYONLANDS – eine der spektakulärsten Landschaften der Erde

Der Canyonlands National Park in Utah/USA zwischen Green River und Colorado gliedert sich in drei Teile: Am höchsten liegt das Gelände im Norden, »Island in the Sky« genannt. Im südöstlichen Bereich »The Needles« dominieren die rot und weiß geäderten Felsformationen, darunter schön geschwungene Bögen und dünne, spitze Felsnadeln. Westlich davon erstreckt sich das nur schwer zugängliche Areal namens »The Maze« (»Irrgarten«). Diese extrem trockene Felslandschaft trägt nur eine spärliche Vegetation und erscheint auf den ersten Blick lebensfeindlich; dennoch siedelten hier vor über 700 Jahren indigene Völker der Pueblokultur, die ihr Leben als sesshafte Ackerbauern und Handwerker bestritten. Aus dieser Epoche sind Ritzzeichnungen (Petroglyphen) erhalten.

Höhlen

Als »Höhlen« im wissenschaftlichen Verständnis bezeichnet man natürlich entstandene unterirdische Hohlräume mit einer Länge von mindestens fünf Metern. Dabei werden primäre Höhlen, die zeitgleich mit dem sie umgebenden Gestein durch Gasblasen oder ungleichmäßige Erstarrung fließender Lava entstanden sind, und sekundäre Höhlen, die später durch Verwitterung, Tektonik, die mechanische oder chemische Wirkung des Wassers geschaffen wurden, unterschieden.

Die Schilfrohrflötenhöhle (»Ludi Yan«) liegt nordwestlich der Stadt Guilin in der südlichen chinesischen Provinz Guangxi. Mit ihren bizarr geformten Stalagmiten und Stalaktiten gehört sie zu den imposantesten Höhlen der Welt.

MAMMOTH CAVE – die längste Höhle der Erde

Die im Mittel 115,50 m tiefe und über 590 km lange Mammoth Cave (links) ist das größte und am weitesten verzweigte Höhlensystem der Welt. Die riesigen Säle mit ihren eindrucksvollen Stalagmiten, Stalaktiten und den auskristallisierten Gipsdecken entstanden vor über 300 Mio. Jahren. Das Höhlensystem ist ein wichtiges Refugium für seltene Tiere wie den Höhlenblindfisch, die Höhlengrille und die Kentucky-Höhlenkrabbe, auch für einige bedrohte Fledermausarten. Seinen Namen verdankt es der gewaltigen Größe einzelner Säle und Räume, nicht dem prähistorischen Mammut.

Die längsten Höhlen der Erde

❶	**Mammoth Cave** (USA, Kentucky)	590 km
❷	**Jewel Cave** (USA, South Dakota)	233 km
❸	**Optymisticeskaja** (Ukraine)	230 km
❹	**Wind Cave** (USA, South Dakota)	211 km
❺	**Carlsbad Caverns** (USA, New Mexico)	203 km
❻	**Hölloch** (Schweiz)	194 km
❼	**Fisher Ridge Cave System** (USA, Kentucky)	180 km
❽	**Sistema Ox Bel Ha** (Mexiko)	177 km
❾	**Gua Air Jernih** (Malaysia)	175 km
❿	**Sistema Sac Actun** (Mexiko)	159 km

CARLSBAD CAVERNS – das faszinierendste Höhlensystem Nordamerikas

In der Nähe der Kleinstadt Carlsbad im Südosten von New Mexico befindet sich ein weit verzweigtes, 1995 zum UNESCO-Welterbe erklärtes Labyrinth bizarrer Tropfsteinhöhlen *(rechte Bildleiste, Motive 1 und 2)*. Vor einigen Millionen Jahren begannen Wasser und Sulfide ein aus der Erdperiode des Perm stammendes Riff auszuhöhlen. Riesige Spalte, Risse und Kammern, die heutigen Carlsbad Caverns, entstanden. Bisher wurden hier mehr als 80 Höhlen entdeckt, von denen die Lechuguilla Cave die tiefste (477 m) und längste (133 km) ist.

NAICA CAVE – die größten Kristalle der Erde

So etwas habe die Menschheit noch nicht gesehen, staunte der Geologe Paolo Forti, einer der erfahrensten Höhlenforscher der Welt, über ein Naturwunder in der Nähe der Stadt Naica in der nordmexikanischen Wüste von Chihuahua: Dort befindet sich eine der weltgrößten Minen für Silber, Blei und Zink, und dort entdeckten zwei Bergleute im Jahr 2000 beim Graben eines neuen Stollens eine Höhle mit Riesenkristallen *(rechte Bildleiste, Motive 3 und 4)*. Fast 90 % Luftfeuchtigkeit und Temperaturen von beinahe 50 °C machen den Aufenthalt in knapp 300 m Tiefe zu einem gefährlichen Abenteuer. Aber der Eindruck ist überwältigend: Bis zu 14 m lang und 50 t schwer sind die von den Bergleuten gefundenen Gipskristalle – zehnmal größer als die bis dahin bekannten größten Selenitformationen der Erde.

Hätten Sie's gewusst?

Mit der Erforschung von Höhlen befassen sich **Höhlenkundler (Speläologen)**. Einen wichtigen Impuls erhielt die moderne Höhlenforschung (Speläologie), als der Elberfelder Lehrer Johann Carl Fuhlrott im Jahr 1856 in einer Höhle des Neandertals bei Düsseldorf die Überreste des »Neandertalers« (Homo Neanderthalensis, oben ein rund 60.000 Jahre alter Schädelfund) entdeckte.

Vulkane

Vulkane haben in entscheidender Weise das Bild unserer Naturlandschaften bestimmt – nicht nur dort, wo wir sie aufgrund ihrer Lavafelder, Rauchfahnen, Basaltsäulen, Kraterruinen oder Kegelformen eindeutig als solche identifizieren können. Enorme Eruptionen vor mehreren hunderttausend Jahren bildeten ausgedehnte Landschaften aus vulkanischen Gesteinen, deren Ausdehnung sich nur auf Satellitenbildern ablesen lässt.

Die höchsten Vulkane der Erde

1. **Ojos del Salado** Argentinien, Chile 6.887 m
2. **Cerro Bonete Chico** Argentinien, Chile 6.872 m
3. **Cerro Pissis** Argentinien 6.795 m
4. **Llullaillaco** Argentinien, Chile 6.739 m
5. **Tupungato** Chile 6.550 m
6. **Sajama** Bolivien 6.542 m
7. **Illimani** Bolivien 6.462 m
8. **Coropuna** Peru 6.425 m
9. **Parinacota** Chile, Bolivien 6.342 m
10. **Chimborazo** Ecuador 6.310 m

Der Vulkan Tungurahua in Ecuador, ein 5.016 m hoher Schichtvulkan, erlebte immer wieder Phasen starker Aktivität. Seit 1999 ist er erneut aktiv.

Oben: Vom Gipfel des Cerro Pissis blickt man über die Puna de Atacama bis zum Ojos del Salado und zum Cerro Nacimiento
Unten: Mystisch-schön erscheint der Ojos del Salado – höchster Vulkan der Erde und zweithöchster Berg Südamerikas – im Abendlicht.

VULKANISMUS

Ein Großteil der Erdkruste entstand aus geschmolzenem Gestein, das aus dem Erdinneren zur Oberfläche unseres Planeten aufgestiegen, dann abgekühlt und zu vulkanischem Gestein erkaltet ist. Dieser »Vulkanismus« genannte Prozess ist ein fast ausschließlich auf die Plattenränder begrenztes Phänomen. Rund 80 % der weltweit etwa 520 Vulkane liegen an zusammenstoßenden Plattenrändern. Besonders auffällig ist dabei der sogenannte zirkumpazifische Feuerring (»Ring of Fire«), der entlang der äußeren Plattengrenzen der Pazifischen und der Nazcaplatte verläuft. Beim Abtauchen einer ozeanischen Platte in die Asthenosphäre unterhalb einer Festlandplatte wird deren Rand teilweise aufgeschmolzen. Das »Magma« genannte geschmolzene Gestein steigt nun zur Oberfläche auf. Der größte Teil des Magmas erstarrt jedoch bereits innerhalb der Erdkruste. Doch manche Magmaschlote reichen bis an die Erdoberfläche – dies sind die uns bekannten Vulkane. Das aufsteigende Magma sammelt sich zunächst in einer Kammer innerhalb des Vulkans, bis der Druck dort so hoch ist, dass Lava ausfließt oder explosionsartig aus dem Vulkankrater emporgeschleudert wird.

Wenn der Kilauea auf Hawaii flüssige Lava ins Meer spuckt, heißt es im Volksglauben, dass Pele, die Vulkangöttin, mal wieder wütend ist.

ISLAND – die größte Vulkaninsel der Erde

Mit einer Gesamtfläche von rund 103.000 km² ist Island die zweitgrößte Insel Europas – und die größte Vulkaninsel der Erde. Sie liegt im nördlichen Atlantik südlich des Polarkreises. Etwa 30 der über 140 Vulkane auf der Insel sind heute noch aktiv. Indikatoren des andauernden Vulkanismus sind Geysire und Solfataren (Bereiche, in denen Gase aus der Erde austreten), die vor allem auf der Westhälfte Islands anzutreffen sind. Wegen der geologischen Gegebenheiten und vulkanischen Aktivitäten gehört Island zu den für Geologen interessantesten Regionen der Erde.

ÄTNA – der höchste aktive Vulkan Europas

Der Ätna auf der italienischen Halbinsel Sizilien, auf der Westseite der großen Störungszone namens Messinaverwerfung gelegen, ist mit 3.323 m der höchste aktive Vulkan auf dem europäischen Kontinent. Er entstand vor rund 600.000 Jahren an einer Stelle, wo eine Meeresbucht weit ins Landesinnere hineinreichte. Der Gebirgsstock nimmt eine gewaltige Fläche ein (rund 1.250 km²), sein Umfang beträgt etwa 250 km.

Eine Rauchwolke zieht vom verschneiten Ätna nach Osten und veranschaulicht die ununterbrochene Aktivität des Vulkans. Im Kontrast zum fast vegetationslosen Vulkan steht die grüne, fruchtbare Ebene von Catania. Die Caldera östlich des Schneefeldes ist der Krater des Ätna-Vorgängers Trifoglietto. Verschiedene Lavaströme lassen sich als dunkelbraune Flächen lokalisieren.

Enorme Eruptionen vor mehreren hunderttausend Jahren haben ausgedehnte Landschaften aus vulkanischen Gesteinen gebildet, deren Ausdehnung sich nur auf Satellitenbildern ablesen lässt. Teils sind die derzeit bekannten Vulkane der Erde aktiv, teils – zumindest vorübergehend – erloschen. Die meisten und auch aktivsten von ihnen liegen unterhalb der Meeresoberfläche und tragen nicht einmal einen Namen, da es sich um Spalten und Schlote im Mittelozeanischen Rücken handelt, aus denen unentwegt Gase und Lava hervorströmen.

VULKANTYPEN

Die feuerspeienden Schlote können nach der Art der Magmazufuhr unterteilt werden: So gibt es **Spaltenvulkane** wie den Ätna auf Sizilien, die immer wieder an unterschiedlichen Stellen (Spalten) ausbrechen, wobei sich die austretende Lava nur langsam talwärts bewegt. Anders verhält es sich bei einem Zentralvulkan wie dem Vesuv bei Neapel. Hier führt eine rohrartige Öffnung bis in die Magmakammer; die Lavamassen werden bei einem Ausbruch explosionsartig hochgeschleudert, und es können sich dabei Calderen (kesselförmige Vertiefungen) bilden. Vulkane werden aber auch nach ihrer Form unterschieden. So gibt es **Schicht-** oder **Stratovulkane**, die kegelförmig aussehen wie der Fujisan in Japan, **Schildvulkane** wie den Mount Loa auf Hawaii, **Decken-** und **Plateauvulkane**, bei denen dünnflüssigere Lava durch Spalten an die Oberfläche dringt, **Schlacken-** und **Aschenkegel**, die deutlich kleiner sind und meist eine regelmäßige konische Form aufweisen wie der Stromboli in Italien, **Maare**, die durch eine Explosion ohne Lava entstehen und ein trichter- oder schüsselartiges Aussehen haben (z. B. in der Vulkaneifel).

FUJI-SAN – Symbol und Stolz Japans

Die japanischen Inseln sind Teil des zirkumpazifischen Feuerrings, der sich rund um den Pazifik zieht und zu den geologisch aktivsten Zonen der Erde zählt. Der Fuji-san ist nicht nur der höchste Berg Japans, sondern ist als Wahrzeichen des Landes Symbol und Stolz einer ganzen Nation. Den 3.776 m hohen Vulkan krönt ein 600 m breiter und 150 m tiefer Krater, auf dessen Rand neben Tempeln auch Hütten, eine Wetter- und eine Radarstation stehen. Während der Saison im Juli und August versuchen jährlich bis zu 400.000 Menschen die Besteigung des Bergs. Im Norden des Gipfels liegen fünf Seen.

Supervulkane

Die einzelnen Vulkane befinden sich in unterschiedlichen Stadien. Einige sind sehr aktiv, es kommt Jahr für Jahr immer wieder zu neuen Eruptionen. Andere hingegen befinden sich in einem ruhenden Zustand und sind nur in gewissen Abständen tätig. Viele Vulkane scheinen für immer erloschen. Vulkanologen überwachen sowohl ruhende als auch aktive Vulkane, um einer größeren Katastrophe, soweit möglich, vorzubeugen.

KAMTSCHATKA – die größte Vulkankonzentration der Erde

Die 1.200 km lange, bis zu 450 km breite russische Halbinsel Kamtschatka zwischen Beringsee und Ochotskischem Meer gehört zu den bedeutendsten Vulkanregionen dieser Erde. Eine stark gegliederte Westkette durchzieht Kamtschatka in Längsrichtung und gipfelt im Vulkan Itschinskaja Sopka (3.621 Meter). Im mittleren Teil der Halbinsel verläuft parallel die Ostkette, die von 160 Vulkanen umrahmt wird. Der höchste der 29 aktiven Vulkane ist der Kljutschewskaja Sopka (4.750 m). Jedes Jahr brechen durchschnittlich sechs Vulkane auf Kamtschatka aus.

Im Gegensatz zu den klassischen Vulkanen bilden die sogenannten Supervulkane keine Bergkegel aus, wie dies beim Fuji-san oder beim Ätna der Fall ist. Stattdessen hinterlassen sie nach einem Ausbruch gewaltige Einsturztrichter: Diese entstehen, wenn die Erde über der entleerten Magmakammer einstürzt. Dicht unter der Oberfläche steigert sich der Druck in den Vulkansystemen so lange, bis er mit einer gewaltigen Eruption an die Oberfläche dringt. Diese Ausbrüche kündigen sich mit vermehrter seismischer Aktivität, mit Hebungen und Senkungen des Vulkanbodens und Rissbildung in der Umgebung an. Die Folgen der Eruptionen sind verheerend und wirken sich weltweit aus. Durch die Explosion wird das Material hoch in die Atmosphäre katapultiert und regnet im Umkreis mehrerer hundert Kilometer wieder ab. Die Sonne verdüstert sich, und die Oberflächentemperatur der Erde sinkt – es kommt zu einem »vulkanischen Winter«, der über mehrere Jahrzehnte anhalten kann. Bisher sind der Wissenschaft nur wenige Ausbrüche von Supervulkanen bekannt. Gemessen wird ihre Stärke nach dem VEI, dem Vulkan-Explosions-Index. Eruptionen von Supervulkanen erreichten auf dem Index die Stärke acht.

YELLOWSTONE – der gefährlichste Supervulkan der Erde

Ursache für die Aktivität des legendären Yellowstonevulkans in Wyoming, USA, ist ein Hot Spot, auf dem der Vulkan sitzt, der eine in 8.000 m Tiefe liegende Magmakammer nährt. In einem Zyklus von ungefähr 700.000 bis 900.000 Jahren kommt es zu gewaltigen Eruptionen. Der letzte Ausbruch setzte 1.000 km³ Asche und vulkanisches Material frei, das zu einem globalen vulkanischen Winter führte. Dass die Erde noch keineswegs zur Ruhe gekommen ist, beweisen die vielen kochend heißen Quellen, Fumarolen und Geysire. Auch die Quellseen mit vielfarbigem kochendem Wasser, die zerplatzenden Schlammblasen und die heißen Dämpfe aus den Felsspalten zeugen von den nach wie vor unter der Erdoberfläche waltenden Kräften.

TOBASEE – der größte Vulkansee der Erde

Der auf 906 m Höhe im vulkanischen Hochland von Sumatra, Indonesien, gelegene, bis 529 m tiefe Tobasee ist mit 1.146 km² der größte Vulkansee der Erde – und das Relikt des stärksten Vulkanausbruchs der letzten 500.000 Jahre. Die Eruption verursachte damals eine Abkühlung der Atmosphäre um bis zu 17 °C und sorgte so für die 1.000 kältesten Jahre der Würmeiszeit. Bei dem Ausbruch wurden schätzungsweise 2.800 km³ vulkanisches Material freigesetzt, das sich in einer Höhe von 50 km über die gesamte Erde verteilte und einen »vulkanischen Winter« hervorrief, bei dem die damals noch ausschließlich in Afrika lebenden Vorfahren des modernen Menschen (Homo sapiens) an den Rand des Aussterbens gebracht wurden.

TAUPOSEE – Zeuge einer der verheerendsten Vulkaneruptionen der Erde

Neuseeland liegt über der Nahtstelle der Indo-Australischen und der Pazifischen Platte. Damit ist das Gebiet Teil jener Randzone des Pazifischen Ozeans, die »Ring of Fire« genannt wird. Zusammenstöße dieser beiden Platten tief unter Neuseeland haben die Größe und Form des Landes seit Urzeiten geprägt. Doch die friedvolle Stille, die häufig über dem 186 m tiefen Lake Taupo auf der neuseeländischen Nordinsel liegt, lässt nicht vermuten, dass der mit 606 km² Fläche größte See Neuseelands seine Existenz einer Vulkaneruption vor rund 2000 Jahren verdankt, die Wissenschaftler heute als eine der verheerendsten der jüngeren Menschheitsgeschichte ansehen: Vor rund 22.600 Jahren erschütterte eine gewaltige Vulkaneruption die Nordinsel Neuseelands. 1.170 km³ Asche und vulkanisches Gestein wurden in die Atmosphäre abgegeben und verteilten sich über große Teile der Welt.

LA-GARITA-CALDERA – Relikt des stärksten nachweisbaren Vulkanausbruchs der Erde

Der stärkste nachweisbare Vulkanausbruch der Erdgeschichte fand vor rund 27 Mio. Jahren am Ort der heutigen La-Garita-Caldera im südwestlichen Colorado, USA, statt. Dabei wurden rund 5.000 km³ vulkanische Asche und Gestein in die Atmosphäre geschleudert. Als Relikt bis heute erhalten blieb die geologisch sehr einheitlich aufgebaute Caldera. Nach dem Hauptausbruch waren noch sieben weitere größere Eruptionen zu verzeichnen. Allerdings erreichte keine der Eruptionen diese Größenordnung.

Schwefel- und Mineralablagerungen weist der Grand Prismatic Pool am Beckenrand auf. Dass man hier auf einem Pulverfass sitzt, ist im Yellowstone-Nationalpark vielerorts spürbar.

Im Tobasee (oben) liegt die Insel Samosir. Mit einer Größe von 616 km² ist der Tauposee (unten) der größte See in Neuseeland. Die La-Garita-Caldera (Mitte) ist 35 mal 75 km groß.

Eisfelder und Gletscher

Während der letzten Eiszeit waren weite Teile Nordeuropas von einem Eisfeld überzogen, über den Alpen lag eine gewaltige Eiskappe. Aber seit 10.000 Jahren ziehen sich die Eisfelder oder Eisschilde zurück. Im Gegensatz zu Gletschern, deren Fließrichtung von der umliegenden Tektonik bestimmt wird, überformen Eisfelder das darunterliegende Relief. Unter den beiden mächtigsten Eisdecken liegen die größte Insel der Erde (Grönland) und sogar ein ganzer Kontinent (Antarktis).

Die längsten Gletscher der Erde

1. **Lambertgletscher**
   Antarktis 400 km
2. **Beringgletscher**
   Alaska 190 km
3. **Beardmoregletscher**
   Antarktis 160 km
4. **Lilliegletscher**
   Antarktis 160 km

Die größten Eisfelder der Erde

1. **Antarktischer Eisschild**
   Antarktis ca. 12 Mio. km²
2. **Grönländischer Eisschild**
   Grönland ca. 1,7 Mio. km²
3. **Kluane Icefield**
   Kanada 18.000 km²
4. **Südpatagonisches Eisfeld**
   Argentinien 16.800 km²

Mit bis zu 1.000 m Dicke ist der Vatnajökull der dem Volumen nach größte Gletscher Europas.

Diese Satellitenaufnahme zeigt die gesamte Kontinentalmasse in leuchtendem Weiß. Am linken Bildrand erkennt man oberhalb der Mitte die Antarktische Halbinsel. An sie schließt nach rechts unten das Transantarktische Gebirge an.

ANTARKTISCHER EISSCHILD

Die Antarktis wird fast ganz (etwa zu 95 %) von einem gewaltigen, rund 12 Mio. km² großen Eisschild bedeckt, der den Kontinent zum höchsten der Welt macht (die mittlere Höhe beträgt ungefähr 2.800 m). Nur die am weitesten aufragenden Bergspitzen durchstoßen die Eisdecken, darunter das 4.897 m hohe Vinson Massif als höchster Gipfel. Diese gewaltige Eismasse enthält etwa 90 % des auf der Erdoberfläche vorhandenen Süßwassers. Bei einem Abschmelzen der antarktischen Eismassen würde der Meeresspiegel um etwa 60 m ansteigen. Das Transantarktische Gebirge teilt den Kontinent in zwei Regionen: Die (größere) Ostantarktis grenzt an den Indischen und den Atlantischen Ozean, die Westantarktis an den Pazifischen Ozean. Der Kontinent ist eine Welt der Extreme: Hier fließt mit dem Lambert Glacier der größte und längste Gletscher der Welt, nirgendwo ist es kälter. An der russischen Forschungsstation Vostok in der Ostantarktis wurde am 21. Juli 1983 mit –89,2 °C die tiefste jemals auf der Erde gemessene Temperatur ermittelt. Trotzdem geht von diesem Naturraum für viele Menschen eine ganz besondere Faszination aus. Die Wunderwelt des Eises bleibt aber

Schroffe, zum Teil vergletscherte Gebirge überragen auf dieser Satellitenaufnahme von Ostgrönland mit Packeis gefüllte Meeresarme.

MALASPINAGLETSCHER – der größte Vorlandgletscher der Erde

Als Vorlandgletscher bezeichnet man einen Gletscher, der sich aus den Tälern einer Bergkette heraus in eine vorgelagerte Ebene schiebt und sich dort ring- oder fächerförmig ausbreitet. Der mit 3.900 km² Fläche große Gletscher dieser Art, der 45 km lange, 65 km breite, bis zu 600 m dicke Malaspinagletscher liegt in den St. Elias Mountains an Alaskas südlicher Pazifikküste. Er endet an der Yakutat Bay im Golf von Alaska, erreicht aber nirgends das Wasser. Gebildet wird er aus mehreren Eisströmen, die sich am Fuß der St. Elias Mountains zu einer großen Eismasse verbinden.

LAMBERTGLETSCHER – der größte und längste Gletscher der Erde

Mit einer Länge von rund 400 Kilometern und einer Breite von 50 Kilometern ist der Lambert Glacier in der Ostantarktis der größte Gletscher der Welt. Die mächtige Eismasse bewegt sich kontinuierlich mit Geschwindigkeiten von mehreren Metern pro Tag in Richtung Küste, wo sie den wichtigsten Zustrom des Amery Ice Shelf bildet. Der vom Gletscher erzeugte Druck ist so stark, dass die von ihm überquerten Gebiete massiv umgestaltet und bis unter den Meeresspiegel gedrückt werden. Der Eisstrom entreißt dem unterlagernden Gebirge größere Felsbrocken und führt sie mit.

Der größte und längste Gletscher der Welt wird von einzelnen Bergspitzen überragt, die aus der bis knapp 3.000 Meter mächtigen Eismasse hervortreten. Diese Berge steuern die Fließrichtung des Lambert Glacier maßgeblich mit.

neben den dort arbeitenden Wissenschaftlern nur wenigen Menschen vorbehalten. Touristenschiffe kommen ohne die Begleitung eines Eisbrechers in der Regel nicht einmal in die Nähe der antarktischen Küste, sondern meist nur bis zum Schelfeis, das vor der Küste auf dem Meer schwimmt.

GRÖNLÄNDISCHER EISSCHILD

Die mit 2.1 Mio. km² größte Insel der Erde ist zu etwa fünf Sechsteln von Eis, dem 1,71 Mio. km² großen Grönländischen Eisschild, bedeckt. Von Norden nach Süden ist er etwa 2.400 km lang, an der breitesten Stelle misst er etwa 1.100 km. Im Durchschnitt ist diese Eisdecke über zwei Kilometer dick. Das Inlandeis steigt auf Höhen von bis zu 3.400 m an und hat ein Volumen von 2,5 Mio. km³. Nur die aus dem Eis ragenden Berggipfel unterbrechen das weiße Landschaftsbild.

GROSSER ALETSCHGLETSCHER – der größte Gletscher der Alpen

Mit einer Länge von fast 24 km und einer Fläche von fast 118 km² ist der Große Aletschgletscher in der Schweiz der größte Gletscher der Alpen. Beim Blick vom »Top of Europe«, der Bergstation von Europas höchstgelegener Zahnradbahn auf dem 3.454 m hohen Jungfraujoch (oben) erkennt man aber auch hier das Schwinden der Eismassen als Zeichen des Klimawandels. Verloren die Gletscher seit Mitte des 19. Jahrhunderts bis 1975 etwa ein Drittel an Fläche und fast die Hälfte ihres Gesamtvolumens, so büßten sie in den letzten 30 Jahren ein weiteres Viertel ihrer Masse ein. Falls dieser Trend anhält, dürften bis 2050 mehr als drei Viertel der Alpengletscher abgeschmolzen sein. Das Eis schmilzt aber nicht nur, es wandert auch. Von den Gipfeln und den Karmulden herab bewegt sich der gepresste, zu Eis verfestigte Schnee talwärts; pro Tag maximal um einen halben Meter. So wird aus einem Schneekristall, der oben auf den Aletschgletscher fällt, nach einer vielleicht 500 Jahre langen Reise unten am Eingang in die Massaschlucht wieder ein Wassertropfen …

Flüsse und Flussdeltas

In Jahrmillionen haben Flüsse tiefe Täler in die Gebirge geschnitten, Ebenen bewässert und karge Wüstengegenden in fruchtbare Oasen verwandelt. Indem sie sich, zu Strömen vereint, ins Meer entwässern, sind sie ein wichtiger Bestandteil des globalen Wasserkreislaufs. »Delta« nennt man eine Flussmündung, die sich unter Ablagerung der vom Fluss mitgeführten Sinkstoffe stetig vorschiebt und dabei eine fächerförmige Form erhält – ähnlich dem griechischen Buchstaben Delta.

Auf dieser Satellitenaufnahme ist gut zu erkennen, dass der Missisippi ein Dammfluss ist, der sich seinen eigenen Uferdamm aufgeschüttet hat.

NIL – der längste Fluss der Erde

Mehr als 3 Mio. km² umfasst das Einzugsgebiet des mit 6.671 km längsten Flusses der Erde – etwa 10 % des afrikanischen Kontinents. Quellfluss ist der Weiße Nil, der sich aus dem Kagera-Nil speist. Dessen Quellflüsse entspringen in Burundi und Ruanda. Aber die längsten Flüsse sind nicht unbedingt die wasserreichsten. Der Nil verliert auf seinem Weg bis zur Mündung durch Verdunstung so viel Wasser, dass er sich nur noch mit etwa 2.800 km³ pro Sekunde ins Mittelmeer ergießt – wesentlich kürzere Flüsse bringen es oft auf ein Mehrfaches dieses Eintrags.

Die längsten Flüsse der Erde
(mit Hauptquellflüssen)

❶	**Nil mit Kagera-Nil**	
	Afrika	6.671 km
❷	**Amazonas mit Ucayali/Apurímac**	
	Südamerika	6.448 km
❸	**Jangtsekiang mit Tongtian He**	
	Asien	6.380 km
❹	**Mississippi/Missouri mit Red Rock River**	
	Nordamerika	6.051 km
❺	**Jennisej/Angara mit Selenga und Ider**	
	Asien	5.940 km
❻	**Ob/Irtysch**	
	Asien	5.410 km

Die wasserreichsten Flüsse der Erde
(Abfluss im Jahresdurchschnitt)

❶	**Amazonas mit Ucayali/Apurímac**	
	Südamerika	180.000 m³/s
❷	**Kongo**	
	Afrika	39.160 m³/s
❸	**Jangtsekiang mit Tongtian He**	
	Asien	31.900 m³/s
❹	**Rio Madeira mit Rio Mamoré/ Rio Grande**	
	Südamerika	31.200 m³/s
❺	**Orinoco**	
	Südamerika	29.000 m³/s
❻	**Rio Negro**	
	Südamerika	26.700 m³/s

Die größten Flussdeltas der Erde

❶	**Amazonasdelta**	121.000 km²
❷	**Gangesdelta**	106.000 km²
❸	**Yukon-Kuskokwim-Delta**	70.000 km²
❹	**Lenadelta**	45.000 km²
❺	**Mekongdelta**	39.000 km²
❻	**Huang-He-Delta**	36.000 km²
❼	**Irrawaddydelta**	30.000 km²
❽	**Mississippidelta**	29.000 km²
❾	**Wolgadelta**	27.000 km²
❿	**Orinocodelta**	22.500 km²

Von oben: Wolga (3.534 km, der längste Fluss Europas), Jangtsekiang (6.380 km, der längste Fluss Asiens), Amazonas (6.671 km, der zweitlängste und wasserreichste Fluss der Erde), Mississippi (6.051 km, der – hier vor der Skyline von St. Louis fotografierte – längste Fluss Nord- und Mittelamerikas).

Wasserfälle

An geologischen Bruchstellen oder entsprechend geformten Untergründen stürzt das Wasser eines Fließgewässers oft viele Dutzend oder gar hunderte Meter in die Tiefe. Das kann in einer Stufe erfolgen oder kaskadenartig über mehrere Etappen. Wenn sich durch Gefälle oder Verengung der Wasserabfluss beschleunigt und reißend wird, spricht man von Stromschnellen. Ist der Abfluss des aufgewirbelten Wassers durch Felsriegel gegliedert, handelt es sich um einen Katarakt.

Die wasserreichsten Wasserfälle der Erde

1. **Chutes Inga** 42.500 m³/s
   Dem. Rep. Kongo
2. **Chutes de Livingstone** 35.000 m³/s
   Dem. Rep. Kongo
3. **Boyoma Falls** 17.000 m³/s
   Dem. Rep. Kongo
4. **Chutes de Khone**
   Laos 11.600 m³/s
5. **Salto Pará** 3.500 m³/s
   Venezuela
6. **Cachoeira de Paulo Afonso**
   Brasilien 2.800 m³/s
7. **Niagara Falls** 2.500 m³/s
   USA/Kanada
8. **Saltos do Iguaçu** 1.750 m³/s
   Argentinien/Brasilien
9. **Saltos dos Patos e Marbondo** 1.500 m³/s
   Brasilien
10. **Victoria Falls** 1.100 m³/s
    Simbabwe/Sambia

UNESCO-Welterbe: Die Iguaçu-Wasserfälle markieren die brasilianisch-argentinische Grenze.

Die Victoria Falls sind die gewaltigsten Wasserfälle Afrikas. Sie befinden sich an der Grenze von Simbabwe und Sambia. Auf 1.708 m Breite stürzt hier das Wasser des Sambesi über eine Felswand etwa 110 m spektakulär in die Tiefe und bildet so den größten geschlossenen »Wasservorhang« der Erde.

RHEINFALL – der wasserreichste Wasserfall Europas

Verglichen mit den Giganten anderer Erdteile nehmen sich die europäischen Wasserfälle meist eher bescheiden aus. Immerhin noch den 23. Platz in der Weltrangliste belegt der Rheinfall – vor dem zwar doppelt so hohen, aber nur halb so wasserreichen Dettifoss auf Island der wasserreichste Wasserfall Europas. Knapp 23 m stürzt sich der Rhein rund 4 km westlich von Schaffhausen über felsigen Grund in die Tiefe. Durchschnittlich 370 m³ ergießen sich in der Sekunde über eine Breite von etwa 150 m. In den regenreichen Sommermonaten erreicht die Wassermenge sogar Durchschnittswerte um 700 m³/s. Seit der Würmeiszeit fließt der Rhein in seinem heutigen Bett aus hartem Malmkalk. Der Rheinfall entstand vor 14.000 bis 17.000 Jahren im Übergangsbereich vom harten Kalkstein zur Schotterrinne, die auf die ältere Risseiszeit vor 200.000 Jahren zurückgeht.

KONGO – die gewaltigsten Stromschnellen der Erde

Rund 40 km nördlich von Matadi, der wichtigsten Hafenstadt der Demokratischen Republik Kongo, wird der Kongo zum reißenden Fluss. Auf einer Strecke von 15 km überwindet er ein Gefälle von 96 m. In jeder Sekunde fließen dabei im Durchschnitt 42.500 m³ Wasser der Küste zu, maximal können es sogar mehr als 70.000 m³ sein. Die Stromschnellen der Chutes Inga sind schon manchem zum Verhängnis geworden. Das Bild links wurde von einem Hubschrauber aus aufgenommen, mit dem man 1985 nach möglichen Überlebenden einer französischen Expedition suchte.

Die höchsten Wasserfälle der Erde

❶	**Salto Angel** Venezuela	979 m
❷	**Tugela Falls** Südafrika	948 m
❸	**Cataratas Las Tres Hermanas** Peru	914 m
❹	**Olo'upena Falls** USA, Hawaii	900 m
❺	**Catarata Yumbilla** Peru	896 m
❻	**Vinnufossen** Norwegen	860 m
❼	**Baläifossen** Norwegen	850 m
❽	**Pu'uka'oku Falls** USA, Hawaii	850 m
❾	**James Bruce Falls** Kanada	840 m
❿	**Browne Falls** Neuseeland	836 m

Die größte Einzelstufe des gewaltigen Salto Angel, des höchsten frei fallenden Wasserfalls der Erde, misst 805 m, eine zweite Stufe von knapp 200 m schließt sich an.

NIAGARA FALLS – die berühmtesten Wasserfälle der Erde

Die Niagarafälle werden vom Niagara River zwischen dem Lake Erie und dem Lake Ontario gebildet. Mitten durch die Fälle verläuft die Grenze zwischen den USA und Kanada. Als erster Weißer bekam der Jesuitenpater Louis Hennepin im Dezember 1678 die Wasserfälle zu Gesicht. Seitdem gelten sie als eines der größten Naturwunder der Erde. Mehr als 50 m stürzen die Wassermassen in einer Gischtwolke über die Felsen. Goat Island, eine winzige Insel, lenkt das Wasser in zwei Kanäle. Die großen Horseshoe Falls liegen auf kanadischer, die kleineren American Falls auf US-amerikanischer Seite. Die Rainbow Bridge verbindet die beiden Staaten. Die beste Sicht hat man von den Ausflugsbooten der kleinen Dampferflotte »Maid of the Mist«, die bis dicht an die Fälle heranfahren Auf einer »Journey behind the Falls« gelangt man sogar hinter die Wasserfälle.

Die 739 m hohen Yosemite Falls im kalifornischen Yosemite-Nationalpark sind die höchsten Wasserfälle Nordamerikas. Die indigenen Stämme des Yosemitetals nannten den Wasserfall »Cholock«: Sie glaubten, dass im Fallkolk, dem Wasserbecken am Fuß des Wasserfalls, die Geister von Hexen wohnten.

Seen

Als See wird ein größeres Stillgewässer bezeichnet, das vollständig von Land umgeben ist. Ob der See Zu- und Abflüsse hat, spielt dabei keine Rolle. In Abgrenzung von einem Binnenmeer (wie dem Mittelmeer) hat ein See in der Regel keine direkte Verbindung mit den Weltmeeren. Um – im Unterschied zu einem Weiher oder einem Teich – als See geführt zu werden, muss ein Gewässer auch eine gewisse Größe aufweisen. Als Mindestmaß wird dabei meist ein Hektar angesetzt.

Die größten Seen der Erde

1. **Kaspisches Meer**
   Russland, Kasachstan, Aserbaidschan, Iran, Turkmenistan 371.000 km²
2. **Oberer See**
   USA, Kanada 82.414 km²
3. **Victoriasee**
   Tansania, Kenia, Uganda 68.870 km²
4. **Huronsee**
   USA, Kanada 59.596 km²
5. **Michigansee**
   USA 58.016 km²
6. **Tanganjikasee**
   Dem. Rep. Kongo, Tansania, Sambia, Burundi 32.893 km²
7. **Baikalsee**
   Russland 31.492 km²
8. **Malawisee**
   Malawi, Tansania, Mosambik 30.044 km²

Der historische Split-Rock-Leuchtturm am Oberen See wurde im Jahr 1910 nach heftigen Stürmen errichtet.

Der Baikalsee – links die Peschanajabucht (»Sandbucht«) bei Bolschoi – ist der See mit der größten Wassertiefe, unter den Süßwasserseen hat er das größte Wasservolumen. Zugleich gilt er mit einem Alter von über 25 Mio. Jahren als der älteste See der Erde.

BAIKALSEE – der tiefste und wasserreichste See der Erde

Der fast 650 km lange und durchschnittlich knapp 50 km breite See liegt im südlichen Sibirien nahe der Stadt Irkutsk in einem geologisch sehr aktiven Gebiet, in dem es häufig zu Erdbeben kommt. Am Ufer entspringen aus Erdspalten mineralische Quellen, um die herum sich Kurorte etabliert haben. »Reicher See« bedeutet der Name »Baikalsee« in der burjatischen Sprache. In der Tat ist die Pflanzen- und Tierwelt hier sehr vielfältig. Allein im See selbst sind über 1.200 verschiedene Tierarten nachzuweisen. Der größte Teil der artenreichen Fauna ist endemisch, kommt also – wie die Baikalrobbe und der Golomjanka, ein lebend gebärender Fisch – nur hier vor. Zudem wurden hier an die 600 verschiedene Pflanzenarten gezählt.

Vor einem heftigen Gewitter über dem Ladogasee hatte sich diese Wolkenformation gebildet – eine trügerische Ruhe vor dem Sturm.

LADOGASEE – der größte See Europas

Die größten Binnenseen Europas befinden sich im Norden des Kontinents. Geologisch sind sie allesamt Überbleibsel der letzten Eiszeit, die

KASPISCHES MEER – der größte Salzwassersee der Erde

Das Kaspische Meer (links ein Blick aus dem Weltall auf den Nordteil) war ursprünglich Teil eines riesigen Ozeans. Als sich vor etwa 5,5 Mio. Jahren die Alpen, Pyrenäen und Karpaten auffalteten, wurde auch das gewaltige Becken vom Meer getrennt – und ist nun das größte Binnengewässer der Erde. Fünf Staaten säumen die Küsten des etwa 1.200 km langen, bis zu 435 km breiten, abflussfreien Sees: im Süden Iran, im Osten Turkmenistan, im Norden Kasachstan, im Westen Aserbaidschan und Russland. Das Wasser ist salzhaltig, der größte Zufluss ist die Wolga.

OBERER SEE (Lake Superior) – der größte Süßwassersee der Erde

Der größte der fünf nordamerikanischen Großen Seen ist nach dem Kaspischen Meer der zweitgrößte See der Erde und zugleich der flächenmäßig größte Süßwassersee. Er liegt auf einer Seehöhe von 184 m, hat eine Länge von 563 km und eine Breite von 257 km. Er ist im Mittel 149 m tief (größte Tiefe: 405 m). Der zwischen Kanada und den USA gelegene See grenzt im Norden an die kanadische Provinz Ontario, im Süden an die US-Bundesstaaten Michigan und Wisconsin. Auf einer Küstenlänge von fast 4.400 km gibt es mehr als 200 Zuflüsse. Der Abfluss erfolgt über den St. Mary's River in den Huronsee. Zwischen diesen beiden Seen wird die Höhendifferenz von 8 m durch Schleusen überwunden.

Abendstimmung bei Cove Point, an der Nordküste des Oberen Sees.

in diesen Breiten ihre tiefsten Spuren hinterlassen hat. Der Ladogasee liegt rund 50 km östlich von St. Petersburg; mit einer Länge von 220 km und einer maximalen Breite von rund 120 km erstreckt er sich bis nahe an die Grenze zu Finnland und entwässert über die Newa in den Finnischen Meerbusen der Ostsee. Durchschnittlich ist der Ladogasee 52 m tief, die Maximaltiefe beträgt 225 m. Er liegt etwa 4 m über NN und speichert knapp 840 km^3 Wasser. Mehr als 500 Inseln befinden sich im Ladogasee. Im geologischen Verständnis ist er als Ergebnis der letzten Eiszeit, der Weichseleiszeit, mit etwa 12.000 bis 15.000 Jahren noch verhältnismäßig jung. Der See hat sehr reiche Fischbestände, darunter auch einige endemische Arten. Einige Arten, wie der Süßwasserstör, sind inzwischen selten geworden. Ebenfalls im See heimisch ist eine Süßwasserrobbe, eine Unterart der Ringelrobbe.

Hätten Sie's gewusst?

Der Assalsee (Lac Assal) westlich des Golfs von Aden befindet sich im Zentrum von Dschibuti, Ostafrika und ist der See mit dem höchsten Salzgehalt der Erde. Mit 34,8 % ist der Anteil zehnmal höher als in den Weltmeeren und liegt sogar um 10 bis 15 % über dem maximalen Salzgehalt des Toten Meeres. Der 54 km^2 große See liegt mehr als 150 m unter NN (Angaben variieren) und stellt somit den tiefsten Punkt des afrikanischen Kontinents dar. An seinen Ufern stößt man zuweilen auf bizarre Gips- und Salzformationen. Sein Wasser bezieht der See aus unterirdischen Quellen, zum Teil handelt es sich um Meerwasser aus dem Golf von Aden. Der extrem hohe Salzgehalt beruht auf Verdunstung. Das Bild oben zeigt eine kleine Insel aus erstarrter Lava im Assalsee. Sie bildet eine Art Kristallisationskern, um den herum das Salz in fingerförmigen Strukturen auskristallisiert.

Polare Zonen

Die Erde wird in mehrere Vegetationszonen unterteilt, in denen bestimmte Pflanzengesellschaften vorherrschen. Sie verlaufen parallel zu den Breitenkreisen und entsprechen etwa den Klimazonen. Faktoren wie geografische Breite, Höhenlage, Meeresströmungen, Relief und Vegetation beeinflussen das Klima. Eis und Schnee sowie der halbjährliche Wechsel von Polartag und Polarnacht kennzeichnen die Polregionen der Erde, die Arktis am Nordpol und die Antarktis am Südpol.

Die polnahe Hocharktis ist das ganze Jahr über eine Welt aus Eis und Schnee. Nur weiter im Süden taut die Oberfläche im Sommer ab.

EISBÄR – eines der größten an Land lebenden Raubtiere der Erde

Die Arktis hat ihren Namen vom Bären (griechisch: »arctos«) erhalten: Der in der nördlichen polaren Zone lebende Eis- oder Polarbär (links neben einem Polarfuchs) ist mit dem Kodiakbären das größte an Land lebende Raubtier der Welt. Die Kopf-Rumpf-Länge des Männchens beträgt bis zu 2,60 m, die Schulterhöhe bis zu 1,60 m und das Gewicht bis zu 800 kg. Anders als andere Bärenarten sind Eisbären hauptsächlich auf Fleischversorgung angewiesen, zu den Beutetieren zählen Robben und junge Walrosse. Meist erlegen sie diese an deren Atemlöchern im Packeis.

ARKTIS

Das Nordpolargebiet schließt das Arktische Meer ein und umfasst eine Landfläche von 11 Mio. km^2. Es besteht vorwiegend aus einer 12 Mio. km^2 großen Packeisdecke. Durch den Einfluss des Nordpolarmeeres ist das Klima gemäßigter als in der Antarktis. Eisfreie Gebiete weisen eine spärliche Vegetation auf.

ANTARKTIS

Das Südpolargebiet, südlich von 55° südlicher Breite, besteht aus dem antarktischen Kontinent, Inseln und Schelfeismeeren und umfasst eine Fläche von knapp 14 Mio. km^2. Das Festland ist gebirgig (bis 5.140 m) und von einer mächtigen Inlandeismasse (mittlere Dicke 2.000–2.500 m) überzogen, die über 90 % der gesamten Eismasse der Erde ausmacht. Das Klima ist extrem kalt und trocken. Lediglich auf den subantarktischen Inseln finden sich Moose, Flechten, Gräser und einige Blütenpflanzen.

Die polaren Zonen sind lebensfeindlich, aber nicht ohne Leben. Rechts von oben: Bartrobbe, Walross, Königspinguine, Buckelwal.

Hätten Sie's gewusst?

Die **Antarktis** ist **der kälteste Kontinent der Erde**. Die tiefste jemals gemessene Temperatur betrug hier -89,2 °C, diese wurde am 21. Juli 1983 aufgezeichnet. Die mittlere Jahrestemperatur beträgt im Durchschnitt in den meisten Regionen unter -30 °C, kann in den Küstengebieten im Sommer aber auch bis auf 0 °C steigen. Die extrem kalte Luft der Antarktis enthält entsprechend wenig Wasserdampf (relative Luftfeuchtigkeit je nach Region weit unter 30 %), sodass die jährliche Niederschlagsmenge (in Form von Schnee) durchschnittlich nur etwa 29 mm/m^2 beträgt. Zugleich gibt es vor allem in der Nähe der Küsten gefürchtete Fallwinde, die Geschwindigkeiten von mehr als 300 km/h erreichen können.

Tundra und Taiga, Laub- und Mischwaldzonen

Als Tundra werden die Steppen nördlich des borealen Nadelwaldgürtels Eurasiens und Nordamerikas bezeichnet, die von langen, kalten Wintern und kurzen Sommern mit geringen Niederschlägen geprägt sind. Südlich der Tundra schließt sich die Taiga an, ein überwiegend aus Nadelwäldern bestehender Waldgürtel. Gemeinsam ist Tundra und Taiga der Dauerfrostboden. Die Vegetationsform der sommergrünen Laub- und Mischwälder ist fast ganz auf die nördliche Erdhalbkugel beschränkt.

Das Klima der Tundra (hier in den Nordwestterritorien Kanadas) erlaubt nur spärlichen Wuchs von Moosen und Zwergsträuchern. Die Temperaturen liegen zwischen -55 °C und -25 °C, doch wird in der Regel auch im Sommer eine Durchschnittstemperatur von 10 °C kaum überschritten.

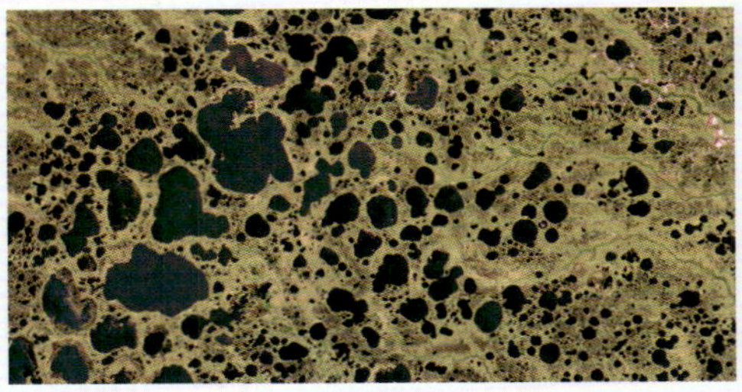

SIBIRISCHE TAIGA – die größte Waldregion der Erde

Im Norden Russlands erstreckt sich der größte geschlossene Nadelwaldgürtel der Welt (links eine Satellitenaufnahme). Den Baumbestand bilden Fichten, Kiefern, Tannen und Lärchen. Weite Teile der fast 1.000 km breiten und 4.800 km langen Region liegen im Bereich des Dauerfrosts: in einer Zone, die etwa ein Fünftel der Erde umfasst und in der der Boden in bis zu 1.000 m Tiefe ganzjährig gefroren ist. Die oberen Bodenmeter tauen im Sommer zwar auf, das dabei entstehende Schmelzwasser kann aber nicht abfließen. Die Folge sind kilometerweite sumpfige Flächen.

TUNDRA UND TAIGA

Jenseits des Nördlichen Polarkreises erstreckt sich Nordasien etwa von der Insel Nowaja Semlja im Westen über das nordsibirische Byrrangagebirge bis zum Anadyrgebirge im äußersten Osten Asiens. Entlang der gesamten sibirischen Küste des Polarmeeres verläuft auf einem mehr oder weniger schmalen Streifen die Tundra, eine fast baumlose, steppenartige Landschaft, die im Süden über die Waldtundra, in der nur wenige kleinwüchsige Bäume gedeihen, in den borealen Nadelwald der Taiga übergeht. Diese zieht sich von Skandinavien über Russland und Sibirien bis nach Nordamerika und ist damit das größte zusammenhängende Nadelwaldgebiet der Erde. Jenseits der arktischen Baumgrenze bestimmen ausgedehnte Tundragebiete mit extremen Lebensbedingungen das Landschaftsbild Nordamerikas. Auch hier zeichnet sich die Tundra durch Dauerfrostböden und spärliche Vegetation aus. Den arktischen Winter überleben die Pflanzen, weil sie von einer Schneedecke geschützt sind.

LAUB- UND MISCHWALDZONEN

Die Vegetationsform der sommergrünen Laub- und Mischwälder ist fast ausschließlich auf die nördliche Erdhalbkugel beschränkt: In Europa erstrecken sich Mischwälder von Großbritannien über Frankreich, Mittel- und Osteuropa bis zum Ural. In Ostasien findet man sie im Nordosten Chinas, in Korea und Japan. In Nordamerika gibt es diese Vegetationsform südlich der Großen Seen bis hin zum Atlantik bzw. bis zum Golf von Mexiko. Das typische Merkmal sommergrüner Laub- und Mischwälder ist der Laubfall im Herbst, der vornehmlich dem Schutz vor Austrocknung der Laubbäume in der kalten Jahreszeit dient. Durch die letzte Eiszeit sind die Laub- und Mischwälder im Gegensatz zu den tropischen Regenwäldern eher artenarm.

Von oben: Als Waldtundra wird der Übergang vom borealen Nadelwald zur baumlosen Tundra bezeichnet (ganz oben: in Sibirien). Jenseits der arktischen Baumgrenze bestimmen ausgedehnte Tundragebiete mit extremen Lebensbedingungen das Landschaftsbild Nordamerikas. Durch den Permafrostboden, der auch im Sommer nie vollständig taut, sind in dieser Region nur solche Pflanzen und Tiere angesiedelt, die mit den kargen Böden und niedrigen Temperaturen zurechtkommen. Die Appalachen (ganz unten: im Great-Smoky-Mountains-Nationalpark) sind die größte Laub- und Mischwaldregion Nordamerikas.

Prärien, Steppen und Savannen

Steppen sind trockene, baumlose Graslandschaften in den gemäßigten Breiten – die Eurasische Steppe etwa zieht sich von der ungarischen Puszta bis in die Mongolei. In Nordamerika wird diese Vegetationsform Prärie genannt. An den tropischen Regenwald schließt sich zunächst die Feuchtsavanne an. Auf die Feuchtsavanne folgt polwärts die Trockensavanne: Hier handelt es sich um offene, nur von einzelnen Bäumen durchsetzte Grasfluren, aber auch um kleinere Wälder.

AFRIKANISCHER ELEFANT – das größte Landtier der Erde

Im Unterschied zum kleineren Asiatischen Elefanten hat der Afrikanische Elefant größere Ohren und Stoßzähne, außerdem zwei Finger am Rüssel. Mit diesem Rüssel rupft das Tier Äste ab und frisst sie mitsamt Rinde, Blättern und Früchten. Die Ohren fungieren als Wärmeaustauscher, denn im Vergleich zur Körpermasse (ein Bulle kann 4 bis 6 t wiegen) ist die Hautoberfläche gering. Die Elefanten trinken täglich etwa 220 l Wasser. Sie leben in nach Bullen und Kühen getrennten Herden. Die Jungen werden bis zu drei Jahre lang gesäugt.

EURASISCHE STEPPE – die größte Steppenregion der Erde

Die Eurasische Steppe ist eine riesige Graslandschaft, die sich auf einer Länge von insgesamt etwa 5.000 km von der Puszta in Ungarn bis tief in die Mongolei in Asien hinzieht. Der größte Teil der Eurasischen Steppe liegt in Zentralasien, nur ein kleiner Abschnitt befindet sich im Osten des europäischen Kontinents, etwa in Russland, in der Ukraine und in Ungarn. Im Allgemeinen gelten Steppengebiete als trist, karg und öde; nur sehr wenige Menschen – hauptsächlich Nomaden – zieht es in solche vermeintlich unwirtliche Gegenden. Doch die Steppen, die sich über den eurasischen Kontinent erstrecken, sind erstaunlich lebendig: Es gedeihen mehr als 1.500 Pflanzenarten, hier leben Saigaantilopen und die Przewalskiwildpferde, zudem treffen sich zuweilen Millionen von Vögeln mitten in diesen »Einöden«, da die grasbewachsenen Steppenlandschaften Wasser und andere Nahrung versprechen.

OUTBACK – die größte Steppenregion Australiens/Ozeaniens

»Outback« werden in Australien spärlich bewachsene Gebiete im Landesinneren genannt, die fernab der Zivilisation liegen. Dies trifft auf über zwei Drittel der gesamten Fläche Australiens zu: auf Regionen im Northern Territory, in Western Australia, Queensland, New South Wales und South Australia. In weiten Abschnitten des extrem trockenen Outbacks im Westen des Kontinents fällt manchmal jahrelang kein Regen, und im Sommer wird es häufig über 50 °C heiß. In Westaustralien liegt auch der gut 620.000 Hektar große Karijini-Nationalpark, eine Steppenlandschaft mit spektakulären geologischen Formationen und Flussläufen, die sich nach den seltenen, aber zuweilen sturzbachartigen Regenfällen im Sommer rasch mit Wasser füllen.

GREAT PLAINS – die größte Steppenregion Nordamerikas

Mit einer Länge von über 5.000 km und einer Breite zwischen 500 und 1.200 km reichen die Großen Ebenen (Great Plains) westlich der Inneren Ebenen von der arktischen Küste im Mündungsdelta des Mackenzie bis zum Rio Grande im mittleren Texas, wo sie an die Golfküstenebene grenzen.

Giraffen bevölkern die afrikanischen Savannen. Sie sind die höchstgewachsenen (Scheitelhöhe 5–6 m) Landtiere der Erde und nehmen täglich bis zu 80 kg pflanzliche Nahrung zu sich.

Das Grasland in der östliche Randzone der Great Plains wird im Eigentlichen als Prärie bezeichnet. Prärien sind Steppengebiete, in denen Gräser und Wildblumen die vorherrschende Vegetation bilden und nur vereinzelt Bäume auftreten.

PAMPA – die größte Steppenregion Südamerikas

Die Pampa ist eine Großlandschaft in Argentinien, die sich bis in den Süden Uruguays erstreckt. Es handelt sich um eine nahezu baumlose, von Osten nach Westen leicht ansteigende Ebene, die vom Andenvorland im Westen bis zur Atlantikküste reicht. Im Norden geht sie in die Region Gran Chaco, im Süden in das Patagonische Tafelland über. Da sie verschiedene Klima- und Vegetationszonen durchläuft, unterscheidet man zwischen der östlichen »Pampa húmeda« und der westlichen »Pampa seca«. Die Pampa seca liegt im ariden Klimabereich und trägt Dornstrauchvegetation, im Norden wird sie von tropischem Trockenwald durchsetzt. Die Pampa húmeda ist ein reines Grasland, das sich über 530.000 km² ausbreitet.

OSTAFRIKANISCHE SAVANNE – eine der wildreichsten Regionen der Erde

Im ostafrikanischen Staat Kenia liegen mehrere große Savannengebiete, etwa im 1.510 km² großen Masai-Mara-Naturschutzgebiet. An dieses schließen sich im Westen der nur 390 km² große Amboseli-Nationalpark sowie im Süden die Savanne der Serengeti an, die sich in Tansania in 1.500 bis 1.800 m Höhe erstreckt. Der Südosten der ausgedehnten Grasfluren besteht aus Kurzgrassteppe, im Westen erstrecken sich Langgrasareale, durchbrochen von vereinzelten Galeriewäldern. Hier prägen die für die afrikanische Baumsteppe typischen Schirmakazien die Landschaft. Das Kernland des zu den wildreichsten Gebieten der Erde gehörenden Areals bildet der gleichnamige Nationalpark, der eine Fläche von rund 14.750 km² einnimmt.

Von oben nach unten: Im Outback Australiens wächst stacheliges Spinifexgras, zwischen dem sich bizarr aussehende, rotbraune Termitenhügel erheben. Hinter einem Getreidefeld in den Great Plains Nordamerikas geht die Sonne unter. Die Böden der Pampa sind feinkörnig, locker und gut wasserhaltend. Im Herbst leuchten die einzeln stehenden kleineren Bäume der Eurasischen Steppe orange-rot bis gelb.

Wüsten

Entscheidend für die Definition einer Landschaft als Wüste ist nicht die Tatsache, dass hier die Erdoberfläche größtenteils mit Sand bedeckt ist, sondern dass hier deutlich weniger Regen niedergeht, als verdunsten könnte. So misst man in manchen Gebieten der Sahara weniger als 100 mm Regen im Jahr – in der Hitze würden aber mehr als 2.000 mm verdunsten. Fast ein Drittel der festen Oberfläche der Erde, annähernd 50 Mio. km², besteht aus Voll- oder Halbwüsten.

Die größten Wüsten der Erde

1. **Sahara** – Nordafrika – 8,7 Mio. km²
2. **Gobi** – Zentralasien – 1,3 Mio. km²
3. **Kalahari** – Südafrika – 1,0 Mio. km²
4. **Rub al-Khali** – Arabische Halbinsel – 780.000 km²
5. **Patagonische Wüste** – Südamerika – 673.000 km²
6. **Great Basin** – Nordamerika – 540.000 km²
7. **Atacama** – Südamerika – 400.000 km²
8. **Chihuahuawüste** – Nordamerika – 363.000 km²
9. **Große Sandwüste** – Australien – 360.000 km²
10. **Gibsonwüste** – Australien – 330.000 km²

In der Sahara können die Temperaturen tagsüber auf über 50 °C steigen und nachts bis unter den Gefrierpunkt sinken.

Die Sanddünen in der Lutwüste sind teilweise über 300 m hoch.

LUT – die heißeste Wüste der Erde

Die Dascht-e Lut südwestlich des Zagrosgebirges ist die größte Wüste im Iran. Nördlich davon schließt sich die zweite große Wüste des Landes, die Kavir, an. In der Lut finden sich einige sehr hohe Dünen, die es sonst nur in den Ergs der Sahara gibt. Mit Temperaturen von bis zu 70,7 °C ist die Lutwüste der heißeste Ort der Erde. Bislang fand man hier weder Hinweise auf frühere Besiedelung noch Fossilien, und auch heutzutage ist die Wüste noch immer menschenleer.

Salar de Uyun (Atacama): der größte (über 10.000 km²) Salzsee der Erde.

ATACAMA – die trockenste Wüste der Erde

Im niederschlagsarmen nördlichen Chile an der Westküste Südamerikas bildet eine Reihe abflussloser Becken die Atacama, das bedeutendste Wüstengebiet Südamerikas und in ihrem Kernbereich die trockenste Wüste der Erde. Zwischen den Küstenkordilleren und der Andenkette steigt die Atacama von rund 600 m Meereshöhe stufenförmig auf. Besonders eindrucksvoll ist die Valle de la Luna, das »Mondtal«, in dem die Erosion aus diversen Kordillerengesteinen Tausende »Erdpyramiden« geschaffen hat, die wegen ihrer mineralischen Unterschiede farblich verschieden sind. Weite Gebiete der Atacama überziehen Salzkrusten: Die extreme Trockenheit sowie die starken Temperaturunterschiede zwischen Tag und Nacht verhindern das Entstehen einer nennenswerten Vegetation.

RUB AL-KHALI – die größte Sandwüste der Erde

Die 780.000 km² große Sandwüste ist zum überwiegenden Teil unerforscht – sieht man von Satellitenaufnahmen aus dem Weltall ab. Bis heute ist die Rub al-Khali (wörtlich »Leeres Viertel«) eine der unzugänglichsten Regionen der Erde. Weihrauchkarawanen zogen bis um das Jahr 300 durch die Wüste, doch da die Desertifikation, die Wüstenbildung, immer mehr voranschritt, wurden diese Handelsreisen bald unmöglich; auch die reiche antike Stadt Ubar im heutigen Oman versank im Sand. Die erste Durchquerung der Wüste gelang 1931 dem Briten Bertram Thomas.

SAHARA – die größte Trockenwüste der Erde

Das unermessliche, von Sand und Geröll bedeckte Tafelland der Sahara reicht über etwa 6.000 km in Ost-West-Richtung vom Atlantik bis zum Roten Meer und in Nord-Süd-Richtung über mehr als 2.000 km bis in die Sudanzone. Nur etwa 20 % werden von Sandwüsten bedeckt, die restlichen Gebiete sind Geröll- und Steinbecken, die in Flächen mit Kieselsteinbedeckung (Serire) und in Ebenen mit grobem Gestein (Hammadas) unterschieden werden. Die Becken fallen an ihren Rändern zu sogenannten Wadis ab – Flussbetten, die nur nach starken Regenfällen Wasser führen.

Durch Erosion und Verwitterung im Lauf der Zeit entstandene, teils bizarr anmutende Formationen aus Steinsäulen und Dünenlandschaften prägen das Gesicht von Ahaggar- und Tibestigebirge in der Sahara.

NAMIB – die Wüste mit der längsten Küstenlinie der Erde

Die Trockenheit der 1.500 km langen Namib rührt vom atlantisch kalten Benguelastrom her, der zwar häufige Nebel verursacht, aber kaum Niederschläge. Im Süden reicht das rund 50.000 km² große Areal bis ins Kapland, im Norden bis nach Angola hinein. Die Wüstenlandschaften des zum größten Teil im Namib-Naukluft-Park geschützten Areals sind allerdings keinesfalls monoton, sondern äußerst vielfältig; sie reichen von schwärzlichen Kiesebenen über Regionen mit wunderlich erodierten Inselbergen bis hin zu den Dünenmeeren der Zentralnamib. Ein besonderes Ökosystem bildet das Naukluftgebirge mit seinen bis zu 2.000 m hohen schroffen Gipfeln und tief eingeschnittenen Tälern. Weil hier genügend Wasser vorhanden ist, ist auch die Tier- und Pflanzenwelt besonders vielfältig.

WUNDER DER NATUR – Überlebenskünstler der Wüste

Die »Welwitschia mirabilis« (oben links) wächst in küstennahen Regionen der Namib und besitzt ein dicht unter der Oberfläche weit verzweigtes Wurzelwerk. Wenn Nebelbänke von der Küste landeinwärts ziehen, kondensiert die Feuchtigkeit auf dem Blattwerk der Pflanze und tropft von dort auf den Boden, wo die Wurzeln sie aufsaugen. Einzelne Exemplare werden bis zu 2.000 Jahre alt.
Der Köcherbaum (oben Mitte), das größte Aloengewächs der Welt, ist im südlichen Afrika endemisch und ein echter Überlebenskünstler: Das schwammartige Gewebe in Stamm und Ästen speichert Wasser, das den Baum durch die trockenen Monate rettet.
Saguarokakteen (oben rechts) erreichen eine Höhe von bis 15 m, wiegen 15 t und können bis zu 200 Jahre alt werden.

Dünen

Durch die Verwitterung von Gestein entsteht Sand, den Wind und Wetter (in sehr trockener Luft) zu Dünen auftürmen. Manche dieser Dünen rühren sich seit Jahrtausenden nicht vom Fleck, andere wandern stetig, einige beginnen sogar zu »singen«. Ihr Alter lässt sich anhand der Größe der Sandkörner bestimmen. Geomorphologen unterscheiden (an ein Hindernis) »gebundene« und »freie« (Wander-)Dünen; die Letzteren der Form nach in Quer-, Längs- und Sicheldünen.

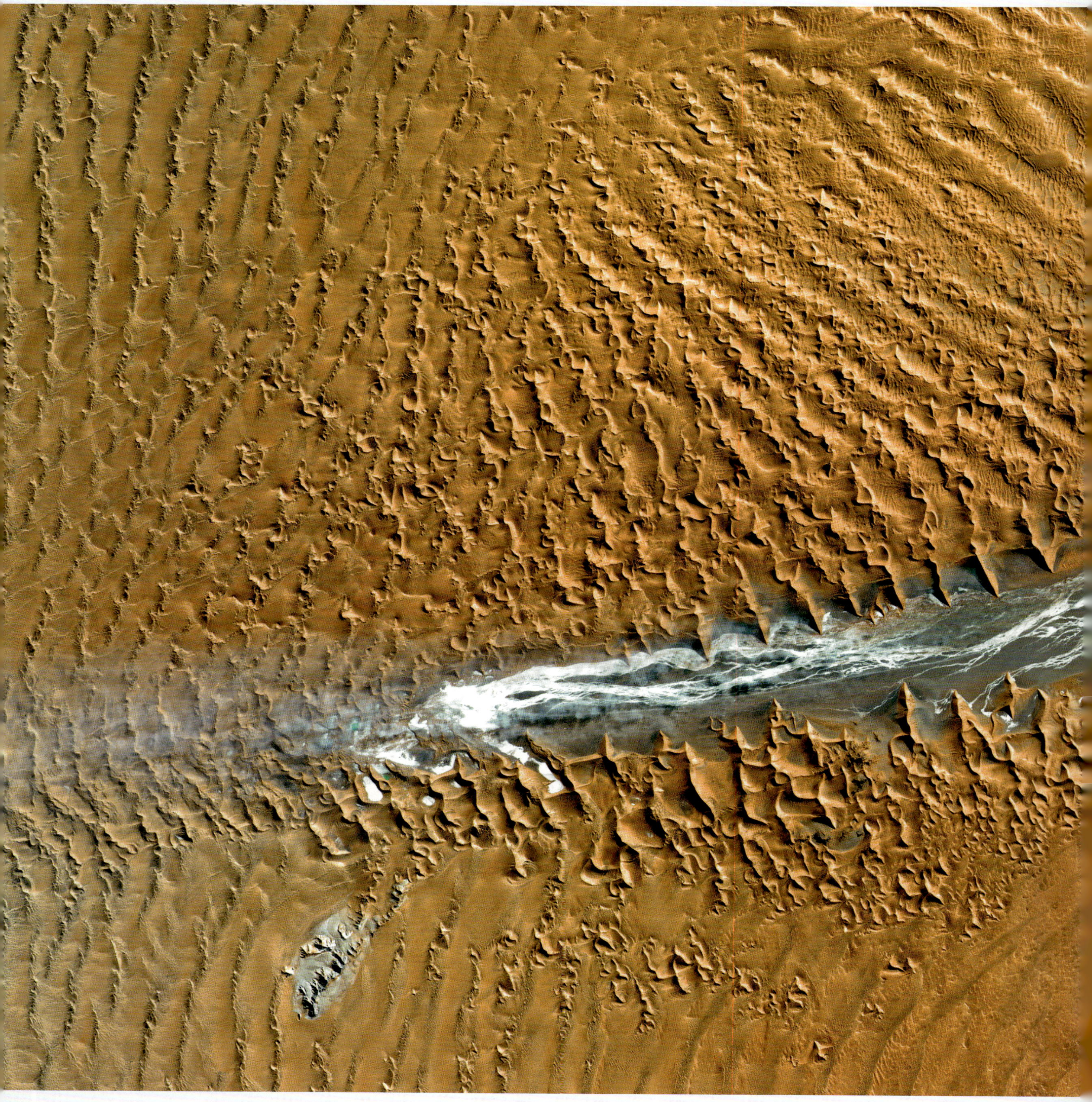

AUSTRALIEN – der trockenste Kontinent der Erde

Rund zwei Drittel der Oberfläche Australiens sind von Wüsten oder Halbwüsten bedeckt. In den Tiefländern des Westaustralischen Schildes befindet sich in der nordwestlichen Region die Große Sandwüste, die auch als Canning Basin bezeichnet wird. Diese etwa 500.000 km² große Wüste umfasst Salzseen und Salzmarschen und wird nur von wenigen Aborigines bewohnt. Im zentralen Bereich des Schildes liegt die Gibsonwüste, im Süden die Große Victoriawüste. Im Südosten des Northern Territory erstreckt sich die Simpsonwüste (links) mit bis zu 50 m hohen Dünen.

Auf dieser Satellitenaufnahme vom Namib-Naukluft-Park heben sich die nach dem Trockenfallen des Tsauchab zurückbleibenden weißen Sand- und Schlammablagerungen markant von den gelb-roten Sterndünen ab.

GEBUNDENE DÜNEN

Wenn sich die aufgewirbelten Sandkörner an einem Hindernis sammeln, einem Felsbrocken etwa oder einer Pflanzengruppe, entsteht eine Sandwehe, in deren Windschatten sich weitere Körner ablagern. So wächst allmählich eine »gebundene« Düne heran. Zu ihnen gehören die besonders hohen **Sterndünen**, bei denen sich – vom höchsten Punkt der Düne ausgehend – durch jahreszeitlich sich überlagernde Windrichtungen drei bis fünf »Arme« ausbilden.

FREIE DÜNEN (WANDERDÜNEN)

Völlig »frei« – nämlich die einzige Dünenform, die im Ganzen wandert – sind nur die halbmondförmigen **Sicheldünen** (Barchane). Diese kennzeichnet ein flacher Anstieg auf der Windseite mit einem Steilhang im Windschatten. Da an den Flanken der Düne weniger Sand vorhanden ist, werden die Partikel dort schneller umgesetzt; die Sichelenden bewegen sich also schneller als der Hauptkamm. Auch die übrigen, als »frei« bezeichneten Dünenformen verbindet das »Wandern« als gemeinsames Merkmal: **Querdünen** verlaufen im 90-Grad-Winkel zur Windrichtung und entstehen, wenn der Luftstrom überwiegend aus einer Richtung weht, **Längsdünen** bilden sich längs der vorherrschenden Windrichtung aus.

Kamele (rechts oben in der Wüste Gobi) können in ihrem Magensystem Wasservorräte zwischen 100 und 150 l speichern. In der Namib (rechts Mitte) erhebt sich die höchste (350 m) Düne der Erde. Die längsten (bis 300 km) Sanddünen der Erde findet man in der australischen Simpsonwüste (Satellitenbild rechts unten).

Hätten Sie's gewusst?

In fast allen Wüsten der Erde finden sich **Singende Dünen** (oben: Wüste Gobi). Als »Singen« bezeichnet man dabei die durch den an der Düne abrutschenden Sand erzeugten tiefen und lauten Brummtöne, die teilweise über Entfernungen von mehr als 10 km hörbar sind und bis zu 15 Minuten lang andauern.

Regenwälder der gemäßigten Breiten

Der Regenwald ist durch großen Artenreichtum und einen meist dreistöckigen Aufbau gekennzeichnet: die untere Baumschicht mit kleineren Bäumen und Sträuchern, die mittlere mit schmalen Kronen, die obere mit geschlossenem Blätterdach. Im Waldinneren ist die Luft fast ganz feuchtigkeitsgesättigt. Der im feuchtwarmen Klima sehr üppig wachsende Wald beeinflusst den Kohlenstoff-, Sauerstoff- und Stickstoffkreislauf der Erde und ist somit ein wichtiger Klimaregulator.

In den gemäßigten Klimazonen werden die für eine Klassifikation als Regenwald erforderlichen 2.000 mm Niederschlag nur an den Hängen von Küstengebirgen erreicht. Größere Bestände von gemäßigten Regenwäldern gibt es in Nord- und Südamerika, Australien und Tasmanien, Neuseeland, Anatolien und Georgien. Von größeren »Temperate Rainforests« bewachsene Gebiete finden sich an der Pazifikküste Nordamerikas. Sie reichen von der Küste Alaskas über Kanada bis ins nördliche Kalifornien. Kleinere gemäßigte Regenwälder gibt es noch in Norwegen, Südafrika und Ostasien. In vielen dieser Gebiete ist der Bestand durch die kommerzielle Forstwirtschaft bedroht.

Auch im australischen Bundesstaat Victoria dehnen sich gemäßigte Regenwälder aus. Hier überwiegen Eukalyptuswälder, in denen man auch auf den Königseukalyptus trifft.

»Gondwana-Regenwälder Australiens« nennt die UNESCO seit 2007 eine Welterbestätte, die im Wesentlichen 15 Nationalparks und diverse weitere Schutzzonen in Queensland und New South Wales umfasst. Dazu gehört auch der Gibraltar-Range-Nationalpark (oben die Dandahraschlucht).

RIESENBAMBUS – die größten Bambusgewächse der Erde

Der Riesenbambus (»Dendrocalamus giganteus«), die größte Bambusart der Erde, wird bis zu 4 m hoch und erreicht Halmdurchmesser von 20 bis 30 cm. In der Wachstumsphase kann er täglich bis zu 70 cm an Länge zulegen. Wie andere Bambusarten blüht er nur selten, etwa alle 40 Jahre, und stirbt dann ab (eine Bambusart blüht auf der ganzen Welt immer zur gleichen Zeit). Aus den Samen wachsen danach neue Horste. Ursprünglich stammt der Riesenbambus aus Myanmar (dem früheren Birma), dem Norden Indiens, aus der chinesischen Provinz Yunnan und aus Thailand. In der Kolonialzeit wurde er aber auch in anderen tropischen Regionen wie Ostafrika, Madagaskar und Ostasien eingeführt, und auch in botanischen Gärten auf der ganzen Welt ist er zu bestaunen.

GROSSER PANDA – der größte Bär der subtropischen Wälder

In den Pandareservaten der chinesischen Provinz Sichuan leben mit etwa 900 Tieren noch rund 30 % des verbliebenen Wildbestands des Großen Pandas. Zudem gehört das 2006 zum UNESCO-Welterbe erklärte Gebiet zu den pflanzenreichsten Zonen der Erde jenseits der Tropen. Der etwa 1,60 m lange, 80 bis 120 kg wiegende Große Panda ist in Höhenlagen von 1.800 bis 3.800 m zu Hause. Sein dichter Pelz schützt ihn vor Kälte, Regen und Schnee. Mit Ausnahme der Paarungszeit (April/Mai) lebt der Panda, der in Freiheit etwa 20 Jahre alt wird, als Einzelgänger.

Jedes Jahr geht 1 % der Regenwaldfläche der Erde verloren. Damit verschwinden ungezählte Tier- und Pflanzenarten, die wir nicht einmal kennen. Besonders im noch weitgehend unerforschten Dach des Regenwaldes, in Höhen ab 30 m über dem Erdboden, vermutet man nach Hochrechnungen 30 bis 100 Mio. unbekannte Arten. Der Kronenbereich des Regenwaldes ist also wie ein noch unentdeckter Kontinent – und so unerforscht wie der Mars.

Von oben nach unten: Ein Bach plätschert durch den mit Farnen und Bäumen dicht bewachsenen Regenwald am Hump Ridge Track in Neuseeland. Auf Yakushima vor der Südspitze von Kyushu wächst ein unwegsamer Primärwald mit uralten Japanischen Zedern oder Sicheltannen (»Cryptomeria japonica«). Inmitten uralter Küstenmammutbäume im Big Basin Redwoods State Park, Kaliforniens ältestem Staatspark, stürzt der Berry-Creek-Wasserfall in die Tiefe.

MAMMUTBAUM – die größten Bäume der Erde

Der Mammutbaum gehört zu den Sumpfzypressengewächsen, eine bereits im Tertiär weitverbreitete Pflanzenfamilie, von der heute nur noch drei Arten existieren. Der bis zu 100 m hoch aufragende, immergrüne Küstenmammutbaum (Sequoia sempervirens) ist der wuchshöchste Baum der Erde, während der ebenfalls immergrüne, weiter im Inland wachsende Bergmammutbaum (Sequoiadendron giganteum) mit 5 bis 8 m Durchmessern der Baum mit dem größten Stammesumfang ist – und zugleich als derzeit größtes Lebewesen der Erde angesehen werden kann. Nur durch fossile Funde bekannt ist bislang die dritte Art: der erst im Jahr 1941 in China entdeckte, als einziger der drei Arten sommergrüne Urweltmammutbaum (Metasequoia glyptostroboides).

An der nordamerikanischen Pazifikküste dominieren Nadelbäume die gemäßigten Regenwälder. In Kalifornien ist zudem der Küstenmammutbaum, der höchste Baum der Erde, beheimatet. Auch im Olympic National Park (oben) im US-Bundesstaat Washington wächst üppig grüner Regenwald.

Regen- und Monsunwälder der tropischen Breiten

Die nur in den immerfeuchten tropischen Klimazonen anzutreffende Vegetationsform des tropischen Regenwaldes findet sich in Süd- und Mittelamerika, Zentralafrika, Südasien und Australien. Charakteristisch ist der Stockwerkbau vom Wurzelwerk über die bis zu 5 m hohe Etage des Buschwerks bis hinauf zum dichten Baumkronendach in rund 40 m Höhe. Die Monsunwälder hingegen schießen weniger in die Höhe, ihr Unterholz ist stärker ausgeprägt und die Artenvielfalt geringer.

Amazonien zählt zu den artenreichsten Regionen der Erde. Mehr als 1.500 Fischarten, 2.000 Vogelarten, 250 Säugetier- und 2.500 verschiedene Pflanzenarten sind hier beheimatet.

SUNDARBANS – der größte Mangrovenwald der Erde

Mit rund 6.000 km² Fläche sind die Sundarbans (»schöne Wälder«) der größte Mangrovenwald der Erde. Sie liegen im Mündungsgebiet von vier großen Flüssen, die Niederschläge von den Südhängen des Himalaya und saisonal bedingte Wassermassen ins Meer abführen. Mangrovenwälder bestehen aus salztoleranten Bäumen und Sträuchern verschiedener Pflanzenfamilien, die sich an die Lebensbedingungen dieser Region angepasst haben. Neben den Korallenriffen und den tropischen Regenwäldern gehören Mangroven (links) zu den produktivsten Ökosystemen der Erde.

AMAZONIEN – das größte zusammenhängende Regenwaldgebiet der Erde

In Amazonien, wie das 7 Mio. km² große Einzugsgebiet des Amazonas auch genannt wird, findet man den größten zusammenhängenden Regenwald der Erde. Er liegt in den inneren, ganzjährig heißen Tropen. Drei Vegetationsarten können im Amazonasbecken unterschieden werden: der Urwald im eigentlichen Sinne mit Baumhöhen von 30 bis 60 m, die Varzeas – jährlich mehrere Monate überschwemmte Landstriche, in denen der berühmte Gummibaum wächst – und die ständig unter Wasser liegenden Landflächen mit höchstens 20 m hohen Bäumen und dichtem Unterholz.

KONGOBECKEN – das zweitgrößte zusammenhängende Regenwaldgebiet der Erde

Den größten Anteil an tropischem Regenwald in Afrika stellt das Kongobecken, das sich über ganz Zentralafrika erstreckt. Die Regenwälder hier sind noch intakt und trotz der Nähe zur dicht besiedelten Westküste kaum erschlossen. Das Kongobecken ist deshalb ein »Reservat ursprünglichen Lebens«: Hier haben sich Arten erhalten, die anderswo längst ausgestorben sind. Auch die Gorillas und die noch selteneren Berggorillas sind in dieser Region zu Hause. Außerdem Schimpansen und Bonobos, Waldelefanten und Waldbüffel, Bongoantilopen und Waldgiraffen. Die Artenvielfalt der Region ist einzigartig: Die Kongo-Regenwälder beheimaten über 400 Säugetierarten, mehr als 1.000 Vogelspezies und wahrscheinlich über 10.000 Pflanzenarten. Viele Bewohner des Regenwaldes haben sich in den höheren »Etagen« eingerichtet, wo sie auf den Ästen der Bäume regelrechte »Trampelpfade« haben. Viele dieser Arten sind bis heute unerforscht bzw. völlig unbekannt.

RAFFLESIEN – die größte Blütenpflanzen der Erde

Die »Rafflesia arnoldii« bildet mit bis zu 1 m Durchmesser und einem Gewicht von bis zu 11 kg die größten Einzelblüten im Pflanzenreich aus. Rafflesien sind chlorophylllose Vollschmarotzer, die mit Ausnahme der Blüten – die meist auf dem Boden liegen – vollständig innerhalb ihrer Wirtspflanze leben, den Wurzeln der Cissusliane. Wie die Titanenwurz ahmen sie Farbe und Geruch von Aas nach, um Insekten zur Bestäubung anzulocken.

Hätten Sie's gewusst?

»Jangala« bedeutet auf Hindi »Wildni«s, über das englische »Jungle« kam das Wort als **Dschungel** zu uns, womit meist ein wild wuchernder tropischer Urwald oder ein asiatischer Regenwald gemeint ist (oben: in Borneo). Voraussetzung dafür ist ein dauerhaft heißes Klima bei regelmäßigen starken Regenfällen.

GANGESBECKEN/INDONESISCHE HALBINSEL – der größte Monsunwaldgürtel der Erde

Das Gangesbecken in Indien sowie Waldbestände in Thailand und Laos gehören zum größten Monsunwaldgürtel der Welt. Das Gangesdelta besteht aus einem Labyrinth aus Wasserstraßen, Sümpfen, Seen und Schwemmlandinseln. Das Gebiet der Sundarbans, des weltweit größten Mangrovenwaldes, ist ein Teil davon. Typischerweise treten Monsunwälder in Regionen auf, die besonders stark vom Wechsel zwischen Trocken- und Regenzeit geprägt sind. Meist gibt es zwei Baumschichten, von denen die obere Laub abwirft, etwa Teak- und Ebenholzbäume, die untere hingegen immergün bleibt, dort wachsen Pflanzen wie der Bambus. Da die Kronen der Bäume in den Monsunwäldern nicht so dicht sind wie die der tropischen Regenwälder, kann durch den stärkeren Lichteinfall ein üppiges und artenreiches Unterholz gedeihen.

Von oben nach unten: Nouabalé-Ndoki-Nationalpark in Kamerun; Doppelhornvogel und Wasserfall Nam Tok Haeo Suwat im Khao-Yai-Nationalpark in Thailand.

Die faszinierendsten Naturlandschaften der Erde

Seit Adam vom Baum der Erkenntnis aß, treibt es die Menschen um auf dem blauen Planeten – stets auf der Suche nach dem verlorenen Paradies, nach den faszinierendsten Reisezielen der Erde. Wo aber finden wir sie? Marco Polo benötigte Jahre bis an den Hof des Kaisers von China, Jules Verne reiste »in 80 Tagen um die Welt«. Wir aber »reisen« hier in einem einzigen Kapitel einmal um die ganze Welt, um Ihnen in einzigartigen Aufnahmen der besten Fotografen zu zeigen: Es gibt sie noch, die traumhaft schönen, wahrlich paradiesisch anmutenden Orte, wo die Natur nicht nur fantastische »Kunstwerke« von einzigartiger Anmut erschaffen hat, sondern auch noch weitgehend unberührt ist.

Europa

Europa ist der zweitkleinste Erdteil, besitzt aber die größte Bevölkerungsdichte. Auf einer Fläche von knapp 10,2 Mio. km² leben rund 740 Mio. Menschen. Das Relief Zentraleuropas wird geprägt von den Tiefebenen im Norden und Osten, die nach Süden hin in eine vielgestaltige Mittelgebirgszone und dann in die Hochgebirgszüge der Pyrenäen, der Alpen und der Karpaten übergehen. Mehr als ein Drittel seiner Fläche entfällt auf Inseln und Halbinseln. Die längsten Ströme sind Wolga und Donau, größter Binnensee ist der Ladogasee.

Island, Halbinsel Snæfellsnes Island ist ein Land wie kurz nach der Schöpfung. Archaisch wirkt auch der Norden der Halbinsel Snæfellsnes, wo sich zu Füßen des 463 m hohen Kirkjufell mehrere Wasserfälle ergießen.

Norwegen, Spitzbergen »Svalbard« (»kalte Küste«) nannten die Wikinger diese Inselgruppe im Polarmeer, die sie 1194 wohl als Erste aufsuchten. Neben Eisbären prägen Rentiere, Polarfüchse und Lemminge die Fauna.

Schweden, Sarek-Nationalpark Die alpine Gebirgswelt des Sarek-Nationalparks galt lange als »letzte Wildnis Europas«. Das rund 1.970 km² große Gebiet zählt zu den am schwierigsten zugänglichen Regionen Europas.

Großbritannien, Snowdonia-Nationalpark Namensgeber des Parks ist der 1.085 m hohe Mount Snowdon, an dem einst Edmund Hillary und sein Team trainierten, bevor sie sich zum Mount Everest aufmachten.

Irland, Cliffs of Moher Europas höchste Steilfelsen ziehen sich über eine Länge von 8 km hin. Zwischen Liscannor und Doolin erstrecken sich an einigen Stellen über 200 m hohe Klippen – ein faszinierendes Küstenpanorama.

Frankreich, Montblancmassiv Kein Alpengipfel ist höher als der »Weiße Berg« (4.807 m). Die Erstbesteigung durch Jacques Balmat und Michel-Gabriel Paccard im August 1786 ist eine Sternstunde des frühen Alpinismus.

Frankreich, Canyon du Verdon Die – 25 km lange, bis zu 900 m tiefe – größte Schlucht der Alpen liegt ganz im Südwesten, in den provenzalischen Vorbergen, wo man sich dem Meer schon viel näher wähnt als den Gipfeln.

Spanien, Parque Nacional del Teide (Teneriffa) Rund um den höchsten Berg Spaniens, den 3.718 m hohen Pico del Teide, gruppiert sich eine faszinierende Vulkanlandschaft mit endemischer Fauna und Flora.

Portugal, Azoren Auch das gesamte Azoren-Inselreich ist vulkanischen Ursprungs. Hier sieht man den Vulkan Pico auf der gleichnamigen Insel – mit 2.351 m Höhe markiert der Feuerberg die höchste Erhebung Portugals.

Deutschland, Wattenmeer Das Wattenmeer – ein perfektes, nahrungsreiches Ökosystem – ist Rastplatz für über 2 Mio. Zugvögel und Sommerfrische für rund 100.000 brütende Brandgänse, Eiderenten, Möwen und Schwalben.

Deutschland, Ostseeküste Mit dicht bewaldeten Hügeln, schroffen Klippen, Bodden und Nehrungen finden wir entlang der Ostseeküste eine der abwechslungsreichsten Topografien Deutschlands.

Deutschland, Bayerischer Wald Bergmischwald, Hochmoore, Granit- und Gneisfelsen, Almwiesen, Seen und Bäche bilden im Bayerischen Wald ein einzigartiges, schon von Adalbert Stifter beschworenes Naturensemble.

Schweiz, Berner Oberland Hier liegt die Wiege des Schweizer Tourismus, der drei berühmte Väter hatte: Rousseau, Haller und Goethe entfachten jene Naturschwärmerei, die die Europäer begeistert »in die Berge« zog.

Italien, Dolomiten »Das schönste Gebirge der Welt? Die Dolomiten!«, meinte Le Corbusier. Und in der Tat: Zwischen Eisack und Marmolada, zwischen dem Pustertal und Feltre hat die Natur Grandioses geschaffen.

Italien, Ätna Anders als der extrem gefährliche Vesuv bei Neapel gilt der über 3.000 m hohe Ätna auf Sizilien als »guter Berg«: Er bricht zwar regelmäßig aus, doch seine Lava enthält weniger Gase. Deshalb ist er nicht so explosiv.

Kroatien, Nationalpark Plitvicer Seen Die 16 Seen dieses urwüchsigen Naturparadieses unweit der Grenze zu Bosnien-Herzegowina sind über Terrassen, Kaskaden und Wasserfälle miteinander verbunden.

Rumänien/Slowakei, Karpaten In einem 1.300 km langen, 50 bis 150 km breiten, nach Westen offenen Bogen erstrecken sich die Karpaten von der Donau bei Bratislava bis zum Banater Gebirge (Rumänien).

Asien

Mit einer Fläche von rund 44,5 Mio. km² – gut ein Drittel der gesamten Landfläche der Erde – und über 4,2 Mrd. Bewohnern ist Asien der größte und bevölkerungsreichste Kontinent. Mit Europa bildet er eine einheitliche Landmasse, die Grenze wird markiert durch den Ural, das Kaspische Meer, den Kaukasus und das Schwarze Meer. Gewaltige Gebirgszüge wie Hindukusch, Pamir, Tien Shan und Himalaya mit den höchsten Gipfeln der Erde gliedern den Erdteil in das kontinental-subpolare Nord- und das tropisch-subtropische Südasien.

Russland, Halbinsel Kamtschatka Zu den aktivsten Feuerbergen der im äußersten Nordosten Russlands gelegenen Halbinsel gehört der Vulkan Karymski (oben). Tausende Meter hoch schleudert er seine Aschesäulen.

Russland, Baikalsee Der fast 650 km lange und durchschnittlich annähernd 50 km breite See liegt im südlichen Sibirien nahe der Stadt Irkutsk in einem geologisch sehr aktiven Gebiet, in dem es oft zu Erdbeben kommt.

Israel/Jordanien, Totes Meer Am Südwestende des Toten Meeres erhebt sich ein isolierter, über 400 m hoher Tafelberg, Masada, auf dessen Hochfläche Herodes I. eine vorchristliche Felsenfestung errichten ließ.

Saudi-Arabien/Oman, Rub al-Khali Die gewaltigen Dünen der nahezu menschenleeren und kaum erforschten Wüste Rub al-Khali (arab. »Leeres Viertel«) erheben sich in einem scheinbar endlosen Meer aus Sand.

Pakistan, Karakorum Etwa die Hälfte der 100 höchsten Erhebungen der Erde finden sich im Karakorum auf engstem Raum. Zu den markantesten Felsnadeln gehören die Trango Towers, deren größter 6.287 m hoch aufragt.

Indien, Bandhavgarh-Nationalpark Die meisten Tiger auf dem indischen Subkontinent findet man in diesem 448 km² großen, im zentralindischen Bundesstaat Madhya Pradesh gelegenen Naturschutzgebiet.

Nepal, Sagarmatha-Nationalpark Das Dach der Welt: Neben der meistgegangenen Südroute führt die von China aus über das Rongbuktal verlaufende nördliche Route auf den 8.850 m hohen Gipfel des Mount Everest.

Thailand, Nationalpark Ao Phang-Nga Wie die Rücken vorzeitlicher Drachen ragen in der Phang-Nga- Bucht bizarre Inselberge, Kegel und Pyramiden aus dem Wasser – Reste eines in Mio. Jahren entstandenen Kalksteinriffs.

Indonesien, Gunung-Leuser-Nationalpark Zur Fauna des Regenwalds von Sumatra und Borneo gehören Orang-Utans, deren bis zu 80 kg schwere männliche Tiere zu den schwersten Baumbewohnern der Erde zählen.

Indonesien, Bromo-Tengger-Semeru-Nationalpark Wenn die Abendsonne die Tengger-Caldera auf der Insel Java in Rottöne hüllt, ähnelt sie einer bunten Mondlandschaft. Überragt wird die Szenerie vom 3.676 m hohen Semeru.

Indonesien, Komodo-Nationalpark Hauptattraktion des die Insel Komodo und einige Nachbarinseln einschließenden Schutzgebietes ist der Komodowaran, die nur noch hier vorkommende größte Echsenart der Welt.

Mongolei/China, Wüste Gobi Den Charakter einer Sandwüste hat die Wüste Gobi nur in einem etwa 3 % der Gesamtfläche ausmachenden Abschnitt im Südwesten des 1,3 Mio. km^2 großen Areals.

China, Jiuzhaigou-Nationalpark Über drei Hochtäler verteilen sich hier Naturwunder in einzigartiger Fülle – mit bunten Teichen, reißenden Katarakten, seltenen Tieren und üppiger Vegetation.

China, Huangshangebirge »Wer einmal den Huangshan sah, wird es nie bedauern, andere Berge nicht gesehen zu haben«, sagt ein chinesisches Sprichwort über die 150 km^2 umfassende Gebirgsregion in der Provinz Anui.

China, Li Jiang Eine Bootsfahrt auf dem 437 km langen Fluss führt durch tropischen Kegelkarst: Als Folge von Kohlensäurereaktionen entstanden hier in Chinas Süden ausgeprägte Verwitterungsformen (»Karst«).

Japan, Fuji-san Der 3.776 m hohe Vulkan ist nicht nur der höchste Berg Japans, sondern zugleich das unumstrittene Wahrzeichen des Landes – Symbol und Stolz einer ganzen Nation.

Australien/Ozeanien

Vom azurblauen Barrier Reef über die sattgrünen Regenwälder der Wet Tropics und die ockerfarbenen Felsmonolithen im Uluru-Nationalpark bis hin zu den rostroten Sanddünen der Simpson Desert: Australien ist ein Kontinent der Gegensätze. »Ozeanien« nennt man die Inselwelt des Pazifiks zwischen Asien und Australien im Westen, Amerika im Osten sowie dem Nördlichen und Südlichen Wendekreis. Traditionell unterscheidet man Melanesien im Westpazifik, Mikronesien im Nordpazifik und Polynesien im Zentralpazifik. (Nur im weiteren Sinn gehört auch Neuseeland, als Teil Polynesiens, dazu.)

Australien, Kakadu-Nationalpark Zur grandiosen Landschaftsvielfalt des mehrfach erweiterten, heute knapp 20.000 km^2 großen Areals gehören auch ausgedehnte Feuchtgebiete (»The Wetlands«).

Australien, Purnululu-Nationalpark Die eigenwillige Felslandschaft des über 2.000 km^2 großen Schutzgebietes besteht aus Hunderten von Kegeln, Kuppeln und Pyramiden aus Sandstein, die bis zu 300 m hoch aufragen.

Uluru-Kata-Tjuta-Nationalpark »Uluru«, »Schatten spendender Platz«, nennen die Aborigines ihren heiligen Berg – Herzstück des Nationalparks, zu dem auch die Felsformation der »vielen Köpfe«, »Kata Tjuta«, (oben) gehört.

Australien, Daintree-Nationalpark Das 735 km² große Areal ist Teil der UNESCO-Welterbestätte »Wet Tropics of Queensland«, in der man die weltgrößte Konzentration von ursprünglichen Familien der Blütenpflanzen findet.

Australien, Great Barrier Reef Das aus verschiedenen Rifftypen aufgebaute Great Barrier Reef vor der Küste von Queensland ist mit mehr als 2000 km Länge das längste lebende Korallenriff der Erde.

Neuseeland, Tongariro-Nationalpark Der älteste, 750 km² große Nationalpark Neuseelands (1887) im Zentrum der Nordinsel – ein Geschenk der Maori an die neuseeländische Regierung – umfasst drei aktive Vulkansysteme.

Neuseeland, Fiordland-Nationalpark Das schönste Ende der Welt? Mit seinen steil abfallenden Felswänden zählt der rund 15 km lange, in die Tasmansee mündende Milford Sound zu den größten Attraktionen der Südinsel.

Mikronesien, Palau Fast alle Eilande der Inselgruppe liegen innerhalb eines in Nord-Süd-Richtung verlaufenden, mehr als 110 km langen Barriereriffs, das eine Lagune von 1267 km² Fläche umschließt.

Melanesien, Fidschi Der Legende nach waren die ersten Siedler der Fidschiinseln drei gottgleiche Häuptlinge, die aus Afrika kamen. In einem Radius von 250 km liegen die Inseln für pazifische Verhältnisse eng beieinander.

Afrika

Mit 30,4 Mio. km² – ein Fünftel der Landfläche der Erde – ist Afrika nach Asien und Amerika der drittgrößte Kontinent. Seine Oberflächengestalt ist geprägt durch die Sahara und die Beckenlandschaften des Tschad, des Kongo und der Kalahari. Der Kilimandscharo ist der höchste Berg (5.895 m) und der Victoriasee (68.870 km²) der größte Binnensee Afrikas, der Nil (6.671 km) der längste Fluss der Erde. Im Zentrum, auf Äquatorhöhe, liegen feuchtheiße Regenwälder, die im Norden und Süden in weite Savannenlandschaften und dann in die Wüstenzonen entlang der Wendekreise übergehen.

Niger, Aïr-und-Ténéré-Naturreservat Auf eine bizarr anmutende Welt von Sand und Fels stößt man in den »Montagnes Bleues«, den »Blauen Bergen«, im Grenzbereich des Naturreservats Aïr und Ténéré.

Demokratische Republik Kongo, Virunga-Nationalpark Nur noch wenige hundert Exemplare gibt es weltweit von den Berggorillas. Rund die Hälfte davon lebt hier im Nordosten der Demokratischen Republik Kongo.

Äthiopien/Eritrea/Dschibuti, Afar-Dreieck Gleich drei aktive Grabenbrüche treffen in dieser geologisch einzigartigen, 150.000 km² großen, dreieckigen, teils bis zu 125 m unter dem Meeresspiegel liegenden Tiefebene aufeinander.

Kenia, Mount-Kenya-Nationalpark In der Mitte des Landes erhebt sich das eindrucksvolle Massiv des doppelgipfeligen Mount Kenya, des mit 5.199 m Meereshöhe höchsten Bergmassivs des Landes.

Kenia, Samburu-Nationalreservat Das 165 km² große Naturschutzgebiet im Norden des Landes ist ein faszinierendes Refugium auch für Löwen (oben), Leoparden, Geparden und Streifenhyänen.

Kenia, Amboseli-Nationalpark Das mit nur 392 km² Fläche relativ kleine Schutzgebiet hat eine erstaunliche Artenvielfalt, vor allem um den Lake Amboseli, der mit seinem saftigen Savannengras auch Elefantenherden anzieht.

Tansania, Serengeti-Nationalpark Die Serengeti erstreckt sich vom Nordwesten Tansanias bis ins angrenzende Kenia. Rund 15.000 km² auf tansanischem Territorium wurden als Nationalpark ausgewiesen.

Simbabwe/Botswana/Sambia, Victoria Falls Die Victoriafälle zählen zu den spektakulärsten Wasserfällen der Erde: Über mehrere Basaltklippen stürzen die Wassermassen des Sambesi in eine über 100 m tiefe Schlucht.

Botswana, Makgadikgadi-Pans-Nationalpark Große und kleine Salzpfannen bilden das Kernstück von Makgadikgadi. Mit rund 12.000 km² Fläche sind sie die größten ihrer Art weltweit.

Namibia, Namib-Naukluft-Nationalpark Mit rund 50.000 km² Fläche ist dies eines der größten Naturschutzgebiete der Erde. Hauptattraktion ist das Sossusvlei – eine sich bis an den Horizont erstreckende Dünenlandschaft.

Südafrika, Drakensberge Auf einer Länge von mehr als 1.000 km bilden die Drakensberge den Übergang vom südafrikanischen Binnenhochland zur Ostküste. Bis zu 3.377 m hoch ragen diese imposante Bergriesen auf.

Malediven Den Traum vom Inselparadies verkörpern die mehr als 1.100, aus Korallenkalk bestehenden und selten mehr als 2 m über den Meeresspiegel aufragenden Eilande der im Indischen Ozean gelegenen Malediven.

Nord-, Mittel- und Südamerika

Zu Nordamerika gehören die Arktis, Grönland, Kanada, die USA und rund 80 % von Mexiko. Als Mittel- oder Zentralamerika bezeichnet man im rein physisch-geografischen Verständnis die Landbrücke zwischen Nord- und Südamerika – von der Landenge von Tehuantepec im Nordwesten bis zur Atratosenke im Südosten mit den vorgelagerten Westindischen Inseln. Südamerika ist mit einer Fläche von 17,8 Mio. km² der viertgrößte Erdteil. Von der Karibik im Norden bis Kap Hoorn im Süden sind es 7.400 km, die maximale West-Ost-Ausdehnung beträgt an der breitesten Stelle 4.800 km.

Kanada, Jasper-Nationalpark Der im Jahr 1907 gegründete Nationalpark ist mit 10.878 km² Fläche der größte der vier großen, das UNESCO-Welterbe »Kanadische Rocky Mountains« bildenden Nationalparks.

Kanada, Banff-Nationalpark Auch dieses (1885 als erster Nationalpark Kanadas gegründete) Schutzgebiet zählt neben den Nationalparks Jasper, Kootenay und Yoho zum UNESCO-Welterbe »Kanadische Rocky Mountains«.

USA, Denali-Nationalpark In voller Pracht zeigt sich hier das verschneite Massiv des 6.194 m hohen Mount McKinley, des höchsten Bergs in Nordamerika, um den herum sich der Denali-Nationalpark gruppiert.

USA, Yosemite-Nationalpark Eiszeitliche Gletscher gestalteten die grandiose Landschaft dieses 3.081 km² großen Parks mit seinen ausgekerbten Tälern, Bergkegeln, Gletscherseen und Wasserfällen (oben: Bridal Veil Falls).

USA, Yellowstone-Nationalpark Dieser 1872 gegründete älteste Nationalpark der Welt schützt eine majestätische Wildnis mit Bergen, Seen, Flüssen, Wasserfällen (oben: Lower und Upper Falls) und mehr als 300 Geysiren.

USA, Grand-Canyon-Nationalpark Auf einer Länge von rund 450 km windet sich der Colorado River durch die zwischen 5,5 und 30 km breite sowie bis zu 1.500 m tiefe Schlucht.

USA, Monument Valley Das sagenumwobene Monument Valley, durch die Western von John Ford auf der ganzen Welt bekannt geworden, steht seit dem Jahr 1960 als »Tribal Park« der Navajoindianer unter Naturschutz.

USA, Hawaii-Volcanos-Nationalpark Nirgendwo sonst kann man die beeindruckenden Naturphänomene des Vulkanismus besser beobachten als auf »Big Island«, der größten Insel von Hawaii.

Mexiko, Baja California Diese Halbinsel – ein Eldorado für Naturforscher – erstreckt sich von Norden nach Süden auf einer Länge von 1.150 km parallel zur mexikanischen Küste und trennt so den Golf von Kalifornien vom Pazifik.

Belize, Belize Barrier Reef Das kreisrunde, im Durchmesser 300 m messende und 125 m tiefe Blue Hole im Belize Barrier Reef entstand, als hier vor rund 10.000 Jahren eine Unterwasserhöhle einstürzte.

Costa Rica, Monte-Verde-Nebelwaldreservat Das 1972 ursprünglich auf Privatinitiative gegründete Reservat ist heute ein vom Centro Científico Tropical, einem tropenwissenschaftlichen Zentrum, betriebenes Naturparadies.

Brasilien, Pantanal Im Feuchtgebiet des »Pantanal« (portugiesisch: »Sumpf«) gedeihen die größten Seerosen der – nach der einstigen englischen Königin benannte – Gattung Victoria mit ihren bis zu 3 m großen runden Blättern.

Brasilien/Argentinien, Iguaçu-Nationalpark Auf einer Breite von etwa einem Kilometer nähert sich der von üppiger tropischer Vegetation gesäumte Fluss Iguaçu der hufeisenförmigen Abbruchkante.

Ecuador, Galapagosinseln Auf den abgeschiedenen Inseln vor der Küste von Ecuador leben die größten Landschildkröten der Erde: Die Galapagos-Riesenschildkröte erreicht ein Gewicht von mehr als 200 kg.

Bolivien, Altiplano Zwischen West- und Ostkordillere der Anden breitet sich der Altiplano aus, eine 3.600 bis 4.200 m hohe Hochebene, an deren Lagunen ganze Flamingokolonien zu bewundern sind.

Chile, Lauca-Nationalpark Charakteristisch für das Schutzgebiet sind Vulkanberge – wie der Parinacota (oben, 6.348 m) – und der Lago Chungará, einer der am höchsten (4.566 m) gelegenen Seen der Erde.

Chile, Torres-del-Peine-Nationalpark Bis zu 3.050 m hoch erheben sich die steilen, unbezwingbar erscheinenden granitenen Nadelspitzen des Torres-del-Paine-Massivs aus der windzerzausten Ebene Südpatagoniens.

Argentinien, Los-Glaciares-Nationalpark Wie steinerne Nadeln ragen die Granitspitzen des 3.375 m hohen Monte Fitz Roy, des höchsten Bergs im Nationalpark Los Glaciares, in den Himmel.

Südgeorgien Fast surreal wirkt diese im letzten Licht des Abends erstrahlende Wolkenszenerie über der Cumberland Bay, eine Bucht des britischen Überseegebietes »Südgeorgien und die Südlichen Sandwichinseln«.

Umwelt und Ökologie

Dass der blaue Planet in all seiner Schönheit auch gefährdet ist, ergibt sich schon aus seiner Beschaffenheit: Unsere Erde ist ein dynamischer, um seine Achse rotierender, dabei die Sonne auf einer komplizierten Bahn umrundender Himmelskörper, ein glühend heißer Kern in einer kühlen Schale, die ihrerseits – als Folge von Plattentektonik und Kontinentaldrift – ständig in Bewegung bleibt. Ein zerbrechlicher Planet also, der unseres Schutzes bedarf.

Großes Bild: Augenfälliger könnte die Gefährdung der Natur kaum sein als auf dieser Aufnahme, die eine Eiche bei Tiverton in der englischen Grafschaft Devon zeigt. Während der größere Teil der Äste bereits abgestorben ist, sprießt auf dem kleineren Teil davon noch zartes Grün.

DIE ERDE – ein kompliziertes Ökosystem

Das Wirkungsgefüge zwischen Lebewesen verschiedener Arten und ihrem Lebensraum nennt man »Ökosystem«. Die Organismen innerhalb dieses Systems bilden eine Lebensgemeinschaft, die man auch »Biozönose« nennt. Die Gesamtheit aller Ökosysteme auf der Erde nennt man »Biosphäre«. Die Existenzbedingungen der Organismen, von denen manche – wie die Clownfische in den Tentakeln einer Seeanemone auf der Abbildung links – in einer engen, sich gegenseitig Schutz bietenden Symbiose leben, erforscht die Ökologie, die »Lehre vom Haushalt in der Natur«.

UMWELTSCHUTZ – Herausforderung und Chance

Obwohl der Mensch von Anbeginn seiner Existenz an seine Umwelt beeinflusst hat, kam das Wort »Umweltschutz« erst in den 1970er-Jahren auf. Bezeichnet werden mit diesem Wort alle Maßnahmen und Bestrebungen zur Sicherung der natürlichen Lebensgrundlagen des Menschen, des Naturhaushalts als Gesamtheit der Bestandteile Boden, Wasser, Luft, Klima, Tiere und Pflanzen sowie des Wechselgefüges zwischen ihnen und die Behebung der in diesem Gefüge bereits eingetretenen Schäden. Und es ist höchste Zeit: Die Zerstörung der natürlichen Lebensgrundlagen schreitet unaufhörlich voran. Nicht zufällig wurde deshalb der Umweltschutz in Deutschland 1994 als Staatsziel im Grundgesetz (Artikel 20 a) verankert. Da aber die Umweltproblematik nicht an Landesgrenzen haltmacht, kümmern sich heute nationale wie internationale Organisationen um den Schutz der Umwelt. Nicht zuletzt vor dem Hintergrund einer weiter wachsenden Weltbevölkerung, deren Anstieg die UNO bis zum Ende dieses Jahrhunderts auf 10,9 Mrd. prognostiziert, ist aber auch ein Umdenken jedes Einzelnen und jeder Einzelnen erforderlich: eines Umdenkens, das Umweltschutz als Herausforderung und Chance zugleich begreift.

Rechte Seite von oben: Zur wundervollen Artenvielfalt der Natur gehören der – hier einen frischen Fang im Schnabel tragende – Eisvogel ebenso wie der Silberrücken (so nennt man den erwachsenen männlichen Gorilla aufgrund der für ihn typischen Färbung seines Fells) und das überaus seltene, in weiten Teilen Südostasiens ausgerottete Sumatra-Nashorn.

Hätten Sie's gewusst?

Zu den Negativrekorden eines verhinderten Umweltschutzes gehört die zunehmende Zerstörung von Wäldern (Abbildung oben: im südlichen Hochland von Papua-Neuguinea): Jahr für Jahr gehen durchschnittlich ca. 13 Mio. ha Wald verloren, das entspricht in etwa der Größe von mehr als 18 Mio. Fußballfeldern.

Alle auf den Kartenseiten vorkommenden Namen sind auch im Register aufgeführt. Die Reihenfolge der Namen entspricht der Buchstabenfolge des lateinischen Alphabets. Umlaute, diakritische Zeichen und Sonderbuchstaben wurden dabei nicht berücksichtigt. Beispielsweise werden Á, Ä, Â etc. wie A behandelt, Ž, Ż, Z wie Z. Ligaturen wie Æ oder Œ finden sich in der Reihenfolge unter AE bzw. OE wieder. ß steht in der Buchstabenfolge unter ss.
Alle Namen erscheinen im Register genauso wie in den Karten. Gattungsbegriffe und Artikel sind nicht nachgestellt. So findet man den Golf von Biscaya unter **G** und nicht unter **B**. Le Havre ist unter **L** verzeichnet und nicht unter **H**.
Piktogramme erleichtern die schnelle und gezielte Suche und Einschätzung des gewünschten Objektes. Nach dem Piktogramm erscheint das Nationalitätskennzeichen. In der Regel lässt sich jeder Begriff einem Staat zuordnen, dies erfolgt durch das internationale Kraftfahrzeugkennzeichen. Wo es keine internationalen Kraftfahrzeugkennzeichen gibt, wird die ISO-3166 Kodierliste verwendet. Liegen Objekte genau auf der Grenze zwischen zwei Staaten sind beide Nationalitätskennzeichen mit einem Schrägstrich aufgeführt. Bei Begriffen, die einer Nation nicht zuzuordnen sind, wie etwa Atlantischer Ozean, folgt gleich die Seitenzahl und anschließend die Suchfeldangabe.
Bei Orten wird immer auf das Suchfeld verwiesen, in dem sich die Ortssignatur befindet. Bei Landschafts- und Staatennamen auf das jeweilige Suchfeld, in dem der erste Buchstabe des Namens erscheint.

Abkürzungsverzeichnis

Abb.	Abbaye (franz.), abbey (engl.), abbadia (span.), abbazia (ital.) = Abtei
Ad.	Adas (türk.) = Insel
Ág.	Ági -os, -a, -i (griech.) = Heilige(r)
Ban.	Banjaran (mal.) = Gebirge
Bol'.	Bol'-šoj, -šaja, -šoe (rus.) = Groß-
C.	Cape (engl.), cap (franz./katal.), cabo (span./port.), capo (ital.) = Kap
Can.	Canal (span./franz.), canalul (rum.)
Cast.	Castle (engl.), castel (franz.), castillo (span.), castelo (port.), castello (ital.) = Burg, Schloss
Cd.	Ciudad (span.) = Stadt
Co.	Cerro (span.) = Berg, Hügel
Conv.	Convento (span.) = Kloster
Cord.	Cordillera (span.) = Gebirge, Gebirgszug
Corr.	Corrente (port.), corriente (ital./span.) = Fluss
Cr.	Creek (engl.) = Bach
D.	Dake (jap.) = Berg
D	Danau (indo.) = See
Dağ.	Dağlar, dağlarý (türk.) = Gebirge
Ea.	Estancia (span.) = Landgut
Emb.	Embalse (span.), embassament (katal.)
Ens.	Ensenada (span./port.) = kleine Bucht
Erm.	Ermita (span.) = Einsiedelei
Est.	Estación (span.) = Bahnhof
Faz.	Fazenda (port.) = Landgut
Fl.	Fleuve (franz.) = Fluss, Strom
Fs.	Falls (engl.) = Wasserfall, Wasserfälle
g.	gawa (jap.) = Fluss
G.	Gora (rus.), góra (poln.), gunung (indo.) = Berg
Gde.	Grande (span./franz.) = groß
Geb.	Gebirge (dt.), gebergte (niederl.)
Grd.	Grand (franz.) = groß
Gt.	Great (engl.) = groß
Hist.	Historic, historical (engl.) = historisch
Hr.	Hrebet (rus.) = hoch
Ht.	Haut (franz.) = Hoch-
Hte.	Haute (franz.) = Hoch-
Hts.	Heigths (engl.)
Hwy.	Highway (engl.) = Fernstraße
I.	Island (engl.), isla (span.), ilha (port.), insulă (rum.) = Insel
Î.	Île (franz.) = Insel
Is.	Islands (engl.) = Inseln
Îs.	Îles (franz.) = Inseln
Jaz.	Jazovir (bulg.) = Stausee
Jct.	Junction (engl.) = (Verkehrs)-Knotenpunkt
Jez.	Jezioro (poln.), jezero (tschech., slowak./serb./kroat./slow.) = See
Kan.	Kanal (türk./rus.), kanaal (niederl.), kanał (poln.) = Kanal
Kep.	Kepulauan (mal.) = Archipel, Inselgruppe
Kg.	Kampong (mal.), kampung (khmer)
Kör.	Körfezi (türk.) = Golf, Bucht
L.	Lake (engl.), lac (franz.), lago (ital./span./port.), lacul (rum.), loch, lough (gälisch) = See
M.	Mys (rus./ukr.) = Kap
Mal.	Malo, -yj, -aja, -oe (rus.) = klein
Mem.	Memorial (engl.) = Ehrenmal
Mon.	Monestier, monastère (franz.), monasterio (span.), monastero (ital.) = Kloster
M.P.	Milli Parký (türk.) = Nationalpark
Mt.	Mount (engl.), mont (franz.) = Berg
Mta.	Montagna (ital.), montaña (span.) = Gebirge, Gebirgszug
Mte.	Monte (ital./span./port.), montagne (franz.), munte (rum.) = Berg
Mtes.	Montes (span./port.), montagnes (franz.) = Berge
Mţi.	Munţii (rum.) = Gebirge, Gebirgszug
Mti.	Monti (ital.) = Gebirge, Gebirgszug
Mtn.	Mountain (engl.) = Berg, Gebirge
Mtns.	Mountains (engl.) = Berge, Gebirge
Mts.	Monts (franz.), mountains (engl.) = Berge, Gebirge
N.	North, Northern (engl.), Norte (ital./span./port.), Norra (schwed.), Nørdre (norweg.), Nørre (dän.) = Nord, Nördlich -e,-er, -es
Nac.	Nacional (span.), Nacional'-nyj, -aja, -oe (russ.)
Naz.	Nazionale (ital.) = National
N.B.C.A.	National Biodiversity and Conservation Area (engl.) = Naturschutzgebiet
Nev.	Nevado (span.) = schneebedeckter Gipfel
Niž.	Niž-e, -nij, -naja, -neje (rus.) = Nieder-, Unter-
Nižm.	Nižmennost' (rus.) = Tiefebene
N.P.	Nationalpark (schwed.), National Park (engl.), nasjonalpark (norweg.), Nemzeti Park (ungar.) = Nationalpark
N.R.	Nature Reserve (engl.)
N.R.A.	National Recreation Area (engl.)
N.S.	National Seashore (engl.)
N.Sra.	Nossa Senhora (port.)
Nva.	Nueva (span.) = Neu-
Nvo	Nuevo (span.) = Neu-
N.W.R.	National Wildlife Refuge (engl.)
o.	Ostrov (rus.) = Insel
P.	Port (engl./franz.), puerto (span./port.), porto (ital.) = Hafen
Peg.	Pegunungan (indo.) = Gebirge
Per.	Peninsula (engl.), péninsule (franz.), península (span.), penisola (ital.) = Halbinsel
Pk.	Peak (engl.) = Gipfel
P.N.	Parc National (franz.), parque nacional (span./port.), parco nazionale (ital.) = Nationalpark
p-ov.	Poluostrov (rus.) = Halbinsel
Pres.	Presidente (span./port.) = Präsident
Prov.	Provincial (engl.) = Provinz-
Pse.	Passe (franz.) = Pass
Pso.	Paso (span.), passo (ital.) = Pass
Pt	Point (engl.) = Kap, Spitze
Pta.	Punta (span./port.) = Kap, Spitze
Pte.	Pointe (franz.) = Kap, Spitze
Pto.	Punto (ital.) = Kap, Spitze
Q N.P.	Quasi National Park (jap.)
R.	River (engl.), rivière (franz.), río (span.), ribeiro, rio (port.), rîu (rum.), reka (bulg.) = Fluss
Ra.	Range (engl.) = Gebirgszug
Rep.	Republic (engl.), republique (franz.), república (span./port.), republicca (ital.) = Republik
Repr.	Represa (port.) = Talsperre
Res.	Reserva (span.), réserve (franz.) = Schutzgebiet
Res.	Reservoir (engl.), réservoir (franz.) = Stausee
Resp.	Respublika (rus.) = Republik
s.	San (jap.) = Berg
S.	San (span./ital.), São (port.) = Sankt
Sanc./ Sanct.	Sanctuary (engl.) = Schutzgebiet
Sd.	Sound (engl.), sund (dt., dän., norw., schwed.) = Sund
Sel.	Selat (indo.) = Straße
Sg.	Song (vietn.) = Fluss
Sk.	Shuiku (chin.) = Stausee
S.P.	State Park (engl.) = Regionalpark, regionaler Naturpark
Sr.	Sredn -e, -ij, -jaja (rus.) = Mittel
Sra.	Sierra (span.), serra (port./ital.) = Gebirge, Gebirgszug
St./St	Sankt (dt.), saint (engl./franz.)
Sta.	Santa (span./port./ital.)
Star.	Star -o, -yj, -aja, -oe (rus.) = Alt-
Ste	Sainte (franz.) = Sankt, Heiliger
Sth.	South (engl.) = Süd-, südlich -e, er, es
Sto.	Santo (span./port.) = Sankt, Heiliger
Str.	Strait (engl.), stretto (ital.), stræde (dän.), stret (norw.) = Meerenge, Meeresstraße, Straße
t.	tau (kasach.) = Berg
T.	Take (jap.) = Gipfel, Höhe
T.	Temple (engl.) = Tempel
Tel.	Teluk (indo.) = Bucht
Tg.	Tanjung (indo.) = Kap
Vdhr.	Vodohranilišče (rus.) = Stausee
Vel.	Velik -o, -ij, -yki, -oe (rus.) = Groß-
Verh.	Verhn -ee, -ie, -ij, -jaja (rus.)
Vill.	Village (engl.) = Dorf
vlk.	Vulkan (rus.) = Vulkan
Vol.	Volcano (engl.), volcan (franz.), volcán (span.) = Vulkan
Vul.	Vulkan (dt.), Vulcano (ital./rum.)
W.A.	Wilderness Area (engl.) = Wildpark
Wildl.	Wildlife (engl.) = Wild-
W.S.	Wildlife Sanctuary (engl.)
Y.	Yama (jap.) = Berg, Gebirge
Zal.	Zaliv (rus.), zalew (poln.) = Bucht
Zap.	Zapovednik (rus.) = Schutzgebiet
Z.B.	Naturschutzgebiet in China
Zp.	Zapadn -e, -ji, -aja, -noe (rus.) = West-, Westliche, -er, es

Im Namenverzeichnis verwendete Piktogramme

- Gebirge
- Berg
- Landschaft
- Wüste
- Oase
- Vulkan
- Gletscher
- Kap/Küstenlandschaft
- Fluss
- Wasserfall/Stromschnelle
- See
- Meer/Bucht
- Korallenriff
- Insel
- Nationalpark
- Untermeerisches Relief
- Staat
- Provinz
- Hauptstadt
- Provinzhauptstadt
- Ort/Stadt

A

C

H

I

J

K

L

M

O

P

Q

R

S

T

U

V

W

X

Y

Z

Bildnachweis

A = Alamy
C = Corbis
G = Getty
L = Laif
M = Mauritius

Cover
G/imaginima, G/Vetta, G/Pavliha, G/Pal Teravagimov Photography

S. 2/3 G/David Sutherland, S. 92/93 C/Michele Falzone, S. 94/95 G/BSIP/UIG, S. 94 C/James Randklev, S. 94 C/Louie Psihoyos, S. 95 G/Ian Cuming, S. 95 C/Michael Benson, S. 95 C/NASA, S. 96 G/Don Smith, S. 97 G/Vladimir Piskunov, S. 97 C/Theo Allofs, S. 97 C/Gary Carter, S. 97 G/Jochen Schlenker, S. 97 G/Tartan Dragon Ltd, S. 97 G/BWP Media, S. 98 M/Alamy, S. 98/99 G/David Aaron Troy, S. 98 G/James Balog, S. 99 C/Kevin Schafer, S. 99 C/Arctic-Images, S. 99 G/Philippe Bourseiller, S. 99 G/Carsten Peter, S. 99 G/James Baigrie, S. 99 C/Kazuyoshi Nomachi, S. 99 C/Arctic-Images, S. 100/101 Geospace/EDC, S. 100 H. & D. Zielske, S. 101 Look/Per-Andre Hoffmann, S. 101 C/Martin Harvey, S. 101 Look/Michael Boyny, S. 101 C/Jonathan Blair, S. 101 G/Michael Melford, S. 102/103 C/Mark Karrass, S. 102 G/WaterFrame, S. 102 A/Stock Connection, S. 103 G/Mark Conlin, S. 103 C/Jeff Hunter, S. 103 G/Mark Conlin, S. 103 C/Fred Bavendam, S. 103 C/Fred Bavendam, S. 104 G/Bill Wight, S. 105 C/Liu Liqun, S. 105 G/Frank Whitney, S. 105 G/Tom Putt, S. 105 G/Photo Researchers, S. 105 G/Mario Colonel, S. 105 C/Galen Rowell, S. 106/107 G/Universal Images Group, S. 107 G/Rob Funffinger, S. 107 G/World Perspectives, S. 107 M/Alamy, S. 107 C/George Steinmetz, S. 107 G/Jake Wyman, S. 107 G/Daryl Benson, S. 107 G/Philippe Bourseiller, S. 108 G/Alvaro Espinoza, S. 108/109 G/Dan Rafla, S. 108 C/Tom Silver, S. 108 G/Werner Vansteen, S. 109 M/Johannes Pfatschbacher, S. 109 C/Galen Rowell, S. 109 M/Alamy, S. 109 G/Ace Kvale, S. 110 Geospace/EDC, S. 111 G/Hulton Deutsch, S. 111 M/Alamy, S. 111 M/CuboImages, S. 111 C/John Noble, S. 111 A/Danita Delimont, S. 111 M/Alamy, S. 112/113 G/Coolbiere, S. 112/113 C/George H.H. Huey, S. 113 G/Andre Distel, S. 113 G/Paul Oomen, S. 113 G/Jochen Schlenker, S. 113 M/Stefan Auth, S. 113 C/Zhinong Xi, S. 114 A/Rod Edwards, S. 114 C/Liu Liqun, S. 114/115 G/Michele Falzone, S. 115 M/Alamy, S. 115 M/Alamy, S. 116/117 G/Pete Saloutos, S. 117 G/Carsten Pete, S. 117 G/Michael Nichols, S. 117 G/Carsten Pete, S. 117 G/Michael Nichols, S. 117 G/Stephen Alvarez, S. 117 G/E R Degginger, S. 118 C/Ed Darack, S. 118 G/Ed Darack, S. 118/119 A/Look, S. 118 G/Art Wolfe, S. 119 Look/age, S. 119 G/Peter Adams, S. 119 Geospace/EDC, S. 120 A/Tom Till, S. 121 M/Alamy, S. 121 G/Wolfgang Kaehler, S. 121 A/David Hancock, S. 121 G/Carsten Peter, S. 122 Geospace/Eurimage 2002, S. 122 C/NASA, S. 122/123 A/Phil Degginger, S. 123 Look/Axiom, S. 123 Geospace/EDC, S. 123 Geospace/EDC, S. 124/125 Geospace, S. 125 Look/Reinhard Dirscherl, S. 125 G/Kevin Schafer, S. 125 C/Metelitsa Sergei, S. 125 G/David Evans, S. 125 G/Panoramic Images, S. 126 H. & D. Zielske, S. 126/127 C/Theo Allofs, S. 126 G/Jake Wyman, S. 127 C/Jacques Langevin, S. 127 Look/ Thomas Peter Widmann, S. 127 G/Art Wolfe, S. 127 A/Kevin Schafer, S. 128 Look/ Per-Andre Hoffmann, S. 128/129 C/Walter Bibikow, S. 128 A/Alexander Shuldiner, S. 129 G/Jeff Jacobson, S. 129 G/Bobby Haas, S. 129 C/NASA, S. 130/131 C/NASA, S. 131 C/Paul Souders, S. 131 C/Paul Souders, S. 131 G/Michael S. Nolan, S. 131 G/Jochem D Wijnands, S. 131 G/Gordon Wiltsie, S. 131 C/Paul Souders, S. 132/133 G/Joseph Van Os, S. 133 G/Anton Petrus, S. 133 C/Momatiuk - Eastcott, S. 133 Geospace/Eurimage, S. 133 G/Jerry Whaley, S. 133 G/Robert Postma, S. 134 C/Jim Zuckerman, S. 135 C/Momatiuk - Eastcott, S. 135 C/Martin Harvey, S. 135 A/Bill Bachman, S. 135 G/Dan Jurak, S. 135 A/Konstantin Kikvidze, S. 136 C/George Steinmetz, S. 136 G/V. Giannella, S. 136/137 C/Kazuyoshi Nomachi, S. 137 M/Harry Laub, S. 137 C/Michael & Patricia Fogden, S. 137 C/Scott Smith, S. 137 C/George Steinmetz, S. 137 C/Frans Lemmens, S. 137 C/Kazuyoshi Nomachi, S. 137 C/Frans Lemmens, S. 138/139 G/Stocktrek, S. 139 G/Panoramic Images, S. 139 C/Jose Fuste Raga, S. 139 G/Bruno Morandi, S. 139 Geospace, S. 139 A/, S. 140/141 Look/Don Fuchs, S. 140 M/Alamy, S. 140 A/Mark Nemeth, S. 141 C/Steven Kazlowski, S. 141 M/Alamy, S. 141 M/Alamy, S. 141 M/Steve Bloom, S. 141 G/Karin Slade, S. 141 A/Thomas Hallstein, S. 142 G/Daniel Beltra, S. 143 G/Feargus Cooney, S. 143 C/Fadil, S. 143 A/Steve Bloom Images, S. 143 G/Michael Nichols, S. 143 G/Tim Laman, S. 143 G/Mark Lewis, S. 144 G/Spila Riccardo, S. 144 G/Mario Colonel, S. 144 G/Hans Strand, S. 144 G/Hans Strand, S. 144 C/Johnathan A. Esper, Wildernessca, S. 144 C/SuperStock, S. 144 G/Maurizio Rellini, S. 145 C/Atlantide Phototravel, S. 145 Look/Heinz Wohner, S. 145 G/Maremagnum, S. 145 C/Fotofeeling, S. 145 G/Andreas Strauss, S. 145 C/Yevgen Timashov, S. 145 C/Jose Fuste Raga, S. 145 C/Grand Tour Collection, S. 145 C/Mauricio Abreu, S. 145 G/Karl Johaentges, S. 146 G/Ace Kvale, S. 146 G/Michael Melford, S. 146 C/George Steinmetz, S. 146 G/Vetta, S. 146 C/Serguei Fomine, S. 146 C/Anup Shah, S. 146 G/Steven Ruiter, S. 146 G/Jon Hicks, S. 146 G/Dollia Sheombar, S. 147 M/Alamy, S. 147 G/Peter Walton, S. 147 C/Steve Parish, S. 147 G/MIXA, S. 147 G/Philippe Cabot, S. 147 G/Cyril Ruoso, S. 147 M/Alamy, S. 147 C/George Steinmetz, S. 147 G/Albert Tan photo, S. 148 M/Alamy, S. 148 C/Steven Vidler, S. 148 M/Alamy, S. 148 G/Grant V. Faint, S. 148 G/David W. Hamilton, S. 148 G/Ethan Daniels, S. 148 G/Panoramic Images, S. 148 G/Ian Nichols, S. 148 G/, S. 149 G/Steve Corner, S. 149 G/Emil Von Maltitz, S. 149 G/Wim van den Heever, S. 149 G/Franck Guiziou, S. 149 C/Paul A. Souders, S. 149 C/SuperStock, S. 149 G/Federico Veronesi, S. 149 G/Chad Ehlers, S. 149 G/Nigel Pavitt, S. 149 A/Prisma Bildagentur AG, S. 150 G/Pete Orelup, S. 150 C/Venture Media Group, S. 150 G/Panoramic Images, S. 150 C/Jason Stang, S. 150 C/Jochen Schlenker, S. 150 C/George H. H. Huey, S. 150 C/Ron Watts, S. 150 G/Richard Sisk, S. 150 G/Michael Lewis, S. 151 C/Volcan Alcedo Giant Tortoise, S. 151 G/Gavin Hellier, S. 151 C/Theo Allofs, S. 151 C/Frans Lanting, S. 151 C/Momatiuk - Eastcott, S. 151 G/Paul Sutherland, S. 151 C/George Steinmetz, S. 151 C/Radius Images, S. 151 G/Darran Rees, S. 151 Huber/Giovanni Simeone, S. 152/153 G/Tony Howell, S. 153 C/Gerry Ellis, S. 153 G/Alex Berryman, S. 153 C/David Doubilet, S. 153 C/Sumatran Rhinoceros, S. 153 G/Anup Shah.

Impressum

St.-Cajetan-Straße 41
81669 München
Telefon +49.89.45 80 20-0
Fax +49.89.45 80 20-21
www.kunth-verlag.de

Printed in Slovakia

Text: Robert Fischer